# 文系のための
# データサイエンス・
# AI入門

市川正樹 ［著］

学術図書出版社

**本書のサポートサイト**

https://www.gakujutsu.co.jp/text/isbn978-4-7806-1126-7/
確認問題の答え，本書で登場する Excel のデータファイル，正誤情報
などを掲載します．

■ 本書に登場するソフトウェアのバージョンや URL などの情報は変更されている可
能性があります．あらかじめご了承ください．

■ 本書に記載されている会社名および製品名は各社の商標または登録商標です．

# はじめに

　本書は文系かつ女子大である昭和女子大学でのデータサイエンス・AI 教育の経験を踏まえて書いています。

　昭和女子大学では、数学・統計学に苦手意識をもつ学生が大半で、それがデータサイエンス・AI へのコンプレックスにつながっているようです。特に女性の場合は、かつてはそうしたサイエンス分野は不得意、更にはそのほうがむしろ「女性らしい」とさえみなされてきたことが現在も尾を引き、遠ざけられているきらいがあると思われます。そうした中で、将来事務系などの自分の仕事が AI に奪われてしまうのではないかという漠然とした不安を抱いているようです。

　一方、世の中をみると、デジタルトランスフォーメーション (DX) の重要性が高まる中、企業では ICT 人材が圧倒的に不足しています。しかし、日本全体でみた職種ごとの卒業学科の実情をみると、情報処理・通信技術者は実のところ文系出身者が半数を超えています (図 1)。文系、更には女子大学卒業生も、誤解に基づく無用のコンプレックスが解消されれば、ICT 分野で活躍する余地は十分にあります。

　昭和女子大学の講義では、数学・統計学に苦手意識をもつ学生のため、以下のような工夫を行いましたが、本書でも同様です。

　第一に、データと経済社会とのかかわりをまず具体的に説明します。「21 世紀はデータの世紀」といった認識が広がるきっかけとなった Economist 誌の記事をまず紹介します。その上で、プラットフォーマーと競争政策、新技術とその普及を阻害する政府規制、デジタル通貨・暗号資産、中央銀行デジタル通貨、デジタル税制、個人情報保護制度、情報セキュリティなどデジタルエコノミーの各分野を具体的かつ詳細に説明し、経済社会におけるデータの重要性を理解してもらいます。通常の他大学の授業やテキストでは、データサイエンス科目は理系の先生が担当するため、こうした分野は非常に手薄なのではないかと思われます。

　第二に、数学は極力使わず、算数レベルにとどめます。数式が必要な場合に

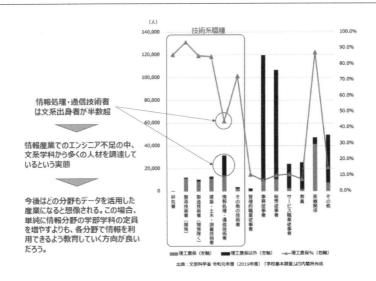

**図1　学士の産業界への就職の動向**

出所：令和2年度 第1回数理・データサイエンス・AI教育プログラム認定制度検討会議（令和2年9月9日）の資料3・内閣府『数理・データサイエンス・AI教育プログラム認定制度（応用基礎レベル）の対象範囲の検討に向けた一考察』
https://www8.cao.go.jp/cstp/ai/suuri/r2_1kai/siryo3.pdf

は、日本語の単語、＋、－などで表現します。特に$\sum$、更には$\int$は絶対に使いません。

　第三に、教える順序をひっくり返し、統計学は最後に回します。また、統計的検定というと、確率から始まり、正規分布、大数の法則、中心極限定理などが延々と展開されてから、やっと検定や推定が出てきますが、文系は最初の段階で挫折するのが通例です。対策としては、そうした数学を飛ばして、いきなり具体的な検定の例から始めます。また、統計的検定・推定が多用されている分野には、コロナワクチン有効性検証など医薬分野があります。昨今のコロナ禍で学生の関心も高いので、この分野を題材とします。具体的には、まず、医薬品の治験の流れを把握し、第三相が終わったところで、どうやって数字を計算して有効性を判定しているかを説明します。中学生でもできる計算です。

　第四に、ICTは数学・統計学がわからなくてもそれなりにできることを認識してもらいます。ICTは理系のものと誤解している学生が多数存在しますので、数学や統計学がわからなくてもICTはそれなりにできることを実例を通じ確信してもらいます。

　第五に、実務で使うデータ・図表に接しさせ、演習で実際にグラフなどを繰り返し作ってもらいます。統計学や高校の Excel の授業で扱うデータや図表は実務とは程遠いものです。実務で使うデータは膨大で複雑なため、そうしたデータに接すると、学生は最初は戸惑うようですが、やがて慣れます。講義・演習では、政府の月例経済報告などを使い可視化の例を多数説明します。特にコロナ禍の影響は鮮明にわかりやすく出ます。演習では、政府サイトなどからデータをダウンロードして図表を作ることを繰り返します。本来は個別企業のデータを使うべきところですが、企業秘密・個人情報保護の関係で非公開なので、実例はオープンになっている政府統計などが中心にならざるをえません。なお、本書では、演習は扱いませんが、この後でどう補ったかを説明します。

　こうしたことから、本書は、数学・統計学が苦手ではなく、データサイエンス・AI を本格的に勉強したい理系の方向けではありませんので、そうした方は数式を展開するほかの本を参照していただければと思います。ただし、就職してからの同僚、上司、お客さんには文系の人も多いと思われますので、そうした方々への数式なしでの説明の仕方などの参考になるかもしれません。

　演習に関して、本書の限界を述べます。昭和女子大学でも、講義はもちろん、演習に重点を置き、演習の時間のほうがかなり長くなっています。本書では当然そうした演習はできません。初心者は PC 操作でとんでもない誤りを犯すため、個別にうまくいかない学生のところに行って誤りを指摘することが不可欠ですが、本書のようなテキストではそれは不可能です。このため、演習への入り口のみを示すことにとどめざるをえませんが、Excel を使った計算例はできるだけ入れるとともに、極力次につながる参考情報を提示しました。

　読者の参考になると考え、私のことを紹介します。大学学部は工学部計数工学科で 1983 年に卒業しました。AI なども学びましたが当時はまだ「オモチャ」でした。これは、コンピューターの処理速度が遅い、メモリが過少、データはほとんどない、といったことが背景にあります。現在、その 3 つの点は飛躍的に改善し、オモチャではなくなったことに感慨を覚えます。

　大学在学中に経済学を独学し、経済企画庁に経済職で入庁しました (その後内閣府となりました)。統計・世論調査などデータの作成、それを使った分析と予測、その結果に基づく政策立案・調整など、データと格闘しました。この間、英国留学で経済学修士号を 2 つ取得するとともに (博士号取得には最低 3 年必要ですが、職場には最長 2 年で戻る必要があり、博士号の取得は無理でした)、

民間の大和総研への出向も経験し、山のようなレポート類を書きました。政府にいると政府見解との整合性をとる必要などからレポート類の作成・発表は私的に行うことさえ困難です。また、国民、国民を代表する国会議員、官庁トップに就任する国会議員へ、数学や専門知識を使わずいかにわかりやすく説明するかに腐心しました。ある政務三役の国会議員から「自分の政治の師匠からは『日本の義務教育は中学までだから中卒の方にもわかるように説明する必要がある』と言われた。あなたもそうして下さい」と指示を受けたこともありました。数学や統計学は厳禁で、それを前提にいかにご理解いただくかに腐心しました。本書の執筆にあたってはそうした経験をフルに活用しました。

　また、本書の大きな特徴は、一人の著者が書いていることかもしれません。データサイエンスはさまざまな幅広い分野が絡むため、その概要を扱う教科書は多くの著者の共同執筆であるものが大半です。それはそれでメリットがありますが、各者で関心事項の重点などが異なり、そもそも専門分野が異なるため全体的なまとまりをとるのは難しくなります。その点、本書は大学時代を含めさまざまな分野を意図せずして経験したことも利用して一人で執筆しました。そのことがデメリットになる点もあるかもしれませんが、一人で書くことのメリットがそれを上回っているものと期待します。

　本書の構成は以下のとおりです。

　第Ⅰ部は、「データを取り巻く環境 (デジタルエコノミー) を知る」です。データと経済社会とのかかわりをまず具体的に説明する方針に沿ったものです。

　第Ⅱ部は、「データを扱う・利用する」です。データと経済社会のかかわりを理解した上で、実務でデータを扱い利用するための基礎知識・ノウハウを説明します。

　いわゆる「統計学」は付録に回しました。データサイエンス＝統計学と誤解し、統計学から始めて、文系の学生さんはまたもや挫折するケースも多いようです。また、統計的推定・検定は、ビッグデータや企業データの分析などではほとんど使いません。きちんとサンプリングが行われておらず統計理論を適用しにくいデータがどんどん入ってくることもあるでしょう。ただし、統計的検定や推定がどんなものかは一応知っておかないとデータサイエンスを学んだとはみなされないと思われます。このため一応扱うものの、付録に回しています。

　こうしたことから、第Ⅰ部、第Ⅱ部、付録はこれまでのデータサイエンスの教科書とは扱う順序が逆です。それぞれの中でも通常とは説明の順序が逆のこと

が多いです。

　また、各章末には、単語や〇×で答える確認問題を付けてあり、正解は以下のサポートページにまとめて掲載してあります。

　　https://www.gakujutsu.co.jp/text/isbn978-4-7806-1126-7/

　政府の方針に沿った数理・データサイエンス・AI (リテラシーレベル) モデルカリキュラムとの関係については、モデルカリキュラムでは演習が必須ですが、それを除く部分は本書はおおむねカバーしています。なお、2022 年 8 月、昭和女子大学の教育プログラムはリテラシーレベルの文科省認定を受けています。

　最後に文系女子学生にデータサイエンス・AI を教える機会を得るきっかけを与えて下さった坂東眞理子・昭和女子大学理事長 (当時) はじめ、関係者の皆様に感謝いたします。また、本書の出版にお骨折りいただいた、貝沼稔夫さんはじめ学術図書出版社の皆様にも感謝いたします。

2023 年 8 月

市川 正樹

# 目　　次

# 第II部　データを扱う・利用する

## コラム一覧

# 第1部

# データを取り巻く環境
# （デジタルエコノミー）を知る

　第1部では、「はじめに」で述べたデータと経済社会とのかかわり、デジタルエコノミーと重なる部分も多いでしょうが、その諸側面を具体的に説明し、経済社会におけるデータの重要性の理解を目指します。

　第1章ではデータと政府規制を扱います。「21世紀はデータの世紀」などの言葉を広めるきっかけとなったEconomist誌の記事が実は独占禁止政策の転換の重要性を訴えていることを踏まえ、プラットフォーマーに対する競争政策を紹介します。これは新たな規制の必要性ですが、逆に新技術を新たなビジネスに適用しようとするとさまざまな規制に遭遇します。これをシェアリングエコノミーを例にみます。最後にデジタルトランスフォーメーションに向けたデジタル庁の取組を紹介します。

　第2章では、データ関連技術の進展を、情報の移動、人・物の移動、カネの移動、更にはバーチャルな世界への進展といった諸側面からまとめます。

　第3章では、データに関する諸制度を、中央銀行デジタル通貨、デジタル税制、個人情報保護制度、個人情報とターゲティング広告・コンテンツ規制などから取り上げます。

　第4章では、データの社会的側面として、情報セキュリティ、AIと雇用・規制を取り上げます。

# データと政府規制

## ▶1.1◀ 「データは新たな石油」：独禁法とプラットフォーマー問題

### 1.1.1 「データは新たな石油」

　**「データは新たな石油」**、更には「21世紀はデータの世紀」といった言葉を目にするようになりましたが、契機となったのは英 Economist 誌の 2017年11月の記事です[※1]。

　意外に知られていないのですが、その記事では冒頭で「データ、つまりデジタル時代の石油」とした後、アルファベット (グーグルの親会社)、アマゾン、アップル、フェイスブック (現在メタ)、マイクロソフトなど巨大プラットフォーマーによる独占の問題を提起し、競争の性質が変わっていること、それにより過去の独占禁止手法が役に立たなくなっていることなどを指摘した後で、独占禁止当局による新たなアプローチの方向を提起しています。

　データの世紀では、巨大プラットフォーマーによる独占が問題となります。

### 1.1.2 独占禁止の典型的4問題類型

　では、**独占禁止法**で従来から問題とされてきたことについて、白石忠志[※2]氏による典型的な4つの問題類型をみることにします。

　① 競争停止：いわゆる価格カルテルが典型です。販売会社が合意して価格

---

[※1] 英 Economist 誌 (2017年11月26日)「データは新たな石油：世界で最も価値のある資源はもはや石油ではなくデータ」(Data is the New Oil: The World's Most Valuable Resource Is No Longer Oil, But DATA)

[※2] 白石忠志 (2020)『独禁法講義　第9版』有斐閣

を一斉に引き上げるといったことが該当します。

② 他者排除：買い手側に競争相手を排除する誘因を提起するものです。例えば、他社ではなく自社の部品を製品に組み込めばリベート (売り手が買い手に支払う謝礼金) を払うと約束するといったことが該当します。

③ 優越的地位の濫用：優越的地位があることを利用して行為を強要することです。例えば、そうした地位を利用して、あるものの購入に合わせてほかのものを買うことを強要するといったことが該当します。

④ 企業結合：いわゆる合併です。市場占有度が大きい会社同士の合併などに際しては、事前に計画を公正取引委員会に届け出て審査を受けなければなりません。

　このうち、プラットフォーマーとの関係で、近年、問題とされることが多くなってきているのが③の優越的地位の濫用です。

### 1.1.3　楽天「送料無料問題」など

　例えば、楽天による送料無料問題が話題になりました。

　2019 年 1 月、楽天の三木谷浩史会長兼社長が、一定額以上を購入すれば送料を無料にする方針を表明し、8 月には無料の価格ラインを「3980 円」と発表し、10 月には制度開始を 2020 年 3 月中旬にすると発表しました。送料は楽天サイト出店者負担のため、出店者からは不満が噴出しました。

　楽天がこのような制度を導入しようとしたのは、競合するアマゾンではプライム会員 (月額 500 円または年額 4900 円) ならば通常配送料無料、プライム会員以外は 2000 円以上の購入で無料であり、ZOZOTOWN では一律 200 円 (当時。令和 5 年 1 月末現在は 250 円) となっていたことがあります。アマゾンは自社で仕入れて自社で販売する形式で ZOZOTOWN もこれに近い一方、楽天市場は、基本的にはマーケットプレイスに出店しているテナントがそれぞれ物流にも責任をもっているため、送料を一本化しづらいといった事情があります。

　こうした中、2020 年 2 月 10 日、公正取引委員会が、独占禁止法違反 (優越的地位の濫用) の疑いで楽天に立ち入り検査を行い、2 月 28 日には緊急停止命令を東京地裁に申し立てました。これに対し、3 月 6 日、楽天は、新ルールの一律導入見送り (送料無料化の対象を一部店舗に変更、送料無料化によって収益が悪化した出店者には給付金を支給) を表明しました。ただし、方針転換の理由は、「新型コロナウイルスの影響」とされました。これにより 3 月 10 日、公正取引

委員会は申し立てを取り下げました。

　しかし、2020年7月には、楽天が2019年8月から新規出店者には送料無料化を出店条件として適用していたことが明らかになりました。また、2021年6月には、楽天グループが「楽天市場」の出店者に対し、出店契約を変更する場合には、3980円以上の購入で送料を無料にする制度に参加することを原則義務化していることが明らかになりました。こうした中、12月6日、調査を行ってきた公正取引委員会は、送料無料制度に参加しない店をサイトの上位に表示しないと説明するなど、優越的な地位を利用した独占禁止法違反の可能性があるという判断を示しました。これを受け、楽天はこうした行為を取りやめ、制度の参加には店の意思を尊重するという改善措置を申し出ました。

　これにより公正取引委員会は調査を終了するとともに、記者会見で「楽天の営業担当者が行った問題事例の背景には、一律の導入をやめた後も送料無料への全店舗参加を目指す会社の方針があった。会社の直接的な指示はなくても、担当者は目標の実現のためにどういう方策をとるか知恵を絞らざるをえなかったと思う。」としました。更に、デジタルプラットフォーマーについて「時代環境を踏まえて問題が見られれば積極的に調査する」としています。

　これとは別に、2022年6月16日、大手グルメサイト「食べログ」が飲食店の評価の点数を算出するシステムを一方的に変更し、売上が大幅に減ったとして、都内の焼き肉チェーンの運営会社が賠償を求めていた裁判で、東京地方裁判所は「優越的地位の濫用にあたり独占禁止法に違反する」と判断し、「食べログ」を運営する会社に3800万円あまりの賠償を命じました。本件については、双方とも控訴しました。

　このように、プラットフォーマーを巡る問題は日本でも起きています。

●コラム1●　芸能人・スポーツ選手などと独占禁止法

　独占禁止法は、企業だけが問題になるわけではありません。

　スポーツ選手がほかチームに移籍する際や、芸能タレントが所属の事務所を辞める際に、ほかの所属先と契約を結べないことなどが問題になることがあります。例えばNHKドラマ「あまちゃん」で人気となった俳優ののんさんが芸能事務所からの独立の際にトラブルとなったケースなどがあります。

　公正取引委員会は、契約によってこうした制約が生じることについて、独禁法違反にあたるかについての報告書[※3]をまとめていますが、この場合問題となるのは、優

※3 公正取引委員会「人材と競争政策に関する検討会」報告書 (2018年2月15日)
https://www.jftc.go.jp/houdou/pressrelease/h30/feb/20180215.html

越的地位の濫用です。

## 1.1.4　プラットフォーマー問題への各国の対応

そこで、プラットフォーマーとされる世界的な企業を紹介した後、各国の対応をみていくことにします。

### ▌プラットフォーマーとは▌

米国や中国では、どのような企業が**プラットフォーマー**とみなされているのか、改めて確認します。

米国で一般的にプラットフォーマーとみなされているのは、Google, Amazon, Facebook, Apple, Microsoft でしょう。このうち、実は、Alphabet は Google の持ち株会社[4]です。また、Facebook は 2021 年 10 月に名称を Meta (メタ) に変更しました。登記上の正式社名は「メタ・プラットフォームズ」とする一方、対外的にはメタの名称を使用するとともに、フェイスブックは SNS の名称として利用を継続するとのことです。最初の 4 つを合わせて **GAFA** (ガーファ、ガファ) と呼び、更に Microsoft を加えて **GAFAM** (ガーファム、ガファム) と呼ぶこともあります。なお、世界的には、日本やフランスを例外として、GAFA よりも Facebook, Apple, Amazon, Netflix, Google を合わせた **FAANG** (ファーング、ファング) が使われることが多いようです[5]。大きな違いは Netflix が入っていることです。

中国では、Baidu (百度、バイドゥ)、Alibaba (阿里巴巴集団、アリババ)、Tencent (騰訊、テンセント)、Huawei (華為技術、ファーウェイ、ホアウェイ) が一般的です。前 3 つを合わせて BAT (バット)、更に Huawei を加えて BATH (バス) と呼ばれることもあります。

日本では、これまでにみた楽天などがそうですが、世界的に影響を及ぼすプラットフォーマーとはみられていないようです。

こうしたプラットフォーマーに対して、各国でどのような規制が議論され、導入されているかをみることにします。

---

[4] ある会社の株を保有することにより、その会社を傘下に置く会社です。日本でも○○ホールディングスといった名称の持ち株会社がよくみられます。

[5] 「なぜ日本では FAANG ではなく GAFA なのか」
https://slofia.com/yearly/why-do-we-use-gafa-rather-than-faang-in-japan.html

---

**●コラム 2 ●　東南アジアのプラットフォーマー**

　独占禁止上問題になっているというわけではありませんが、東南アジアでもプラットフォーマーが育ってきています。いくつか紹介します。

　① 　Grab (グラブ。本社はシンガポール)

　　　配車アプリ運営企業で、マレーシア、フィリピン、シンガポール、タイ、ベトナム、インドネシア、ミャンマー、カンボジアで自家用車やオートバイ向け配車アプリのほか、相乗りサービス、配送サービス、決済サービスなどを提供しています。

　　　なお、2021 年 12 月に米ナスダック市場に上場しました。

　② 　GoTo (ゴートゥー。本社はインドネシア)

　　　配車サービスからスタートして総合サービスを提供するに至った GO-JEK (ゴジェック) と、オンラインマーケットプレイスである Tokopedia (トコペディア) が 2021 年 5 月に統合を発表したものです。

　　　GO-JEK は、バイク配車に加え、バイク宅配便、トラック配送、料理の出前、買い物代行などのサービスのほか、決済サービスなども展開していました。

　③ 　Sea、Garena (シー、ガレナ。本社はシンガポール)

　　　Garena の親会社が Sea です。

　　　Garena は、ゲーム、e スポーツ、e コマース、デジタルファイナンスなどの事業を展開しています。

　　　Sea は、ゲームプラットフォーム、モバイル電子商取引サービス、デジタル決済などを提供しています。

---

### ▌米国▐

　まず米国です[6]。

　行政府では、バイデン大統領が 2021 年 7 月、情報通信や農業、処方箋薬など幅広い分野で、少数の大企業による寡占化が消費者利益や経済活力を奪っているとの懸念を背景に、自国経済に市場競争を促す大統領令に署名しました。GAFA に代表される巨大 IT 企業の市場支配力の拡大に対し、積極的な競争政策の執行強化が必要だと訴えたものです。また、6 月には、取引相手である中小企業に過大な負担を強いるアマゾンのビジネスモデルを反競争的とした論文を執筆したこともあるコロンビア・ロー・スクール准教授のリナ・カーン氏を米連邦取引

---

[6] 多くは以下に拠っています。
　　大橋弘「GAFA と競争政策　日本、官民共同規制で独自性」経済産業研究所
　　https://www.rieti.go.jp/jp/papers/contribution/ohashi/15.html

委員会 (FTC) 委員長に任命しました。

一方、議会では、下院の司法委員会は 16 か月の調査を経て 2020 年 10 月に報告書を公表しました。とりわけ以下の 3 点が問題視されていました。

第一は潜在的な競争相手を市場から排除するための買収 (抹殺買収) です。GAFA による年間数百件にのぼるスタートアップ買収が、将来のイノベーション競争を阻害している点が懸念されたようです。例えばフェイスブックによるインスタグラムやワッツアップの買収は当初認可されたものの、その後競争排除の意図があったことが明らかになり、現在、FTC による買収の取り消し訴訟が提起されています。

第二は他社製品の横取りです。アマゾンなどが自社のプラットフォームで取引された他社製品のうち、売れ行きの良いものを模倣して低価格で自社製品として販売していると指摘されました。後でみるように、日本でも同様のことが起きています。

第三は自己優遇です。プラットフォーマーが他社のコンテンツを自社のコンテンツと対等に扱わなかったり、自社アプリの利用を強要したりする行為です。30 ％の手数料をとるアップルのアプリストアを経由しないとアプリを配信できない点を、人気ゲーム「フォートナイト」を運営する米エピックゲームズが不服として提訴しています。

更に、2021 年に入り、巨大 IT 企業の市場支配力を抑制するために厳しい法的措置を求める議員立法が次々と提出されました。主な内容は抹殺買収・自己優遇の禁止、プラットフォーム企業の複数事業での活動制限、個人がデータを自由に持ち運べるデータポータビリティーの促進、買収申請手数料の引き上げなどです。ただし、GAFA のロビー活動が既に活発化しており、議員提出法案がそのまま成立すると予想する人は少ないようですが、目を離すことができない状況です。

●コラム 3 ● 米国には 3 種の独占禁止当局

米国の独占禁止当局には、司法省反トラスト局、連邦取引委員会 (FTC: Federal Trade Commission)、州司法長官の 3 種があります。

司法省と FTC は国 (連邦) の組織で、表 1.1 のような分担があります。シャーマン法は価格カルテルなどを対象としますが、司法省が執行します。クレイトン法は企業結合などを対象としますが、司法省と FTC の共管です。連邦取引委員会法は、不公正な競争方法などを対象にしています。

**表 1.1**　米国の独占禁止諸法とその執行機関

| 法律名 | 実体規定 | 執行行政機関 | 造反に対する手続き | 運用の実体 |
|---|---|---|---|---|
| シャーマン法 | 第 1 条<br>(取引精度)<br><br>第 2 条<br>(独占化行為) | 司法省 | 刑事訴追、<br>民事提訴<br>(禁止請求) | 実際に刑事訴追が行われるのは、第 1 条違反行為中の、水平的な「当然違法」の行為 (価格カルテル、入札談合、市場分割等) |
| クレイトン法 | 第 2 条<br>(価格差別等)<br>第 3 条<br>(排他条件付取引)<br>第 7 条<br>(企業結合)<br>第 8 条<br>(役員兼任) | 司法省と FTC<br>との共管 | 民事提訴 (禁止請求)、<br>行政的排除措置 | 第 7 条の企業結合については事前届出制。<br>近年は第 7 条以外が適用されたケースはほとんどない。 |
| 連邦取引委員会法 | 第 5 条第 a 項 (1) 前段<br>(不公正な競争方法)<br>第 5 条第 a 項 (1) 後段<br>(不公正又は欺瞞的な行為<br>または慣行) | FTC | 民事訴追、<br>(差止請求)、<br>行政的排除措置 | |

各州の司法長官 (Attorney General) は、それぞれの州の反トラスト法の執行などにあたります。

### ▌EU▐

　欧州連合 (EU) では、2022 年 7 月 18 日、EU 理事会がプラットフォーマー規制の根幹となる**デジタル市場法案**を正式に採択しました[7]。6 か月後に適用が開始されます。

　法案では、欧州委員会が指定する「ゲートキーパー」と呼ばれる大規模プラットフォーマーに対する義務と禁止事項を明確にしています。

　ゲートキーパーに指定する基準は、過去 3 年間の域内の年間売上高が 75 億ユーロ以上あるいは前年度の株式時価総額の平均が 750 億ユーロ以上であることに加え、プラットフォーム・サービスの域内の月間利用者数が 4,500 万人以上かつ年間のビジネスユーザーが 1 万社以上であることなどです。

　ゲートキーパーに指定された事業者は、主に以下のような措置の実施が義務付けられます。

- プラットフォーム・サービスの定額サービスなどの解約を、登録と同程

---

[7] 多くを以下に拠っています。
　JETRO「EU 理事会、米国大手 IT など規制のデジタル市場法案を採択、6 カ月後には適用開始へ」　2022 年 07 月 19 日
　https://www.jetro.go.jp/biznews/2022/07/e49d3e7bdd5d2e88.html

度に容易にすること

- インスタントメッセージサービスの基本的な互換性を確保することで、異なるアプリ間のメッセージのやりとりや通話を可能にすること
- ビジネスユーザーに対して、同ユーザーのプラットフォームの利用により生み出されるマーケティングおよび広告データへのアクセスを認めること
- ほかのデジタル企業を買収する場合は、既存の競争法の規定上、通知の対象であるかを問わず、欧州委員会に事前に通知すること

また、以下のような措置が禁止されます。

- ランキングサービスにおいて自社が提供する商品やサービスを優遇すること
- 出荷時にインストール済みのアプリやソフトウェアを簡単にアンインストールできないようにすることや、第三者企業 (サードパーティー) 製のアプリやソフトウェアをデフォルト仕様に設定できないようにすること
- アプリの開発者に対して、ゲートキーパーが提供する決済システム以外の決済システムの利用を認めないこと
- ゲートキーパーが提供するサービスによって得られた個人情報を、同ゲートキーパーが提供する別のサービスに活用すること

　ゲートキーパーがこれらの義務や禁止事項に違反した場合、欧州委員会は前年度の全世界総売上高の 10 ％を上限に制裁金を科すことができます。また、違反・不履行が繰り返されていると認められる場合には、制裁金の上限は最大20 ％に引き上げられます。更に、過去 8 年に 3 回以上の義務の不履行が認められる場合、特定の問題解消措置だけでなく、事業や資産の売却を含む措置を科すことができます。

### ▌韓国▌

　韓国では 2021 年 8 月、スマホアプリの課金を巡ってグーグルなどが自社の決済システムの利用をアプリの開発事業者に強制できないようにする法律が可決されています。

　具体的には、「**インアプリ決済強制禁止法** (電気通信事業法改正案)」で、決済手段の指定を法律で禁じるのは世界初とみられています。法律に違反した場合、所管機関である放送通信委員会による是正命令や、売上高に応じた課徴金の支

払い命令などが可能になります。アップルは自社のアプリストア「アップストア」の利用を義務付けてきたほか、グーグルも自社の決済システムの利用を必須とするとしていましたが、これが禁止されることになります。

　また、韓国の公正取引委員会は、グーグルが自社の OS を端末に搭載するようスマートフォンメーカーに強制していたとして、日本円でおよそ 195 億円の課徴金を支払うよう命じました。グーグルはこれを不服として訴えを起こすようです。

　なお、以上の外部決済に関する欧州や韓国での動きに加え、その後、グーグルは、日本、オーストラリア、インドなどで、外部決済システムの利用を認めるとともに手数料も引き下げることを発表したようです。ただ、ゲームが外部決済システム利用の対象から除かれたり手数料がまだ高かったり、今後も議論があると思われます。

### 中国

　中国では、プラットフォーマーなどへの規制が相次いで強化されています。

　まず、2020 年 11 月に予定されていたフィンテック最大手のアントグループの新規株式公開 (IPO) が実施の直前に延期となりました。

　2021 年 4 月には、電子商取引最大手のアリババグループが独占禁止法違反に問われて約 3,000 億円に上る罰金を科されました。

　2021 年 7 月 2 日には、インターネット規制当局が、ニューヨーク証券取引所に上場したばかりのオンライン配車サービス最大手のディディ (滴滴出行) について、国家安全上の問題があるとして審査を始めると発表しました (その後、2022 年 7 月にはインターネット安全法違反などで、約 1600 億円の罰金が科せられました)。

　2021 年 7 月 6 日には、中国共産党中央弁公庁と国務院弁公庁が、証券犯罪を厳格に取り締まるとともに、国家安全の観点から国境を越えた証券監督を強化するという方針を発表しました。

　2021 年 7 月 24 日には、中国共産党中央弁公庁と国務院弁公庁が義務教育を受ける小中学生向け学習塾の非営利化と株式上場による資金調達禁止という方針を発表しました。

　2021 年 8 月 3 日に、国営新華社通信の系列の『経済参考報』は、オンラインゲームを「精神的なアヘン」だとして批判しました。続いて、国家新聞出版署は 8 月 30 日に、すべてのオンラインゲーム企業は、金曜日、土曜日、日曜日お

および法定休日の 20 時〜21 時の 1 時間以外に未成年にサービスを提供してはならないと発表しました。

このように、中国では、プラットフォーマーなどへの規制が相次いでいますが、目的は欧米などとは大きく異なるとみられています。すなわち、欧米などは競争の強化を通じて消費者の利益を向上させるのが目的です。一方、中国では、デジタル経済などにおいて強い力をもつようになった民営企業によって政府更には中国共産党による統制が脅かされないよう統制強化が行われているとみられています。

### ▍日本▍

日本では、「**特定デジタルプラットフォームの透明性及び公正性の向上に関する法律**」(通称「**デジタルプラットフォーム取引透明化法**」) が 2020 年 5 月 27 日に成立し、2021 年 2 月 1 日に施行されました。

これまでみてきたような各国の対応は、プラットフォーマーに厳格な規制を課すものでしたが、日本の場合は、プラットフォーマーの自主性に委ねる面が強くなっています。

具体的には、プラットフォーマーに対しては、出店者などから優越的な地位を利用して行われる措置などへのさまざまな懸念が表明されています。これらに対応するため、法律では、まずプラットフォーマーによる取引条件等の開示が義務付けられます。また、プラットフォーマーは、経済産業大臣が定める指針に基づいて手続き・体制の整備を行います。更に、プラットフォーマーは、自己評価を付したレポートを毎年度経済産業大臣に提出し、大臣は運営状況のレビューを行って評価を公表するとともに出店者や一般利用者などの意見を聴取します。そして、独禁法違反のおそれがある場合には、公正取引委員会に対応を要請します。

諸外国の規制が進む中で、その後もプラットフォーマーなどに対する規制の在り方の検討などが進められています。例えば、2022 年 4 月にはデジタル市場競争会議が、スマートフォンの基本ソフトの競争環境に関する中間報告をまとめています[8]。競争に悪影響を及ぼす行為を事前に禁止する手法なども含め「現行の法的枠組みの制約にとらわれずに、対応できる方策を検討する」とされて

---

[8] デジタル市場競争会議「モバイル・エコシステムに関する競争評価中間報告」2022 年 4 月 26 日
https://www.kantei.go.jp/jp/singi/digitalmarket/kyosokaigi/dai6/index.html

おり、今後も規制の検討が進められるとみられます。

## 1.2 シェアリングエコノミーと政府規制

　以上は新技術を活用したビジネスなどへの新たな規制の必要性でしたが、本節では、逆に新技術を新たなビジネスに適用しようとするとさまざまな規制に遭遇することをシェアリングエコノミーを題材にしてみていきます。

### 1.2.1　シェアリングエコノミーとは

　**シェアリングエコノミー**という言葉がよく聞かれるようになりました。平成29年版情報通信白書では、「個人等が保有する活用可能な資産等を、インターネット上のマッチングプラットフォームを介してほかの個人等も利用可能とする経済活性化活動」と定義されています。スマホとインターネットの爆発的普及がこれを可能としたといえます。

　具体的には、図1.1のように、いずれも個人であるサービスの提供者と利用者がいて、この2者をUberやAirbnbといったマッチングのプラットフォームが仲介するものです。

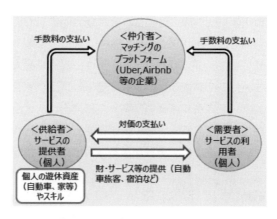

**図1.1**　シェアリング・エコノミーのイメージ図

出所：内閣府「シェアリング・エコノミー等新分野の経済活動の計測に関する研究報告書」
https://www.esri.cao.go.jp/jp/esri/prj/hou/hou078/hou078.html

　表1.2は、どのようなモノやサービスなどがシェアされるのかを分類したものです。個人の自宅や空き家などのスペース、ライドシェアや乗り物のシェアなどの移動、服飾品などのモノ、家事サービスや個人スキルなどのスキル・時

**表 1.2** シェアリングの類型

| 分野 | 類型 | 事業内容 |
|---|---|---|
| スペース | 民泊 | 個人の住宅や空き家等住宅をシェア宿泊者向けに貸し出し |
| | その他不動産の賃貸 | 空き地やテナント等の空きスペース、シェアオフィス等のレンタル<br>駐車場のレンタル |
| | その他 | 広告スペースのシェア<br>土地のマッチング＋アパート経営支援<br>遊休農地のシェア |
| 移動 | ライドシェア | 個人 (家計) が行う旅客輸送サービスや相乗り (のマッチング) |
| | タクシー等のマッチング | 法人 (企業) や個人事業主が行う伝統的な旅客輸送サービス (のマッチング) |
| | 乗り物のシェア | 個人 (家計) が所有する自動車等の乗り物を貸し借りする。 |
| | レンタカー等 | 法人 (企業) 等が自ら所有するものの賃貸サービス |
| モノ | モノのレンタル | 服飾品や雑貨などを個人間で貸し借り<br>企業等の保有財産 (服飾品、自動車、研究設備等) をレンタル |
| | 中古品販売 | 中古品を売買 |
| | ハンドメイド品販売 | 個人のハンドメイド品を売買 |
| スキル・時間 | オンラインマッチングサービス | 家事サービスもしくは家政婦等 (のマッチング)<br>イラスト制作等、個人のスキルのフリーマーケット |
| | クラウドソーシング | 企業等がインターネットを介して不特定多数の人々に案件の依頼を行う。 |
| カネ | 寄付型 | 被災地・途上国等の個人・小規模事業等に対して、ウェブサイト上で寄付を募集する、等 |
| | 購入型 | 購入者から前払いで集めた代金を元手に、製品の開発・生産等を行い、完成後の製品・サービス等を購入者に提供する等 |
| | 投資型 | プラットフォーム事業者を介して、<br>・事業者が発行する株式を購入する<br>(第一種少額電子募集取扱業)<br>・投資家と事業者との間で匿名組合契約を締結し、出資を行う。(第二種少額電子募集取扱業)<br>・事業者に融資を行う (貸金業) |

出所：内閣府「シェアリング・エコノミー等新分野の経済活動の計測に関する調査研究報告書」
概要版 (2018 年 7 月)
https://www.esri.cao.go.jp/jp/esri/prj/hou/hou078/hou078.html

　間のシェアなどがあります。なお、カネのシェアについては、第 2 章のクラウド・ファンディングのところで扱います。

　こうしたシェアを行おうとすると、実は既存の政府規制に意外にひっかかります。以降、住宅と自動車のシェアについて具体的にみましょう。

### 1.2.2　住宅のシェアと規制

　住宅のシェアは Airbnb により世界的に広まりましたが、日本ではさまざまな政府規制がかかります。

▌**旅館業法**▌

　まず、**旅館業法**です。宿泊営業をするためには、原則、旅館業法の許可が必要で、その際、施設の基準などを満たさなければなりません。2018 年 6 月までは、旅館・ホテルでは、最低客室数 (ホテル営業：10 室、旅館営業：5 室)、洋室の構造設備の要件 (寝具は洋式であることなど)、1 客室の最低床面積 (ホテル営業：洋式客室 9 m² 以上、旅館営業：和式客室 7 m² 以上)、フロントの設置、などが定められていました。

　しかし、住宅のシェアの広まりなどを受け、最低客室数の廃止、洋室の構造設備の要件の廃止、1 客室の最低床面積の緩和 (7 m² 以上、寝台を置く客室にあっては 9 m² 以上)、ビデオカメラによる顔認証による本人確認機能等の ICT 設備を想定した設備へのフロントの代替を認めること、などとなりました。

▌**住宅宿泊事業法**▌

　しかし、東京オリンピックなどを控え宿泊施設の不足が予想されたことなどから、**住宅宿泊事業法**、いわゆる**民泊新法**が 2018 年 6 月に施行されました。

　図 1.2 のように、住宅を提供する住宅宿泊事業者 (都道府県知事に届出) と宿泊者を、住宅宿泊仲介事業者 (観光庁長官に登録) が仲介するものです。また、別荘など住宅宿泊管理業者 (国土交通大臣に登録) に管理の委託を行うことも可能です。

　しかし、年間提供日数の上限が 180 日 (泊) と定められています。年間の半分までしか提供できない一方、旅館業法にはそのような制約がなく、上記のように規制が緩和された旅館業法に拠ったほうが有利な場合もあります。

▌**建築基準法**▌

　旅館・ホテルでは不特定多数の人が出入りするため火災発生時の危険性が高いことから、**建築基準法**により壁を準耐火構造とすることなど、住宅に比べて厳しい基準が適用されます。なお、上記民泊であれば住宅とみなされ、規制は住宅と同じです。

▌**消防法**▌

　**消防法**の規制も旅館・ホテル・民泊にはかかります。消火器、自動火災報知機、誘導灯といった消防用設備の設置が必要になります (民泊部分が小さいなど

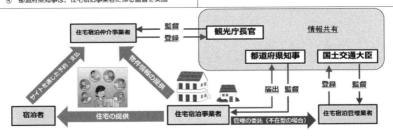

図 **1.2**　住宅宿泊事業法の概要

出所：国土交通省「住宅宿泊事業法の概要」
https://www.mlit.go.jp/common/001309832.gif

の場合には、住宅に加えての新たな規制はかかりません）。

　このように、住宅をシェアしようとする場合にはさまざまな規制がかかりますが、更にコラム 4 のように都市計画の規制などがかかる場合もあります。新たな技術を活用して新規事業を行う場合には、思わぬ規制にひっかかる場合があるので注意が必要です。

### ●コラム 4 ● 宿泊施設と都市計画

　宿泊施設には、都市計画の規制がかかることもあります。
　表 1.3 は、都市計画で定められた用途地域に、どのような構築物の**用途制限**があるかを示したものの一部です。ホテル・旅館が一番下にありますが、「第一種低層住居専用地域」のように、用途地域名の後ろに「住居専用地域」と付いている区域では、構築物をホテルや旅館に使うことができません。単に「住居地域」の場合には、第二種であれば規制はかかりませんが、第一種の場合には面積が 3000 m² 以下の場合に限られます。
　自分の住んでいるところがどのような用途地域になっているかは、自治体のサイ

トなどで調べることができます。例えば、昭和女子大学の場合には、周辺は第一種中高層住居専用地域でホテルや旅館は設けられませんが、高速道路周辺は商業地域で可能です。

　このように、都市計画でホテルや旅館を制限する背景は、自宅の周辺に不特定多数の人々が宿泊することに大きな抵抗を感じる人が多いであろうことが挙げられます。別荘地で有名な長野県軽井沢町では、不特定多数による利用や風紀を乱すおそれがあることから、民泊施設の設置を町内全域で認めないこととしています[9]。

**表 1.3**　用途地域における建築物の用途制限の概要 (抄)

| 用途地域内の建築物の用途制限　○ 建てられる用途　× 建てられない用途　①、②、③、④、▲、■：面積、階数等の制限あり | 第一種低層住居専用地域 | 第二種低層住居専用地域 | 第一種中高層住居専用地域 | 第二種中高層住居専用地域 | 第一種住居地域 | 第二種住居地域 | 準住居地域 | 田園住居地域 | 近隣商業地域 | 商業地域 | 準工業地域 | 工業地域 | 工業専用地域 | 備　考 |
|---|---|---|---|---|---|---|---|---|---|---|---|---|---|---|
| 住宅、共同住宅、寄宿舎、下宿 | ○ | ○ | ○ | ○ | ○ | ○ | ○ | ○ | ○ | ○ | ○ | ○ | × | |
| 兼用住宅で、非住宅部分の床面積が、50㎡以下かつ建築物の延べ面積の 2 分の 1 以下のもの | ○ | ○ | ○ | ○ | ○ | ○ | ○ | ○ | ○ | ○ | ○ | ○ | × | 非住宅部分の用途制限あり。 |
| 店舗等の床面積が 150㎡以下のもの | × | ① | ② | ③ | ○ | ○ | ○ | ① | ○ | ○ | ○ | ○ | × | ① 日用品販売店舗、喫茶店、理髪店、建具屋等のサービス業用店舗のみ。2 階以下 |
| 店舗等の床面積が 150㎡を超え、500㎡以下のもの | × | × | ② | ③ | ○ | ○ | ○ | ■ | ○ | ○ | ○ | ○ | × | ② ①に加えて、物品販売店舗、飲食店、損保代理店・銀行の支店・宅建物取引業者等のサービス業用店舗のみ。2 階以下 |
| 店舗等の床面積が 500㎡を超え、1,500㎡以下のもの | × | × | × | ③ | ○ | ○ | ○ | | ○ | ○ | ○ | ○ | × | ③ 2 階以下 |
| 店舗等の床面積が 1,500㎡を超え、3,000㎡以下のもの | × | × | × | × | ○ | ○ | ○ | | ○ | ○ | ○ | ○ | × | ④ 物品販売店舗及び飲食店を除く。 |
| 店舗等の床面積が 3,000㎡を超え、10,000㎡以下のもの | × | × | × | × | × | ○ | ○ | | ○ | ○ | ○ | ○ | × | ■ 農産物直売所、農家レストラン等のみ。2 階以下 |
| 店舗等の床面積が 10,000㎡を超えるもの | × | × | × | × | × | × | × | | ○ | ○ | ○ | × | × | |
| 事務所等の床面積が 150㎡以下のもの | × | × | × | ▲ | ○ | ○ | ○ | | ○ | ○ | ○ | ○ | ○ | |
| 事務所等の床面積が 150㎡を超え、500㎡以下のもの | × | × | × | ▲ | ○ | ○ | ○ | | ○ | ○ | ○ | ○ | ○ | ▲ 2 階以下 |
| 事務所等の床面積が 500㎡を超え、1,500㎡以下のもの | × | × | × | ▲ | ○ | ○ | ○ | | ○ | ○ | ○ | ○ | ○ | |
| 事務所等の床面積が 1,500㎡を超え、3,000㎡以下のもの | × | × | × | × | ○ | ○ | ○ | | ○ | ○ | ○ | ○ | ○ | |
| 事務所等の床面積が 3,000㎡を超えるもの | × | × | × | × | × | ○ | ○ | | ○ | ○ | ○ | ○ | ○ | |
| ホテル、旅館 | × | × | × | × | ▲ | ○ | ○ | | ○ | ○ | ○ | × | × | ▲ 3,000㎡以下 |

出所：東京都「用途地域における建築物の用途制限の概要」
https://www.toshiseibi.metro.tokyo.lg.jp/kanko/area_ree/youto_seigen.pdf

### 1.2.3　自動車のシェアと規制

　自動車をシェアしようとする場合も、さまざまな規制がかかります。

**┃カーシェア┃**

　純粋に車だけをシェアするのが**カーシェア**です。個人の自家用自動車をほかの人が借りて使用できるサイトもあります。

　ただし、道路運送法上 (第 80 条)、国土交通大臣の許可を受けなければ、①自家用自動車を、②「業として」、③「有償で」、④貸し渡してはならない、とされています。いわゆるレンタカー業者は、このような自家用自動車有償貸渡事業

---

[9] 軽井沢町サイト「民泊施設は認めません」
https://www.town.karuizawa.lg.jp/www/sp/contents/1458017665354/index.html

の許可を受けて事業を営んでいます。個人が自家用車をシェアする場合は、②「業として」となるかが問題になりますが、判例では反復継続の意思をもって行う場合は該当するとされています。

このため、反復継続して自家用車を貸し出す場合は、道路運送法違反となる可能性がないとはいえません。

### ▌ライドシェア▌

運転手付きで自家用車をシェアするのが**ライドシェア**です。

日本でも Uber Eats (コラム 5 を参照) はすっかり広まっていますが、米国では「Uber X」がメインの事業であり、これはライドシェアです。つまり、一般のドライバーが Uber に登録して自家用車を使って人を運びます。

しかし、日本でも同様のことを「みんなの Uber」として、福岡で 2015 年 2 月から試験的に運用していましたが、国土交通省からいわゆる「白タク」に該当する可能性が高いと指導を受け、同年 3 月にはサービスを中止しています。

道路運送法上、タクシーのように①他人の需要に応じ、②有償で、③自動車を使用して旅客を運送する「旅客自動車運送事業」を行うには許可が必要です。許可を得た車は緑色のナンバープレートを付けていますが、許可を得ずにナンバープレートが白い自家用自動車を使って有償で運送を行うと「白タク」として違法とされます。道路運送法第一条ではその目的として、「輸送の安全を確保し、道路運送の利用者の利益の保護及びその利便の増進を図る」としており、これらが規制の理由です。主要国でも、同様の理由により、アメリカの一部の州を除き、ライドシェアは違法とされています。

---

### ●コラム 5 ● Uber Eats はなぜ合法か？

本文で述べたようにライドシェアの「Uber X」は違法ですが、オンラインデリバリーサービスの「Uber Eats」は広く利用されています。Uber Eats は違法ではないのでしょうか。

まず、Uber X は人を輸送しますので道路運送法の規制の対象となりますが、Uber Eats はモノを輸送するので貨物運送事業法上、合法か否かが問題となります。他人の需要に応じ、有償で、自動車を使用して貨物を運送する事業「一般貨物自動車運送事業」を行うには、国土交通大臣の許可が必要です。

しかし、上記の「自動車」には、自転車や 125 cc 以下の原動機付自転車は含まれません。ですので、国土大臣の許可は必要ありません。このため、Uber Eats のマークのついたボックスを背負って自転車で走っている人を多く見かけるわけです。

## ▶ 1.3 ◀ DX と政府の対応

現在、DX (デジタルトランスフォーメーション) が、諸外国に比べさまざまな分野でのデジタル化が遅れている日本の大きな課題となっています。この節では、このための政府の取組をみます。

### 1.3.1 DX とは

**DX** (Digital Transformation、**デジタルトランスフォーメーション**)[10]については、さまざまな定義・説明が行われていますが、例えば、令和 3 年版情報通信白書[11]では、以下のような定義を採用しています；

> 企業が外部エコシステム (顧客、市場) の劇的な変化に対応しつつ、内部エコシステム (組織、文化、従業員) の変革を牽引しながら、第 3 のプラットフォーム (クラウド、モビリティ、ビッグデータ /アナリティクス、ソーシャル技術) を利用して、新しい製品やサービス、新しいビジネスモデルを通して、ネットとリアルの両面での顧客エクスペリエンスの変革を図ることで価値を創出し、競争上の優位性を確立すること。

新たな技術の適用に際して政府の規制が障壁となることは既にみたとおりですが、DX のような変革に向けて政府がどのように取り組んでいるかをデジタル庁を中心にみます。

### 1.3.2 政府のデジタル政策

政府のデジタル政策は、菅義偉氏が総理大臣に就任した 2020 年 9 月以降、一気に進みました。まず押印規制の原則廃止が一気に進むとともに、デジタル庁設立の準備が進められました。これらの動きをまずみた後、岸田政権になってからのデジタル政策の動きをみます。

**▌押印規制見直し▐**

**押印規制の原則廃止**は、河野太郎氏が規制改革担当大臣に任命され、一気に

---

[10] デジタルトランスフォーメーションは英語では、Digital Transformation ですから、略は DT ではないかと思われるかもしれません。DX と略されるのは Trans は「X」と略すのが英語圏では一般的なためです。

[11] https://www.soumu.go.jp/johotsusintokei/whitepaper/ja/r03/html/nb000000.html

進みました。2021 年 4 月 10 日の河野太郎氏のブログ※12により、どのような結果となったかを振り返ります。

　2019 年度末時点で押印を求める民間からの行政手続きを数えたところ、添付書類で押印を求める手続きを含め、15,611 種類ありました。

　このうちの 15,493 種類、全体の 99.2 ％ は、押印義務を廃止することとなりました。更にそのうち 15,188 種類、全体の 97.3 ％ は、2020 年度末までに、押印義務を廃止するための政省令の改正等の必要な措置を完了しました。

　残りの 305 種類は、2021 年度以降に速やかに廃止することとなりました。この中には、「デジタル整備法」での改正事項も含まれています。例えば、婚姻などの届出について定めた戸籍法第 29 条は次のように書かれていました：「届書には、左の事項を記載し、届出人が、これに署名し、印をおさなければならない」。これが改正されて「届書には、次の事項を記載し、届出人が、これに署名しなければならない」となりました (下線部筆者)。このような形で法改正がなされました。

　なお、押印が存続する手続きは、118 種類となりました。いずれも、印鑑証明付きのもの、登記・登録印、銀行への届出印に関するものです。

　以上は、民間から行政への手続きに関してですが、行政機関内部での文書や、行政から民間に提供される公印付文書などでも一挙に印がなくなりました。また、民間でも、行政の動きに合わせて、押印廃止の動きはかなり広まったとみられます。

　いずれにせよ、押印が必要ということは、紙の存在を前提としています。紙の存在をなくすことはデジタル化の大前提となります。その次の段階は、申請などのオンライン化となりますが、これもさまざまな分野で進められています。

### ▌デジタル庁▐

　**デジタル庁**の設置は、菅総理大臣 (当時) 誕生直後の 2020 年 9 月、デジタル改革関係閣僚会議において菅総理大臣 (当時) から指示されました。その後所要の法制定を経て、2021 年 9 月 1 日に発足しています。

　その任務は、デジタル社会の形成です。デジタル社会とは、デジタル社会形成基本法では、「インターネットそのほかの高度情報通信ネットワークを通じて自由かつ安全に多様な情報又は知識を世界的規模で入手し、共有し、又は発信

---

※12 ごまめの歯ぎしり「押印見直しの最新状況」
　　https://www.taro.org/2021/04/押印見直しの最新状況.php

するとともに、AI (人工知能) 関連技術、インターネット・オブ・シングス活用関連技術、クラウド・コンピューティング・サービス関連技術そのほかの従来の処理量に比して大量の情報の処理を可能とする先端的な技術をはじめとする情報通信技術を用いて電磁的記録として記録された多様かつ大量の情報を適正かつ効果的に活用することにより、あらゆる分野における創造的かつ活力ある発展が可能となる社会」、とされています (注釈的な記述は省略しました)。

デジタル大臣はいますが、異例ですがデジタル庁のトップは内閣総理大臣となっています。菅総理 (当時) の意気込みが感じられる点でした。

### ▌デジタル臨調▌

2021年10月には岸田政権となりました。12月には、新型コロナワクチン接種証明書アプリがデジタル庁から提供され、発行件数は2022年7月末時点で900万件程度となっていました。

一方、11月には、総理大臣を会長とする**デジタル臨時行政調査会 (デジタル臨調)** が開催されることになりました。デジタル改革、規制改革、行政改革の3つの分野の横断的課題を一体的に検討し実行することが特徴です。このほか、コラム6のように、デジタル田園都市国家構想も提唱されています。

---

**●コラム6●　デジタル田園都市国家構想**

岸田政権では「デジタル田園都市国家構想実現会議」が開催され、デジタル田園都市国家構想担当大臣も任命されています。地方からデジタルの実装を進め、新たな変革の波を起こし、地方と都市の差を縮めていくことで、世界とつながる「**デジタル田園都市国家構想**」の実現に向け、構想の具体化を図るとともに、デジタル実装を通じた地方活性化を推進するとされています。

岸田氏は、所属する自由民主党では「宏池会」という派閥の長です。宏池会の長には、かつて総理大臣を務めた大平正芳氏もいました (総理在任期間1978年12月〜1980年6月)。大平氏は総理時代に9つの研究会を設置しましたが、そのひとつのグループが「田園都市国家の構想」を大平氏の死後にまとめています。岸田氏もこの構想を意識して「デジタル田園都市国家構想」を提唱したとみられています。

上記会議は、2022年6月には、「デジタル田園都市国家構想基本方針」をまとめ、それが閣議決定されています。

まず、デジタル田園都市国家構想を支えるハード・ソフトのデジタル基盤整備として、2030年度末までの5Gの人口カバー率99％達成、全国各地で十数か所の地方データセンター拠点を5年程度で整備、2027年度末までに光ファイバの世帯カバー率99.9％達成、などの目標を掲げています。

第二に、デジタル人材の育成・確保として、デジタル推進人材について2026年度

末までに 230 万人育成、「デジタル人材地域還流戦略パッケージ」に基づき、人材の地域への還流を促進などとしています。

　第三に、誰一人取り残されないための取組とし、2022 年度に 2 万人以上で「デジタル推進委員」の取組をスタート・更なる拡大など、誰もがデジタルの恩恵を享受できる「取り残されない」デジタル社会を実現するとしています。高齢化が進む地方を念頭においた政策です。

　また、支援策として、3 つの交付金を統合して「デジタル田園都市国家構想交付金」とするとともに、2022 年末には「デジタル田園都市国家構想総合戦略」が策定されました。

2022 年 6 月には、「デジタル原則に照らした規制の一括見直しプラン」がまとめられました。約 1 万の法律・政令・省令の点検の結果、アナログ手法を前提としたアナログ規制を定める条項が約 5000 存在することが判明しました。

　点検・見直しの結果、第一弾として、約 4000 条項の見直し方針がまず確定しました。それ以外の条項についても 2022 年内に方針を確定する予定となりました。

　代表的なアナログ規制として、目視規制、定期検査・点検規制、実地監査規制、常駐・専任規制、書面掲示規制、対面講習規制、往訪閲覧・縦覧規制の 7 項目が挙げられています。

　例えば、目視規制の例としては、河川法や都市公園法で定められた河川・ダム、都市公園等の巡視・点検があります。見直し前は、「河川・ダムや都市公園の管理者は、維持修繕のための点検を基本目視で実施しなければならないとなっていました。見直し後は「ドローン、水中ロボット、常時監視、画像解析等の活用を進める」となっています。

　今後も、デジタル庁によりさまざまな行政のデジタル化が進められるとみられます。

## 確認問題

1.1. プラットフォーマーが独占禁止法上問題になることが多いのは、「○○○○○の濫用」です。○○○○○を埋めて下さい。

1.2. GAFAM は何の略ですか？

1.3. BATH は何の略ですか？

1.4. 日本で、プラットフォーマーを規制するために 2021 年 2 月に施行された法律は何でしょうか？

1.5. 「個人等が保有する活用可能な資産等を、インターネット上のマッチングプラットフォームを介してほかの個人等も利用可能とする経済活性化活動」を、○○○○○○エコノミーといいます。○○○○○○を埋めて下さい。

1.6. 民泊新法の正式名称は何ですか？

1.7. 「みんなの Uber」のようなライドシェアは、現在日本では違法でしょうか、合法でしょうか？ 違法か合法かでお答え下さい。

1.8. DX は何の略ですか？

1.9. デジタル庁のトップは誰ですか？ 個人名でなく、職名でお答え下さい。

1.10. 岸田政権で、デジタル化を進めるために創設された会議は○○○○○○○○調査会です。○○○○○○○○を埋めて下さい。

# 2

# データ関連技術の進展

　次章以降の予備知識として、この章では、データ関連技術の進展を、第1節「情報の移動」、第2節「人・モノの移動」、第3節「カネの移動」、更には第4節で「バーチャルな世界への進展」といった諸側面からまとめます。

## ▶2.1◀ 情報の移動

　情報の移動とは、端的にいえば通信です。以下通信関連技術の進展をみます。

### 2.1.1　IoT[1]

　インターネットとつながるものといえば、従来は PC やスマホでしたが、現在はさまざまなモノがつながるようになっています。例えば、洗濯機や掃除機などの家電、家屋・ドア、衣服などです。

　このようにさまざまなモノがインターネットに接続することを、**IoT**（アイオーティー: Internet of Things）といいます。日本語では「**モノのインターネット**」と訳されます。

　例えば、ポットがインターネットとつながった場合、電源を入れたり給湯したりすると、情報発信型 IoT として、離れて暮らしている家族のスマホなどへ動作状況が伝達されます。これにより、お年寄りや子供の状況を把握することができます。また、ロボット掃除機がインターネットとつながると、情報受信型 IoT として、外出先からもスマホで動作させることができます。

　ドアの鍵に内側から専用の機器（スマートロック）をつけてこれをインター

---

[1] ここでは、以下の総務省「ICT スキル総合習得プログラム」の資料を参考にしています。
`https://www.soumu.go.jp/ict_skill/`

ネットに接続することにより、外出先から鍵の状況を把握できるとともに、施錠・解錠が可能になります。更に、既に述べた住宅のシェアの際に、鍵の受け渡しをせずに ID・パスワードなどを伝えるだけで宿泊者がドアを開け閉めすることも可能になります。

　電力量計をインターネットにつないだスマートメーターでは、例えば 30 分ごとに電力の使用量を把握することができます。スマートメーターと **HEMS** (ヘムス、Home Energy Management System) 機器を接続し、更にこの HEMS 機器と太陽光発電機器、蓄電池、電気自動車などを接続することにより、インターネットを通じて入手したそのときの電力価格に応じて、電力価格が安いときには太陽光発電による電気を蓄電し、高いときは売電する、といったことも可能になります。更に、スマートメーターからとられた電力使用量によって在宅しているか否かを予測し、宅配便などを効率的に届ける実験も行われています。

　このような IoT により更に膨大なデータの収集が可能となります。

### 2.1.2　5G

　通信のインフラも、格段に発展を遂げています。

　移動通信システムは、図 2.1 のように、1980 年頃の第 1 世代から 10 年ごとに進化を遂げており、現在は第 5 世代 (**5G**) になっています。最大通信速度は 30 年間で 10 万倍になりました。DVD1 枚 (4.7 GB) をダウンロードするのに第 2 世代では 43–44 日、第 3 世代初期では 27–30 時間、後期には 4–5 分、第 4 世代では 30–40 秒と短縮されています。

　これが第 5 世代となると、2 時間の映画をダウンロードするのに第 4 世代で 5 分かかっていたのが 3 秒となり (超高速)、遠隔手術などの精密な操作を第 4 世代の 10 倍の精度でリアルタイム通信で実現し (超低遅延)、自宅部屋内の約 100 個の端末・センサーがネットに接続 (第 4 世代ではスマホなど数個) できます (多数同時接続)。

　また、通信事業の免許等を取得するのは大変ですが、地域を非常に限定して比較的簡単に実現できるローカル 5G の制度もできています。例えば、スタジアム、工場、建設現場、河川、農場などで導入すればさまざまな形態の利用が可能となります。

　更に、世界的には 5G の次の Beyond 5G (6G) の主導権を巡る競争も始まっています。

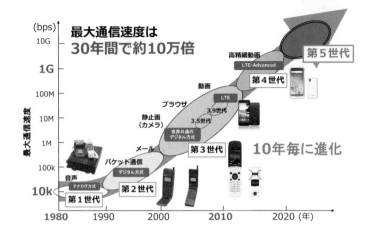

**図 2.1**　移動通信システムの変化 (第 1 世代 〜 第 5 世代)
出所：総務省「第 5 世代移動通信システム (5G) の今と将来展望」
https://www.soumu.go.jp/main_content/000633132.pdf

### 2.1.3　クラウド・コンピューティング

　進展する通信技術を背景に、コンピューターの利用形態にも変化が生じています。

　かつては企業などであれば自社内にコンピューター本体、周辺機器、通信機器などを設置して利用していました。PC であれば、ソフトウェアはダウンロードして使っていました。

　しかし、通信技術の発達などにより、機器やソフトウェアは社内や PC に置かずにインターネットを介して外部にある機器やソフトウェアを利用する「**クラウド・コンピューティング**」(Cloud Computing) が普及してきています。クラウドは英語では cloud、雲ですので、雲のようなところにある機器やソフトウェアを利用するというイメージです。

　クラウド・コンピューティングには大まかに 3 形態があります。

　第 1 は **SaaS** (サース、サーズ、Software as a Service：サービスとしてのソフトウェア) です。ソフトウェアを自分の PC などに落として使っていたのを、インターネット経由でクラウドにより提供されるソフトウェアを利用する形態です。

　第 2 は **PaaS** (パース、Platform as a Service：サービスとしてのプラットフォーム) です。プログラム開発の際には、さまざまな開発用プラットフォームを利用しますが、そうしたプログラム開発・実行環境などが提供されます。

第 3 は **IaaS** (アイアース、イアース、Infrastructure as a Service：サービスとしてのインフラ) です。サーバーなどの情報システムのインフラをクラウドを通して構築できます。

こうしたサービスはさまざまな企業から提供されています。IaaS などを含めたサービスで代表的なのは、マイクロソフトが提供する Microsoft Azure、アマゾンが提供する AWS (Amazon Web Services) などがありますが、日本企業を含めた各社がさまざまなサービスを提供しています。実は、Gmail、Microsoft Office 365、スマートスピーカの Amazon Alexa も、クラウドの一種です。

自ら機器やソフトを導入して管理するのは大きな手間とコストがかかりますから、クラウドは急速に普及しています。

### 2.1.4　暗号技術と暗号破り

こうして発達した通信技術を使う際には、その機密性の確保が重要となります。そのための技術が暗号技術[※2]です。

#### ▌シーザー暗号▐

まず、古典的な暗号としては**シーザー暗号**があります。古代ローマのシーザー (カエサル) が使ったといわれ、カエサル暗号とも呼ばれます。アルファベットを数文字ずらしたものを送るものです。図 2.2 は 13 文字ずらしたものです。下は適用例ですが、暗号化すると元の文章は全くわからなくなります。しかし、仕組みは簡単ですので、解読 (暗号を破る) のは簡単です。このため、シーザーも私用などにしか使わなかったといわれています。

A B C D E F G H I J K L M N O P Q R S T U V W X Y Z
↓ ↓ ↓ ↓ ↓ ↓ ↓ ↓ ↓ ↓ ↓ ↓ ↓ ↓ ↓ ↓ ↓ ↓ ↓ ↓ ↓ ↓ ↓ ↓ ↓ ↓
N O P Q R S T U V W X Y Z A B C D E F G H I J K L M

DATA SCIENCE ⟹ QNGN FPVRAPR

**図 2.2**　シーザー暗号の仕組みと適用例

---

[※2] 以下では、神永正博 (2017)『現代暗号入門　いかにして秘密は守られるのか』講談社ブルーバックスを参考にしています。

■ **単換字暗号** ■

　これをもう少し複雑にしたのが、**単換字暗号**です。図 2.3 のように、各アルファベットを置き換える暗号表を送り手と受け手で共有し、送り手は暗号表を使って元の文 (平文) を暗号文に変換して送り、受け取った側は暗号表を使って暗号文を元に戻します。しかし、この方法も解読は簡単です。例えば、英文でのアルファベット出現頻度は図 2.4 のようなものであることがわかっています。暗号文のアルファベットの出現頻度をとり、更に英語の知識と組み合わせれば、比較的簡単に解読できてしまいます。

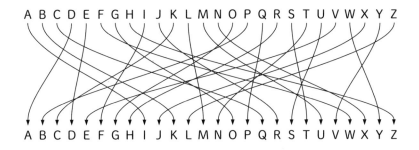

DATA SCIENCE ⟹ AINI TQFDXQD

**図 2.3** 単換字暗号

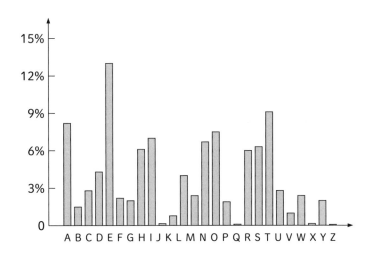

**図 2.4** アルファベットの出現頻度

## ▌共通鍵方式▐

そこで考え出されたのが**共通鍵方式**です。「共通鍵」を送信者と受信者が内緒で共有します。図 2.5 は、共通鍵方式のひとつであるバーナム暗号の例です。

排他的論理和

| A | B | A⊕B | (A⊕B)⊕B |
|---|---|-----|---------|
| 1 | 1 | 0 | 1 |
| 1 | 0 | 1 | 1 |
| 0 | 1 | 1 | 0 |
| 0 | 0 | 0 | 0 |

| | 暗号化 | | 復号 |
|---|---|---|---|
| 平文 | 0001011000111101001 | 暗号文 | 1010010110010111011 |
| | ⊕ | | ⊕ |
| 共通鍵 | 1011001110101100101 | 共通鍵 | 1011001110101100101 |
| | = | | = |
| 暗号文 | 1010010110010111011 | 平文 | 0001011000111101001 |

**図 2.5** バナーム暗号の原理と例

予備知識として、コンピューターでは文字を 0 と 1 の並びに変換します。例えばアスキーコードでは、アルファベットの z は 1111010 となります。各「桁」は 1 か 0 ですが、この 1「桁」をビット (bit) といいます。コンピューター内では、文章は 0 と 1 の並びで表現されます。

さて、0 と 1 の並びの平文 (原文) の各ビットと、これまた 0 と 1 の並びの共通鍵の各ビットに排他的論理和という計算を適用します。排他的論理和とは図の上にあるように、2 つが同じなら 0、違うなら 1 とするものです。そして、その出力を暗号文として送信します。受け取った側は、その暗号文に共通鍵を適用して排他的論理和をとります。すると、暗号文は元の文に戻ります。つまり、同じ数との排他的論理和を 2 回適用すると元に戻ることを利用しています。図の下はバーナム暗号の適用例です。平文と共通鍵で排他的論理和をとり、出来上がった暗号文を送信します。受け取った側は暗号文と共通鍵の排他的論理和をとります。すると元の文が復元されます。しかし、この方式も共通鍵がわかってしまえば簡単に解読できてしまいます。

### ▌公開鍵方式▐

　こうした中で、現在主に使われているのが**公開鍵方式**で、代表的なものは **RSA 暗号**[3]です。まず、受信者が、2 つの非常に大きな素数 $p$ と $q$ を用意します。この 2 つの素数は受信者だけの秘密にします。次に、$N = pq$ を計算し、相手方の送信者を含めて「公開」します。送信者は、この $N$ を使って、送信したい文を暗号化して、受信者に送ります。受信者は $p$ と $q$ を使って暗号を元の文に戻します (復号)[4]。$p$ と $q$ を知らないと、復号できません。大きな $N$ から $p$ と $q$ を計算する ($N$ を素因数分解する) のは、現在の最速のコンピューターでも何年などとかかり事実上無理で (図 2.6)、これを暗号に使うのが公開鍵方式です。ちなみに、テレビドラマ「相棒」で数学家が登場したとき、主人公の右京さんが、「素因数に分解するのは非常に困難で、そのことが暗号に使われていますね」という趣旨のことを言っていました[5]。

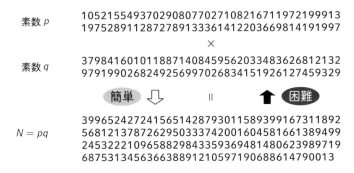

素数 $p$
10521554937029080770271082167119721999913
19752891128727891333614122036698141919997

×

素数 $q$
37984160101188714084595620334836268121327
9791990268249256997026834151926127459329

簡単 ⇩　　＝　　⬆ 困難

$N = pq$
39965242724156514287930115893991673118925
68121378726295033374200160458166138949924
53222109658829843359369481480623989719
6875313456366388912105971906886147900013

**図 2.6**　掛け算と素因数分解

## 2.1.5　量子関連技術

### ▌量子コンピューター▐

　しかし、**量子コンピューター**だと、大きな数の素因数分解が簡単にできてしまうことがわかりました。すると RSA 暗号を破ることが可能となります。こうしたこともあって、量子コンピューターが注目されています。ただし、実用化

---

[3] RSA は発明者の 3 人 Rivest, Shamir, Adelman の名字の頭文字です。
[4] 復号の仕方などは、数学を使いますので、ここでは解説しませんが、例えば以下のサイトは比較的わかりやすいです。しかし、これでも文系には難しいと思います。
　【図解】素数と RSA 暗号/署名の仕組み　わかりやすい計算例とシーケンス, アルゴリズム
　https://milestone-of-se.nesuke.com/nw-basic/tls/rsa-summary/
[5] 2013 年 10 月 23 日放送「相棒 Season 12」第 2 話『殺人の定理』

は早くとも 20 年先ともいわれており、まだ研究途上にあります[6]。また、量子
コンピューターは何でもできるわけではなく、通常のコンピューターより優れ
ているだろうと思われている分野はみつかりつつありますが更なる拡大につい
てはまだ研究途上です。

　なお、量子コンピューターは、物理学の量子力学がわからないと理解すること
ができません。量子力学は高校物理をはるかに超える数学を必要とするため[7]、
ここでは詳しくは解説しませんが図 2.7 のようなイメージです。図の左のよう
に、マクロの世界、例えば猫のようなレベルであれば (古典) 力学で現象を説明
できますが、電子や原子のようなミクロの世界では量子力学でないと説明でき
ない現象があります。具体的には、図の左のように、猫を箱に入れた後、間に
仕切りを入れると猫が左にいるか右にいるかは観測しなくても確定しています。
右か左かを 1 と 0 に対応させれば、1 ビットとなり通常のコンピューターの世
界です。一方、ミクロの世界で、電子を箱に入れて仕切りを入れると観測する
までは、左にあるか右にあるか原理的に確定しません。箱を開いて観測すると
きに初めて確定します。量子力学では「0」にも「1」にも確定していない「重
ね合わせ状態」があります。これが**量子ビット**で、量子コンピューターはこう
したミクロの世界の性質を使っています。

---

[6] 試験的な量子コンピューターは IBM が公開しており、以下のサイトにアクセスすると使えま
す。
「誰でも使える量子コンピューター "The IBM Q Experience"」
https://developer.ibm.com/jp/tutorials/cl-quantum-computing/
[7] 最近、高校の数学 IIB でわかる量子力学の入門書が出ました。
村上憲郎 (2022)『量子コンピュータを理解するための量子力学「超」入門』悟空出版
https://www.goku-books.jp/book/b604808.html

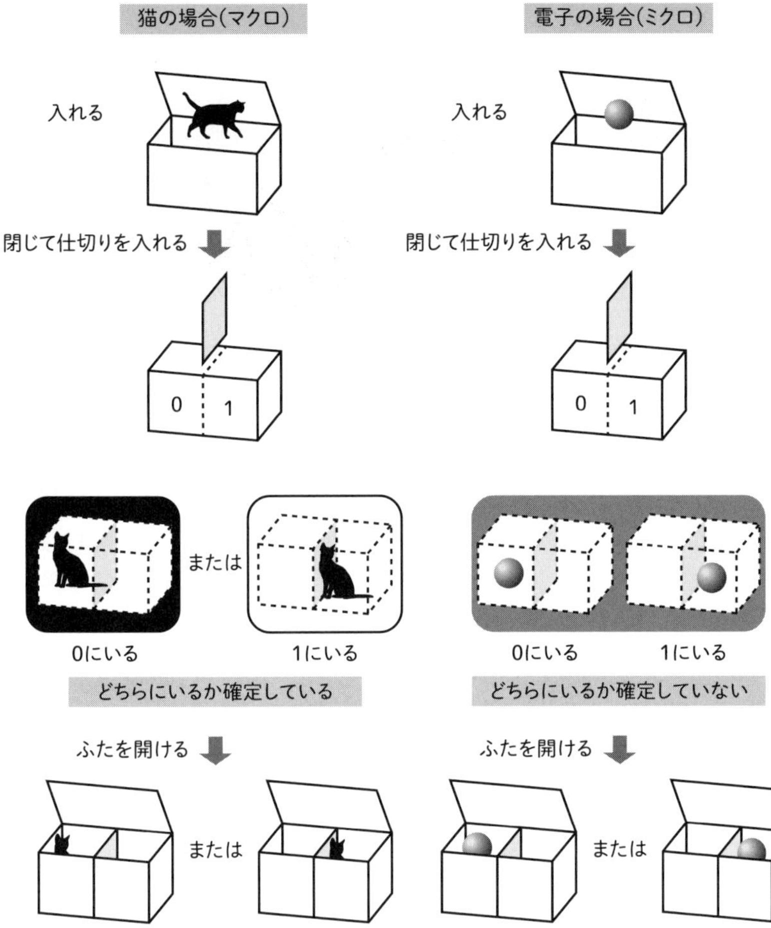

**図 2.7**　量子力学と量子ビット

---

**●コラム 7 ●　スパコンは量子コンピューターではない**

　**スーパーコンピューター**、いわゆるスパコンは量子コンピューターとは全く別物です。スパコンは既に実用化されて数十年が経過しています。一方の、量子コンピューターは本文で述べたように、実用化は 20 年先といわれています。

　普通のコンピューターとスパコンの違いのイメージを表したのが、図 2.8 です。

普通のコンピュータ　　　　　スーパーコンピュータ

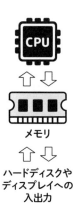
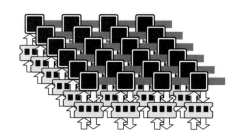

CPU

メモリ

ハードディスクや
ディスプレイへの
入出力

**図 2.8**　スーパーコンピューター (スパコン) は量子コンピューターとは別物

　普通のコンピューターには基本的には CPU (Central Processing Unit) はひとつ
しかありません。いわばソロバンはひとつです。このひとつのソロバンで順次データの処理を行っていきます。

　一方のスパコンには、CPU、つまりソロバンが非常に多数あるイメージです。これらの CPU (コンピューター) をつないで、同時並行でデータの処理を行います。このため、処理速度は格段に速くなります。

　なお、スーパーコンピューターは画像処理 (や偏微分方程式の数値解法) など同時並行計算を行うことが多い処理では、威力を発揮しますが、もともと順次ひとつひとつ処理していくような問題では処理がそれほど速くならない可能性があります。

●コラム 8 ● 量子ゲート方式と量子アニーリング方式

　「日本のメーカーが 2023 年に量子コンピューターを実用化」という記事を目にされ、「量子コンピューターの実用化は 20 年後ではなかったのか？」と思われることがあるかもしれません。

　実は、量子コンピューターには、量子ゲート方式と量子アニーリング方式の 2 つの方式があります。

　**量子ゲート方式**は量子ビットに量子ゲートを適用するもので、一種のプログラミング的なことを行い、現在のコンピューター利用形式のイメージに近いです。IBM、マイクロソフト、グーグル、アリババなどが研究しているのはこの量子ゲート方式です。

　一方、**量子アニーリング方式**は、量子イジングマシン方式ともいい、物性物理学のイジングモデルを応用しています。ちなみに、「アニーリング」は「焼きなまし」の

意味です。正確には「磁性体スピングラスを模したイジングモデルに問題をマッピング」したもので、いわば実験装置のようなものです。また、適用できる問題も量子ゲート方式のように広範ではなく、膨大な選択肢から最適な答えを導き出す「組合せ最適化問題」の計算などに特化しています。現在、NEC などの日本メーカーが開発に注力しており、「2023 年に実用化」というのはこの量子アニーリング方式です。

しかしながら、米中の主要企業が開発に注力しているのは、量子ゲート方式ですから、日本企業が注力する量子アニーリング方式は、ガラパゴス化するリスクがないともいえません。

また、「疑似量子コンピューター」といった言葉を報道を目にすることもあるかもしれません。これは、従来型のコンピューターで最適化計算などに特化していわば量子コンピューターをシミュレートしているものです。量子コンピューターとはみなされませんので注意が必要です。

## ▌耐量子コンピューター暗号▐

量子コンピューターだと、大きな素因数分解が簡単にできてしまい、RSA 暗号を破ることが可能なら、どういう暗号通信を使えばいいのでしょうか。究極的には、次項の量子暗号通信が期待されますが、新しい暗号方式も検討されています。

具体的には、米国立標準技術研究所は、大規模な量子コンピューターが仮に登場した場合でも安全性を確保できる次世代暗号 (**耐量子コンピューター暗号**) の標準化を進めており、米 IBM などが開発した技術が選定されました。2024 年までに規格化される見通しのようです[8]。

## ▌量子暗号通信▐

究極的には、量子コンピューターによる公開鍵方式暗号破りに完全に対応できるのは、**量子暗号通信**です。

量子ビットは誰かが盗み見ると状態が変わり、盗み見たことが通信をしている人にわかってしまい対応策をとることなどができます。ですので、量子ビットのままで送れば「暗号」になります。

現在、量子コンピューターとともに、量子暗号通信は盛んに研究されています。

---

[8] 日本経済新聞「ネットの安全へ世界標準の新暗号　IBM などの技術選定」　2022 年 7 月 6 日
https://www.nikkei.com/article/DGXZQOUC252OWOV20C22A2000000/

## 2.2 人・モノの移動

次に、人とモノの移動に関するデータ関連技術をみていきましょう。

### 2.2.1 CASE

**CASE** (ケースと読みます) は、Connected (コネクテッド)、Autonomous/
Automated (自動化)、Shared (シェアリング)、Electric (電動化) の頭文字を
とったものです。2016 年 10 月のパリ・モーターショーで、独ダイムラーの
ディーター・ツェッチェ社長が「CASE こそ業界を一変させる力をもっている」
としたことで広まりました。日本でも、例えば、トヨタ社長の豊田章男氏 (当
時) は「100 年に一度」の大変革時代に向けてトヨタグループの競争力強化を加
速するとしています[9]。

コネクテッドで自動車もネットとつながり、さまざまなデータのやりとりが
可能となります。他の自動化、シェアリング、電動化と相まって自動車関連の
データ利用も重要になってきます。次に自動運転についてみます。

---

#### ●コラム 9 ● OTA

今や自動車にも多数のソフトウェアが組み込まれています。

このソフトウェアを更新するには、これまでは利用者が予約の上で車両をディー
ラーに持ち込み、ディーラーの整備士がメーカーから提供されたデータを用い、専
用機器を使って適用し、更新していました。

しかし、今や、ソフトウェアを無線で自動的に更新する技術 **OTA** (Over The Air)
が広まりつつあります。ソフトウェアの更新データは、OTA センターと呼ばれる
データセンターから自動車に配信されます。更新データは、自動車の通信機器とゲー
トウェイを通って、自動車を制御する電子制御ユニットに送られ、ソフトウェアが
更新されます。

既に米の EV メーカーのテスラは、自動運転機能の追加などに活用しています。日
本のメーカーもようやく同様のサービス提供を一部車種から開始しました。

自動車のコネクテッド化は本文で述べましたが、このように自動車もスマホにど
んどん近づいている面があります。

---

### 2.2.2 自動運転

**自動運転**は、米国の SAE (Society of Automotive Engineers、自動車技術会)
が策定した基準により、5 段階に区分されています (図 2.9)。

---

[9] https://global.toyota/jp/newsroom/corporate/22763822.html

**図 2.9** 自動運転レベル
出所：国土交通省自動運転戦略本部第 4 回会合 (平成 30 年 3 月 22 日) 参考資料
http://www.mlit.go.jp/common/001227121.pdf

　レベル 1 は、自動ブレーキなどの運転支援です。

　レベル 2 は、高速道路など特定条件下での自動運転機能です。

　レベル 3 は、システムがすべての運転タスクを実施しますがドライバーに介入要求なども行う条件付き自動運転です。

　レベル 4 は、特定条件下における完全自動運転です。

　レベル 5 が、完全自動運転です。

　ここで、レベル 3 以下とレベル 4 以上では大きな違いがあり、レベル 3 以下ではドライバーが運転席にいるのに対し、レベル 4 以上では運転席にいません。

　自動運転の実現には、技術面の課題もありますが、道路交通法などの規制の対応も課題となります。例えば、道路交通法第 70 条は「車両等の運転者は、当該車両等のハンドル、ブレーキその他の装置を確実に操作し、かつ、道路、交通及び当該車両等の状況に応じ、他人に危害を及ぼさないような速度と方法で運転しなければならない。」となっています (下線は筆者による)。つまり、ドライバーが運転席にいるのが前提になっています。ですので、法令上はレベル 3 まではクリアできることになりますが、レベル 4 以上が問題です。これはわが国に限ったことではありません。わが国を含め 96 か国が締約している「道路交通に関する条約」(ジュネーブ条約) では、例えば、第 8 条第 1 項で「一単位とし

て運行されている車両又は連結車両には、それぞれ運転者がいなければならない。」とされています。

こうした中、令和 3 年の道路交通法改正により、過疎地での無人自動運転による移動サービスなどを想定したレベル 4 の公道走行が可能となりました。ドライバーなしの状態で運行し、万が一の際などに手動介入することなく自動で安全に停止可能なレベル 4 による運行を「特定自動運行」とし、従来の「運転」には該当しないものと位置付けました。なお、事業者などが地域で移動サービスを始める場合には、都道府県公安委員会の事前許可、運行計画の提出、運行中の遠隔監視を担う「特定自動運行主任者」の配置などが求められます。

レベル 5 は技術的にもまだ実現していません。実現のためには、システムに膨大な走行データを「学習」させることが必要とみられ、そうしたデータ収集が課題となります。

### 2.2.3　MaaS

**MaaS**（マース、またはマーズと読みます）は、Mobility as a Service の略で、地域住民や旅行者一人一人のトリップ単位での移動ニーズに対応して、複数の公共交通やそれ以外の移動サービスを最適に組み合わせて検索・予約・決済等を一括で行うサービスです。

具体的には、図 2.10 の左が従来の交通サービスで、それぞれの交通機関ごとに個別の検索・予約・支払いが必要です。これが右の MaaS になるとスマホなどから出発地から目的地までの移動をひとつのサービスとして検索・予約・支払いが可能になります。更に観光や宿泊などの関連サービスの利用も可能となります。

### 2.2.4　スマートシティ

「**スマートシティ**」は、都市・地域の抱える諸課題に対して、ICT 等の新技術を活用しつつ、マネジメントが行われ、全体最適化が図られる持続可能な都市または地区のことです。

具体的には、地図・地形データ、気象データ、交通データ、構造物データ、エネルギーデータ、防災データなどの官民データを新技術を利用しながら統合することなどによって実現します。

トヨタは、あらゆるモノやサービスがつながる実証都市「コネクティッド・シ

**図 2.10**　MaaS のイメージ

出所：政府広報オンライン「『移動』の概念が変わる？　新たな移動サービス『MaaS (マース)』」
https://www.gov-online.go.jp/useful/article/201912/1.html

ティ」を東富士 (静岡県裾野市) に設置して、「Woven City」と命名し、着工し
ています。

### 2.2.5　ドローン

　以上は地上での移動ですが、空中での移動で注目されるのが「**ドローン**」
(Drone) です。ドローンは、遠隔操作や自動操縦によって飛行する無人航空機
の総称です。被災地、巨大インフラ、など人間ではデータがとりにくいところ
からも安全・容易・大量にデータが取得でき、そうして取得したデータを AI で
解析するといったような活用も期待されます。更に、これまで自動車のデータ・
AI と結びついた高度化についてみましたが、これが空中にも広がる可能性を秘
めています。

　ドローンは航空法の規制対象となっています。平成 27 年の法改正では、規制
の対象となる無人航空機は、「飛行機、回転翼航空機、滑空機、飛行船であって
構造上人が乗ることができないもののうち、遠隔操作又は自動操縦により飛行
させることができるもの (100 g 未満の重量 (機体本体の重量とバッテリーの重
量の合計) のものを除く)」です。いわゆるドローン (マルチコプター)、ラジコ
ン機、農薬散布用ヘリコプター等が該当します。対象となった無人航空機は、空
港周辺、150 m 以上の上空、人家の密集地域などが飛行禁止区域となります。

　更に、令和 2 年改正では、無人航空機の登録制度が創設され、所有者は氏名・
住所・機体の情報を国土交通大臣に申請し、大臣は安全が損なわれるおそれが
ある無人航空機の登録を拒否できます。一方、登録した機体には登録記号が通

知され、登録記号の表示等をしなければ飛行禁止となります。また、大臣が指定する空港周辺での上空での空港の管理者の同意を得ない小型無人機等の飛行を禁止し、違反に対しては警察官等により、やむを得ない限度で機器の破損等が行われます。

　こうした規制強化とは別に、都市部など有人地帯での荷物配送などのため、そうした地帯での補助者なし目視外飛行 (レベル 4) が求められるようになっています。このため、令和 3 年改正では、機体の安全性に関する認証制度 (機体認証)、操縦者の技能に関する証明制度 (操縦ライセンス) が創設され、第三者上空での飛行 (レベル 4) は、①機体認証を受けた機体を、②操縦ライセンスを有する者が操縦し、③国土交通大臣の許可・承認 (運航管理の方法等を確認) を受けた場合、実施可能となりました。

　ドローンについては、上記のような物流のほか、状況把握などの災害対応、農薬・肥料散布などの農林水産業での活用、有人地帯 (都市部) でのインフラ点検・測量・侵入監視・巡回監視などさまざまな用途での活用が期待されています。

## ▶ 2.3 ◀ カネの移動

　次に、カネの移動に関するデータ関連技術をみていきます。

### 2.3.1　クラウド・ファンディング

　**クラウド・ファンディング**とは、通常はインターネットを介して、自分のプロジェクトに対する活動資金の支援者を募る資金調達のことです。大勢の人を意味する crowd (クラウド) と、資金調達を意味する funding (ファンディング) の、2 つの単語を組み合わせてできた"造語"です。通常は、クラウド・ファンディング事業者が、インターネットのプラットフォームなどでプロジェクト提案者と支援者を仲介します。

　いくつかの類型があり、例えば、資金提供者に対するリターン (見返り) の形態によって以下の 3 類型に分けることができます。

- 金銭的リターンのない「寄付型」
- 金銭リターンが伴う「投資型」
- プロジェクトが提供する何らかの権利や物品を購入することで支援を行う「購入型」

　寄付型は、プロジェクトに対して、支援者がお金を寄付します。金銭的リター

ンは基本的には発生しませんが、支援者にお礼の手紙や写真などが贈られることもあります。被災地支援など、社会的貢献を目指したプロジェクトに多く利用されています。ふるさと納税もこのタイプといえるかもしれません。自治体がふるさと納税という形で寄付を募り、納税者は返礼品をリターンとして受け取りますが、税制上の寄付金の控除を受けられます。

投資型は、個人から少額の資金を募ってプロジェクトへの融資を行います。ソーシャルレンディングともいわれます。更に、利息の形でリターンを得る融資型、未公開株への投資で配当を得る株式型、利益の分配を行うファンド型などがあります。いずれも「貸金業法」や「金融商品取引法」などによる規制があります。

購入型は、プロジェクトを支援した人が、モノやサービスのリターンを得られ、それらを購入する形式のものです。

### 2.3.2　フィンテック

**フィンテック** (FinTech) は、Finance (金融) と Technology (技術) を掛け合わせた造語で、IT を活用した革新的な金融サービス事業です。クラウド・ファンディングもフィンテックの一種かもしれませんが、通常は、フィンテックはかなり広範・高度なものを指します。リーマンショックによる銀行不信と IT 技術の進展を背景に生まれてきました。

かつての銀行の大規模システムから、カード決済・電子マネー・ネット証券・ネット生保、オンラインバンキング等を経て、スマホカード決済・仮想通貨・ロボアドバイザー、テレマティクス保険[10]などの形へと進展してきています。

フィンテックの関係では、銀行によるオープン API も注目されています。**API** とはアプリケーション・プログラミング・インターフェース (Application Programming Interface) の略で、あるアプリケーションの機能や管理するデータ等を他のアプリケーションから呼び出して利用するための接続仕様・仕組みを指します。それを他の企業等に公開することを「**オープン API**」と呼びます。銀行が Fintech 企業等に API を提供し、顧客の同意に基づいて、銀行システムへ

---

[10] まず、テレマティクス (telematics) とは、車両に搭載したカーナビや GPS 機能を搭載した機器を、通信システムを利用してインターネットに接続し、さまざまな情報を管理したり、関連サービスを提供することです。テレマティクスを利用して、走行距離や運転特性といった運転者ごとの運転情報を取得・分析し、その情報をもとに保険料を算定する自動車保険がテレマティクス保険です。

のアクセスを許諾することにより、オープン API の活用が始まっています。銀行システムには口座情報や入出金の明細照会、振り込みの指示など多くの機能があります。これらの機能を金融機関以外の事業者と連携することにより、利便性の高い、革新的な金融サービスの提供が目指されています。

### 2.3.3　ブロックチェーン

　金融での利用に特化しているわけではありませんが、ブロックチェーン技術も注目を集めています。ビットコインなどデジタル通貨だけでなく、企業の幅広い分野に適用可能です。

　**ブロックチェーン**は、図 2.11 のように、文字どおり「ブロック」が「チェーン」のごとくつながっているものです。各ブロックは、いつ起きたかを示すタイムスタンプ、取引記録のトランザクション情報、そして前のブロックのハッシュ値からなります。

　最後のハッシュ値ですが、前のブロックの情報からハッシュ関数を使って計算されたものです。図 2.12 のように**ハッシュ関数**は、入力されたデータに一定の手順で計算を行い、入力値の長さによらずあらかじめ決められた固定長の出力データを得る関数です。そしてそのハッシュ関数から得られた値が「ハッシュ

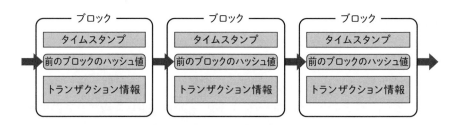

**図 2.11**　ブロックチェーンの概念図

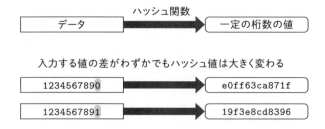

**図 2.12**　ハッシュ関数・ハッシュ値

値」(hash value) です。ハッシュ関数は同じ入力からは常に同じ出力が得られ、どのような長さの入力もすべて同じ長さの出力を得ます。計算過程で情報が欠落するため、出力値から入力値を逆算することはできません。このハッシュ値ですが、図2.12にあるように、入力値をごくわずか変えただけで、出力値は大きく変わります。このため、入力値が改変された場合の検出が容易にできます。

さて、このハッシュ関数を使って、前のブロックのデータからハッシュ値を計算し、そのブロックに含めます。これをチェーンのように繰り返します。ハッシュ値は、入力値が少しでも変わると大きく変わりますから、ある箇所を変更すると、それ以降のブロックも大きく変わります。これにより、改ざんが検出でき、更にブロックチェーンは多くの人に共有されていますので、事実上、改ざんができなくなります。

このブロックチェーンを分散された利用者が共有することで、中央集権型から分散型に移行することが可能となります。金融では、「**分散型金融**」(**DeFi**: Decentralized Finance) と呼ばれます。ブロックチェーン上で、取引データをユーザー全員で管理することにより、権力が集中することがなくなります。従来の銀行のホストコンピューターを中心においたシステムなどの金融サービスは「**中央集権型金融**」(**CeFi**: Centralized Finance) と呼ばれます。

### 2.3.4 ビットコイン・暗号資産

ブロックチェーン技術を用いた一種の「通貨」が暗号資産であり、その代表例が**ビットコイン**です。

その仕組みについては、図2.13をご覧下さい。ブロックがチェーンのようにつながっているのは同じですが、各ブロックには、「**ノンス**」(nonce) が加わっています。

図にあるように、次のブロックのハッシュ値の先頭に0が指定の数以上並ぶようになるノンスを手当たり次第に試してみつけるのが「**マイニング**」です。これに成功すると、次のブロックが生成されます。生成のタイミングは10分程度となるように、マイニングの難易度が設定されています。見つけ出した人にはビットコインの報酬が与えられるので、世界中でマイニングに励む人が出てきますが、そうした人たちは「マイナー」(Miner、採掘者) と呼ばれています。

ビットコインの総発行量はあらかじめ決まっていて、2100万BTC (**BTC**はビットコインの単位。「円」や「ドル」のようなもの) です。ビットコインは10

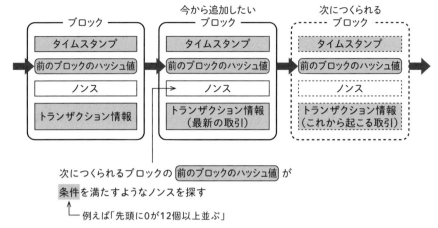

次につくられるブロックの 前のブロックのハッシュ値 が
条件を満たすようなノンスを探す

└─ 例えば「先頭に0が12個以上並ぶ」

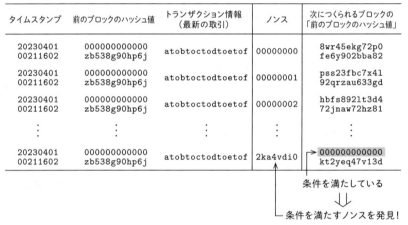

**図 2.13**　ビットコインの仕組み

分で1ブロックが生成されるため、2140年にすべてのマイニングが終了すると
いわれています。

　このマイニング報酬は定期的に半減します。ビットコインが作られた当初
である2008年のマイニング報酬は、50 BTCでしたが、4年後の2012年には
25 BTCとなり、2016年には12.5 BTCとなりました。2022年時点のマイニン
グ報酬は6.25 BTCです。

　ビットコインの価格は大きく変動します。例えば、コロナ禍で世界の中央銀
行は金融を大幅に緩和していましたが、インフレ高進で引き締めに変わるとみ
られ始めた直前の2021年11月初めは1 BTC=763万円だったのが、2022年

7月には3分の1程度の269万円まで下落しています[11]。

なお、ビットコインを提唱した論文の著者名は、Satoshi Nakamoto ですが、その正体は不明で日本人かどうかすらわかっていません。

ビットコインのブロックチェーン・取引台帳は全部公開されているとはいえ、容量は 200 GB を超え、ダウンロードには数日以上を要します。もとより、かなりの技術知識がないと利用は困難です。このため、通常は、取引業者を介してビットコインの購入・取引などを行います。その取引業者に対しては、資金決済法による規制が適用されます。登録制で、利用者への適切な情報提供、利用者財産の分別管理、**マネーロンダリング**[12]対策のための取引時確認の実施などが求められます[13]。なお、資金決済法では、ビットコインなどの名称は「仮想通貨」から「**暗号資産**」に名称変更されています。

### 2.3.5 ステーブルコイン

ビットコインのような暗号資産は価格変動が激しいため、安定した価格を実現するように設計された「**ステーブルコイン**」も世界で発行されています。法定通貨であるドルを担保にしたテザー (tether) などが有名です。

しかし、2022 年 5 月には、ステーブルコインの「テラ USD」が一時 8 割近く下落し、「ステーブル」とは程遠いため、イエレン米財務長官は「適切な枠組みが必要」と発言しています。

一方、わが国では、2022 年にステーブルコインを規制する改正資金決済法が成立し、コインの発行は銀行や資金移動業者、信託会社に限定されます。また、流通には登録制を導入し、マネーロンダリング (資金洗浄) 対策が強化されます。

こうした中、2021 年に 11 月に、わが国の大手銀行や通信会社、暗号資産を取り扱う会社などおよそ 70 社が参加する企業連合は、ステーブルコインとして

---

[11] ビットコインの最新価格については、例えば以下のサイトで確認できます。
`https://bitflyer.com/ja-jp/bitcoin-chart`
[12] マネーロンダリングは、資金洗浄のことで、略して「マネロン」とも呼ばれます。麻薬取引、脱税、粉飾決算などの犯罪によって得られた資金 (汚れたお金) を、資金の出所をわからなくするために、架空または他人名義の金融機関口座などを利用して、転々と送金を繰り返したり、株や債券の購入や大口寄付などを行ったりすることです。
[13] 中国では、ビットコインなど暗号資産に関する事業自体が、マイニングを含め禁止されています。その背景には、後の章でみるブロックチェーンを使った「デジタル人民元」の普及を目指していることなどが考えられます。

DCJPY を流通させるべく、実証実験を開始しています[14]。このデジタル通貨は銀行が発行の主体となり、円建てで、取引の最小単位を 1 円とし、通常のお金と同じ価値で使われることが想定されています。

---

**●コラム 10 ● NFT**

　ブロックチェーンの利用では、お金とは直接関係のない **NFT** (Non-Fungible Token、**非代替性トークン**) も注目されています。

　ブロックチェーン技術を使って、芸術作品の作者や所有者の情報を保証するデジタル資産です。コピーが容易なデジタル作品を唯一無二の本物と証明できるようになり、転売などの取引履歴もたどることができます。取引には通常暗号資産が使われます。

　米ツイッターの創業者によるツイッターの初投稿が約 291 万ドルで落札されたことが話題となりました。

---

## ▶2.4◀ Virtual な世界へ

　デジタル技術は仮想的 (virtual) な世界にも広がっています。本節では、xR (AR、MR、VR)、メタバースなどをみます。

### 2.4.1　xR

　**xR** は、現実世界において実際には存在しないものを表現・体験できる技術で、次に述べる **AR** (Augmented Reality、拡張現実)、**MR** (Mixed Reality、複合現実)、**VR** (Virtual Reality、仮想現実) の総称です[15]。

　以下、それぞれみていきます。

#### ▌AR▐

　AR は、現実世界の一部に仮想の情報を重ね合わせるものです。使用する機器は、スマホやタブレットです。

　例えば、図 2.14 では、背景の街並みや川は現実の画像ですが、そこに橋が建設された場合の仮想の橋の画像を重ね合わせています。

　ゲームでは、「ポケモン GO」が有名です。スマホが撮影した現実の映像の中

---

[14] デジタル通貨フォーラム「DCJPY (仮称) ホワイトペーパー 20」(2021 年 11 月)
　　https://about.decurret.com/.assets/forum_20211124wp.pdf
[15] 以下の総務省「ICT スキル総合習得プログラム」の資料を参考にしています。
　　https://www.soumu.go.jp/ict_skill/pdf/ict_skill_1_3.pdf

**図 2.14**　AR による景観シミュレーション

千葉大学大学院工学研究科平沢研究室 hirasawalab「AR (拡張現実感) を利用した景観シミュレーション」
https://youtu.be/mkRupfdm22M

にポケットモンスターが表示されます。

### MR

MR は、視界全面の現実世界に仮想の情報を重ね合わせるものです。使用する機器は、メガネ (グラス) やヘッドマウントディスプレイですが、現実世界を見ることができるとともに、メガネなどの機器に仮想の世界を表示して重ね合わせます。

例えば、図 2.15 の左側は、壁には実際には何も描いてないのですが、メガネなどを掛けると壁内部の排水や配管が表示されます。右側は、整形外科技術のトレーニングで、メガネに骨格などが表示されます。

MR によって壁内部の配水、配電を
紹介する様子

MR によって整形外科手術のトレーニングを
する様子

**図 2.15**　MR の実用利用

(左) 日本マイクロソフト株式会社 公式チャンネル「小柳建設 - Microsoft HoloLens を活用した Holostruction」
https://youtu.be/TmDHZ-NMQe0
(右) 「[Microsoft HoloLens] 日本の Mixed Reality　パートナーとソリューション」
https://youtu.be/KK42C6OqJvQ

## ▌VR▐

　VR は、現実世界の情報は遮断して、仮想世界のみを描くものです。使用する機器はヘッドマウントディスプレイですが、現実の映像は見えません。

　さまざまなエンターテイメント施設で導入されています。

### 2.4.2　メタバース

　**メタバース**という言葉にはさまざまな定義がありますが、人々がインターネット経由でアクセスできる共有の仮想世界空間全般を表すものです。VR やAR 技術を使い、より現実世界に近づけたデジタル空間ともいえます。インターネット上に構築される仮想の三次元空間で、利用者は**アバター**と呼ばれる自分の分身を操作して空間内を移動し、他の参加者と交流します。なお、メタバース (metaverse) は、meta (超越した) と universe (世界) を合成したものです。

　米エピック・ゲームズの人気ゲーム「フォートナイト」もメタバースの一例とみなされています。また、ミュージシャンの仮想コンサートも可能で、実際にフォートナイトで仮想ライブも行われており、何百万人もが視聴したようです。更に、ファッション企業も仮想の洋服を作る試みを行っており、お客さんはメタバース内でアバターとして試着ができます。

　なお、米フェイスブックは 2021 年 11 月、社名を「Meta (メタ)」に変更したと発表しました。マーク・ザッカーバーグ最高経営責任者は、事業が SNS に加えて画像共有アプリや「メタバース」と呼ぶ仮想空間の構築に広がっており、「当社の事業のすべてを包含する社名が必要になっている」と述べています。なお、フェイスブックは SNS の名称として利用を継続するようです。また、登記上の正式社名は「メタ・プラットフォームズ」とする一方、対外的にはメタの名称を使用するようです。今後は、メタバースなどの事業に注力するものとみられます。

## 確認問題

2.1. IoT は英語で何の略ですか？

2.2. 第5世代移動通信システムのことを2文字で何といいますか？

2.3. クラウド・コンピューティングを英語で綴って下さい。

2.4. 公開鍵方式のうち RSA 暗号は、大きな数を〇〇〇に分解するのが非常に困難なことを利用しています。〇〇〇を埋めて下さい。

2.5. 量子コンピューターの実用化は早くても何年先といわれていますか？

2.6. 自動車関係で、CASE は何の略ですか？

2.7. 完全自動運転の「レベル5」は、2022年9月現在日本で実現していますか、いませんか？　実現なら〇、未実現なら×でお答え下さい。

2.8. 自動車関係で、MaaS は何の略ですか？

2.9. 「都市・地域の抱える諸課題に対して、ICT 等の新技術を活用しつつ、マネジメント(計画、整備、管理・運営等)が行われ、全体最適化が図られる持続可能な都市または地区」のことを何といいますか？

2.10. 遠隔操作や自動操縦によって飛行する無人航空機を何といいますか？

2.11. クラウド・ファンディングを英語で綴って下さい。

2.12. フィンティックは、2つの英単語を合成したものです。2つは何と何ですか？

2.13. API は英語で何の略ですか？

2.14. ビットコインで使われている技術のひとつは〇〇〇〇チェーン技術です。〇〇〇〇を埋めて下さい。

2.15. ビットコインのような暗号資産は価格変動が激しいため、安定した価格を実現するように設計され民間企業により提供されるものを何といいますか？

2.16. 米ツイッターの創業者によるツイッターの初投稿で有名になった NFT は日本語で何といいますか？

2.17. AR、MR、VR はそれぞれ英語で何の略ですか？

2.18. 人々がインターネット経由でアクセスできる共有の仮想世界空間の全般、VR や AR 技術を使ってより現実世界に近づけたデジタル空間、ゲームの中で自分のキャラクターをもっていて歩き回ったり他のプレーヤーと交流したりする、といったものを〇〇〇〇〇といいます。〇〇〇〇〇を埋めて下さい。

# 3

# データと諸制度

　第2章で説明した予備知識も使って、この章では、データに関連する諸制度として、第1節で「中央銀行デジタル通貨」、第2節で「デジタル課税」、第3節で「個人情報保護」、更には第4節で「個人情報とターゲティング広告・コンテンツ規制」を取り上げます。

## ▶3.1◀ 中央銀行デジタル通貨

　民間による電子マネーが普及する中、中央銀行が発行するお札も電子マネー化すれば便利ではないかと思われるかもしれません。それが中央銀行デジタル通貨ですが、導入に関する議論が盛り上がるひとつの発端となった民間によるリブラ構想からみていくことにします。

### 3.1.1　リブラ (ディエム)

　2019年6月、フェイスブック (現メタ) CEO のザッカーバーグ氏は、「写真を送るような感覚でお金も送れるようにしたい」とステーブルコイン構想「**リブラ**」を発表しました。銀行口座を持たず ATM も使えない世界の17億人が、簡単にお金を送ったり受け取ったりできるようにする、というものでした。

　ところで、固定電話を広めるには電話線を敷設する必要があり莫大なインフラ投資が必要です。このため、途上国では電話が使えるところは例外的でした。しかし、スマホなら携帯基地局を散在させて設置するだけでよいので莫大な投資は必要がありません。このため、途上国でもスマホは一挙に普及しました[1]。更に、

---

[1] このように本来の途中段階を飛び越えて一挙に進展することをリープフロッグ (leapfrog、蛙跳び) といいます。

途上国では銀行の店舗はもちろん ATM もほとんどありません。したがって銀行口座を持っている人はごくわずかです。しかし、一挙に普及したスマホを使って送金ができるようになれば、誰もが電子決済が可能となりますので画期的です。

　「リブラ」は、ドル、ユーロ、円など複数の通貨をそれぞれ一定の比率で入れたバスケット・籠を作り、そのバスケットを計算上のひとつの通貨として発行するものでステーブルコインのような構想でした。「リブラ協会」が設立され、本部はスイスで、フェイスブック以外に、ビザ、マスターカード、ウーバーなど 20 社余りが初期メンバーとなりました。このリブラ協会が前章でみた暗号資産の取引業者を認定し、一般の利用者はこの取引業者から現金と引き換えにリブラを入手し、それを買い物や国内外の利用者への送金などに使ってもらう構想だったようです。

　しかし、これに対して、世界各国の通貨当局などは大きな懸念を示しました。アメリカの中央銀行 FRB のトップは「深刻な懸念を抱いている」とし、トランプ米大統領 (当時) も「銀行と同じような規制が必要だ」とツイートしました。英、仏、日本の当局も懸念を示し、G 7 でも議論になりました。各国通貨当局は金融システムの安定性、消費者の安全性、更には国家の通貨発行主権が脅かされるなどと考えたためです。これに対し、フェイスブックは「規制当局の承認を得るまで導入しない」としました。

　こうした懸念の中、リブラ協会は 2020 年 4 月、当初の発行計画を見直し、単一通貨を裏付け資産として発行するとしました。更に 12 月には「リブラ」を「**ディエム**」と名称変更して、まずは、ドルを裏付け資産とする「米ドル版ディエム」の発行を目指すとしました。その後、2022 年 1 月、「米連邦規制当局との対話の中で、このプロジェクトは先に進めないことが明らかになった」として「ディエム」の発行を断念しました。

　しかし、そのようなデジタル通貨があれば便利なのは確かです。各国中央銀行が検討を始める後押しにはなったかもしれません。

### 3.1.2　CBDC とは？

　では、「**中央銀行発行デジタル通貨** (**CBDC**：Central Bank Digital Currency)」ですが、一般には次の 3 つを満たすものであるといわれています。

　a)　デジタル化されていること
　b)　円などの法定通貨建てであること

c)　中央銀行の債務として発行されること

c ) は、コラム 12 のように、バランスシートの負債のところに掲載されるということです (バランスシートをよくご存じない方は、まずコラム 11 をご覧下さい)。

---

### ●コラム 11 ●　損益計算書とバランスシート

　企業の最も基本的なデータは、損益計算書とバランスシートです。企業でデータサイエンスを使った分析を行う最終的な目標は、この基本的データの改善ともいえるかもしれません。そこで、簡単に解説しておきます。

　まず、図 3.1 が**損益計算書** (**PL**: Profit and Loss statement) のイメージです。売上高から、部品・材料費や広告費などの経費、社員の給与などの人件費、といった費用を引いたものが営業利益です。更にこれから銀行に支払う利息など本業とは別に支払ったお金を引いたものが経常利益です。売上高が大きければ企業の活動は活発かもしれませんが、費用がかかって利益が小さければ儲かっていないことになります。こうした数字が並んでいるものが損益計算書です。例えば、ある年度の 4 月から 3 月までといった一定の期間を区切って算出する数字です。ある期間の企業の売上や利益がどうだったかがわかります。

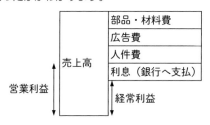

**図 3.1**　損益計算書のイメージ

　一方の**バランスシート** (**BS**: Balance Sheet。**貸借対照表**ともいいます) は、年度末といった特定の時点での数字を算出したものです。図 3.2 がそのイメージです。左側と右側に分かれ、左側が資産の部、右側が負債の部と純資産の部です。資産には、現金・預金、(資産として持つ他社の) 株式・国債、土地や建物などの不動産、器具備品、といったものの特定時点での残高が計上されます。負債の部は、銀行からの借入など将来返さなければならない負債を計上します。純資産の部は、会社を設立した際に準備されていたお金や株主に出資してもらったお金である資本金や、過去の利益の蓄積などを計上します。これらは基本的に誰かに返す必要はありません。なお、慣例で、資本の部の左側を「借方」、負債の部と純資産の部を合わせた右側を「貸方」と呼びます。両方の頭文字を取って「貸借」対照表と呼ばれます。左側と右側それぞれの合計は必ず一致します。このため、「バランスシート」と呼ばれます。バランスシートをみると企業の財政状況がわかります。多大な負債があれば財政状況は良くないといえます。

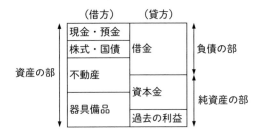

**図 3.2** バランスシートのイメージ

　以上はあくまでもイメージであり、企業が実際に公表する数字はもちろんもっと詳細です。

　このような知識は簿記で学びます。文系にとって簿記は基本的なツールとして、理系にとっての数学に相当するのかもしれません。就職してから学生時代に勉強しておけばよかったと思うことが多いのが簿記のようです。簿記の入門書はたくさんあります。日商簿記の 4 級のテキストなら実質数日で勉強できますので、興味のある方は書店や図書館などでご覧になるとよいでしょう。

### ●コラム 12 ● 日本銀行のバランスシート

　銀行のバランスシート (貸借対照表) は、普通の事業会社のものとは少し異なります。例えば、預金は事業会社では資産に計上されますが、銀行ではその預金は負債に計上されます。預金者から引き下ろしの要求が出れば銀行はすぐに返さなければいけませんので、負債です。預金をする側と、してもらう側の違いと考えればよいかと思います。

　日本銀行も銀行ですから、預金は負債です。表 3.1 は 2022 年 5 月時点の日本銀行のバランスシートです。負債に当座預金がありますが、これは民間金融機関が日本銀行に預けたものです (日本銀行は国民とは直接取引はしません)。また、発行銀行券、つまり日本銀行券・お札も日本銀行にとっては負債です。日本銀行が金融機関に日本銀行券を供給する際には国債などを買って日本銀行券を渡す形になります。量的緩和はこの操作を大規模に行うもので、日銀が買った国債は 500 兆円を超え、その代わりに民間金融機関の当座預金や日本銀行券がその代金として日銀の負債に計上されます。

　中央銀行デジタル通貨が発行された場合には、日本銀行券と同様、日本銀行の負債に計上されることになります。

　なお、日本銀行にも普通の会社と同じように資本金があり 1 億円です。うち 55 ％

が政府出資、残りの45％が民間出資です※2。

**表3.1**　日本銀行のバランスシート(貸借対照表)

(令和4年5月20日現在、億円)

| 資産 | | 7,417,417 | 負債 | | 7,383,639 |
|---|---|---|---|---|---|
| | 国債 | 5,368,483 | | 発行銀行券 | 1,197,279 |
| | ETF | 366,955 | | 当座預金 | 5,546,987 |
| | 社債 | 85,633 | | 政府預金 | 275,724 |
| | CP等 | 29,673 | | その他 | 363,649 |
| | 貸付金 | 1,459,371 | 純資産 | | 33,778 |
| | 金地金 | 4,412 | | 資本金 | 1 |
| | その他 | 102,890 | | その他 | 33,777 |

出所：日本銀行「営業毎旬報告」。
(注) 1. 資本金：1億円。うち55％が政府出資、残りの45％が民間出資。株主総会に相当する出資者総会の制度はない。出資者の経営参加権は認められていない。
2. ETF：指数連動型上場投資信託。Exchange Traded Funds。証券取引所に上場。東証株価指数(TOPIX)といった株価指数などの指標に連動するよう運用される。株式と同様いつでも売買可能。
3. CP等：CP(コマーシャル・ペーパー)は企業が3〜6か月といった短期資金を調達するための短期社債。

　CBDC発行の形態としては、中央銀行が国民に直接発行する形態(直接型)と、お札のように民間金融機関を介して発行する形態(間接型)が考えられます。わが国の場合には、既に民間金融機関を含めた金融システムが構築されており、直接型とした場合、民間金融機関の業務がなくなること、中央銀行に業務の負荷が集中しすぎることなどから、日本銀行も導入するとすれば間接型であるとしています。

　CBDCが発行された場合の流れを図3.3で追ってみます。①まず、日銀が仲介金融機関の日銀当座預金を減額してCBDCを発行します。②仲介機関はCBDCユーザーの預金等を減額してCBDCを払い出します。③ユーザー間では取引を行い支払いにCBDCを使うと移転します。④仲介機関はCBDCを受け取ったユーザーからCBDCを受け入れてユーザーの預金を増額します。⑤仲介機関からCBDCが日本銀行に還収されて日銀当座預金が増額されます。

　この間の各者のバランスシートの動きを図3.4で追ってみます。【1】はCBDC

---

※2 株式ではなく出資証券が発行され、東京証券取引所に上場されていますが、プライム、スタンダート、グロースのどの市場かは特定されていません。出資証券を購入できる機会はあまりないといわれています。なお、株主総会に相当する出資者総会の制度はなく、出資者の経営参加権は認められていません。

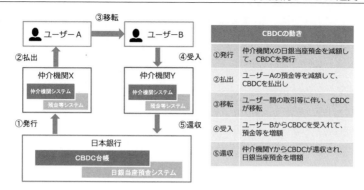

**図 3.3** CBDC の発行と流通

出所：日本銀行「中央銀行デジタル通貨に関する連絡協議会第 2 回会合 (令和 3 年 10 月 1 日) 事務局説明資料」
https://www.boj.or.jp/announcements/release_2021/rel211015c.pdf

発行前の状態です。CBDC が発行されると【2】になります。中央銀行の負債の側の当座預金の一部が CBDC に変わります。一方、仲介機関では資産の中銀当座預金 (中銀当預) の一部が CBDC に変わります。ユーザーの CBDC 利用は単純化すると 2 つのケースがあります。銀行券を対価に CBDC が払い出される

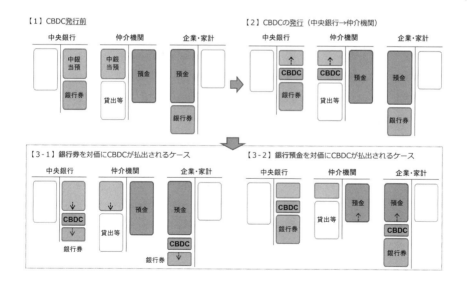

**図 3.4** バランスシート動き

出所：日本銀行「中央銀行デジタル通貨に関する連絡協議会第 2 回会合 (令和 3 年 10 月 1 日) 事務局説明資料」
https://www.boj.or.jp/announcements/release_2021/rel211015c.pdf

ケース（【3-1】）では、企業・家計は資産の銀行券を減額し、代わりに CBDC を増やします。仲介機関では、資産の CBDC が中銀当座預金に変わります。中央銀行では、負債の銀行券の一部が CBDC に変わります。銀行預金を対価に CBDC が払い出されるケース（【3-2】）では、企業・家計は資産の銀行預金を減額し、代わりに CBDC を増やします。仲介機関では資産の CBDC と負債の預金が一部減少します。中央銀行には変化はありません。

　お金全般の動きを図 3.5 でみてみましょう。国民がお店で購入して現金で支払う場合には ATM などで銀行から引き出しますが、このお札は中央銀行から搬送されます。クレジットカードで支払う場合にはお店からクレジット会社に請求がいきますが、クレジット会社はお客である国民の銀行預金口座から引き落とします。銀行は、預金の一定割合を準備預金として中央銀行に預入することが義務付けられています。このように、現金支払いの場合にもクレジットカード支払いの場合も、中央銀行の管理下にあるといえます。なお、PayPay などで支払う場合には例えばお客である国民は PayPay を現金や銀行口座引き落としなどで購入しますが、いずれも中央銀行の管理下にあるのは変わりません。また、金、株式、ビットコインといった資産は通常は資産運用の手段であり、支

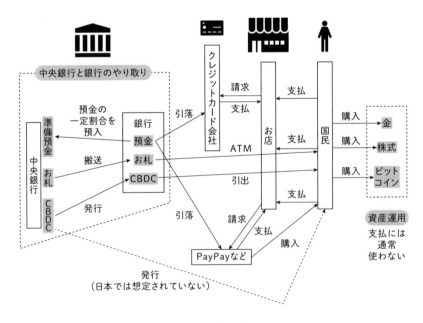

**図 3.5**　お金の流れ

払いには一般には使われません。

　さて、CBDC を発行する場合には、銀行等経由の間接型と国民等に直接発行する直接型がありますが、わが国では直接型は想定されていないのは既に説明したとおりです。なお、リブラ（ディエム）は、このような中央銀行管理からは逸脱しており、金融システムの管理が脅かされる可能性があることになります。

### 3.1.3　各国の全体的状況

　各国中銀の CBDC への取組状況ですが、各国中銀へのサーベイの結果[※3]では、2018 年時点で「取り組みあり」が 7 割程度、「なし」が 3 割程度と、何らかの形で取り組んでいる国が多いです。しかし、内容をみると「調査・研究」は 100％ですが、「実験・概念実証」まで行っているのは半分程度に過ぎません。更に「開発等」となると 10％程度とわずかです。

　おおむね、各国で検討・導入されている CBDC には 3 つの類型があるようです[※4]。

　第 1 に、スウェーデンのようにキャッシュレスが大幅に浸透している先進国の一部です。現金を受け入れる小売店が減少し、銀行口座を持たない人々が街での買い物に困難をきたすほどになっています。こうしたことから CBDC へのニーズが高くなります。

　第 2 は、カンボジアやバハマなどの発展途上国です。これらの国では、自国通貨や決済を巡るインフラが未整備である一方で、スマートフォンの普及率は極めて高いといった状況にあります。最新のデジタル技術を全面的に採用することが可能で、カンボジアでは既にコラム 13 のように CBDC の運用を開始しています。

　第 3 は、中国のケースです。後述のように、国民のためというより政府・中国共産党のためといった、前 2 者とはかなり違う狙いがあるのではないかといわれています。

---

[※3] 雨宮・日銀副総裁「日本銀行はデジタル通貨を発行すべきか」　2019 年 7 月
　　https://www.boj.or.jp/announcements/press/koen_2019/data/ko190705a2.pdf
[※4] 雨宮・日銀副総裁「中銀デジタル通貨と決済システムの将来像　『決済の未来フォーラム』における挨拶」　2020 年 2 月 27 日
　　https://www.boj.or.jp/announcements/press/koen_2020/ko200227b.htm/

●コラム 13 ● ソラミツの活躍

　カンボジア国立銀行は、2020 年 10 月、ブロックチェーンを活用した CBDC「**バコン (BAKONG)**」の運用を開始しています。スマホにより、安全・簡単・迅速かつ手数料無料の決済・送金が可能です。

　バコンには、日本の**ソラミツ**株式会社 (本社：東京都渋谷区) の技術が活用されています[5]。

　これを追うかのように、フィリピン、ベトナム、ラオスなどでも、ソラミツとともに、CBDC 発行の検討を開始しました[6]。

　なお、ソラミツは日本国内でも、ブロックチェーン技術を活用したデジタル地域通貨「白虎/Byacco」を会津大学 (福島県会津若松市) のために開発しています[7]。

### 3.1.4　日本銀行の状況

　そうした中、日本銀行の基本方針は、「現時点で CBDC を発行する計画はないが、決済システム全体の安定性と効率性を確保する観点から、今後のさまざまな環境変化に的確に対応できるよう、しっかり準備しておくことが重要である」というものです[8]。

　また、先述のように一般利用型 CBDC が想定されており、中央銀行と民間部門による決済システムの二層構造 (「間接型」発行形態) を維持することが適当としています。

　日本銀行では、民間と連携しながら、現在実証実験を進めています。ただし、現時点では発行計画はない、という基本的スタンスには変わりがありません。

### 3.1.5　主要中央銀行間の協力

　2020 年 1 月、カナダ銀行、イングランド銀行、日本銀行、欧州中央銀行、スウェーデン・リクスバンク、スイス国民銀行、国際決済銀行 (BIS) は、それぞれの国・地域において中央銀行デジタル通貨の活用可能性の評価に関する知見を共

---

[5] ソラミツ「ソラミツ 、カンボジア国立銀行デジタル決済『バコン』を開発　デジタル人民元やリブラに先駆け / 世界初のブロックチェーン中央銀行デジタル決済 / 9 つの銀行が参加、数千人が送金や店舗での支払いを開始」　2019 年 11 月 18 日
　https://prtimes.jp/main/html/rd/p/000000017.000019078.html

[6] 日本経済新聞「フィリピン・ベトナム中銀　デジタル通貨発行検討　日本企業と　中国系の浸透背景」　2022 年 6 月 17 日

[7] ソラミツ「Byacco」
　https://soramitsu.co.jp/byacco/ja

[8]「中央銀行デジタル通貨に関する日本銀行の取り組み方針」　2020 年 10 月 9 日
　https://www.boj.or.jp/announcements/release_2020/rel201009e.htm/

有するために、グループを設立しました。その後、米国の連邦準備制度 (FRB)
も参加しました。

2020 年 10 月には報告書が公表されました。内容は原則など抽象的なもので
すが、「CBDC の実現可能性に関する研究を継続していくが、発行をコミットす
るものではない」ということははっきり示しています。

### 3.1.6 米国の状況

米国は当初は CBDC には消極的でしたが、上記のように主要中央銀行間の協
力にも参加した後、2022 年 1 月に FRB は報告書を公表しました[9]。目的につ
いて「CBDC の利点とリスクに関し、広く透明性のある議論を促進する」ため
で、「特定の政策推進」を意図することではないと強調するとともに、「行政機
関や議会の明確な支援なしに CBDC の発行を進めることを FRB は意図しない」
としており、導入計画があるというわけではありません。

また行政府では、バイデン米大統領は 2022 年 3 月、デジタル版ドルにあたる
CBDC の調査を政府に求めることを含む大統領令に署名しました。

このように、米国では CBDC はまだ調査段階です。

### 3.1.7 中国の状況

中国では、中央銀行にあたる中国人民銀行が 2014 年に CBDC(**デジタル人民
元**) の研究に着手しました[10]。一部地域での限定的な試験を経て、2020 年 10
月に広東省深セン市で 5 万人、12 月には江蘇省蘇州市で 10 万人を対象に実証
実験を行っています。抽選で選ばれた市民はスマートフォンにデジタル元を入
れるウォレット (財布) のアプリをダウンロードした上で、1 人 200 元 (約 3200
円) 分のお金を無償で受け取り、商店やレストランでの支払いに使いました。蘇
州の実験では、インターネットに接続していない状態でスマホ同士を軽く接触
させるだけでデジタル元をやりとりするシステムも試されています。ここでも
ブロックチェーン技術が使われているようです。

しかし、既に触れたように、中国の狙いは、他の国・地域とは違うのではな

---

[9] JETRO「米 FRB、「デジタルドル」について報告書公表、5 月 20 日まで意見公募」 2022
年 01 月 26 日
https://www.jetro.go.jp/biznews/2022/01/f2d59929a54d2b45.html
[10] 時事通信「デジタル人民元、始動へ 世界初、年内にも—中国」 2021 年 1 月 3 日
https://www.jiji.com/jc/article?k=2021010200125&g=int

いかとみられています※11。第 1 の狙いは中国の通貨人民元の国際化を進め、い
わゆるドル覇権に対抗することではないかという見方があります。更にデジタ
ル人民元により、個人同士、あるいは企業同士の資金のやりとりの様子を、当
局が過去にさかのぼって把握することも可能となります。プライベートなお金
のやりとりが国家に監視されることにもなり、場合によっては、当局にとって
好ましくない思想をもつ反体制の人物の現金のやりとりを止めることもできる
ようになるかもしれません。このように、中国の目的は他の国・地域とは違う
可能性があります。

## ▶3.2◀ デジタル課税

　課税の面でもグローバルなデジタル化への対応 (**デジタル課税**) が課題になっ
ていました。問題は 2 点ありました※12。

　第 1 は、従来から「PE なければ課税なし」つまり国内に外国企業の支店・工
場等の物理的拠点 (PE：Permanent Establishment) がある場合にのみ、その外
国企業の事業所得に課税することができるとされてきた原則です※13。インター
ネットの普及により、GAFAM のように、市場国に PE を置かずにビジネスを行
う企業が出現し、市場国で課税が行えない事例が顕在化してきました (図 3.6 の
左側参照)。

　第 2 は、各国とも自国への企業誘致のため、半ば競争的に法人税率を引き下げ
てきました。図 3.7 は、各国の法人実効税率※14の 2000 年から 2020 年の変化で
すが、各国とも大幅に税率を引き下げています。しかし、経済のデジタル化の進
展により利益等を軽課税国に移転し、一種の「課税逃れ」を行うことが容易にな
りました。例えば、2016 年には欧州委員会 (EU) はアップルが不公正な税制優
遇を受けていたとしてアイルランド政府に追徴課税するように要請し、2018 年
9 月に、アップルが追徴課税分と利息を含め総額 143 億ユーロ (約 1.9 兆円) を

---

※11 NHK 「『デジタル人民元』中国共産党が狙う？覇権と統制」(時論公論)　2019 年 11 月 12 日
　　http://www.nhk.or.jp/kaisetsu-blog/100/415588.html
※12 政府税制調査会財務省説明資料「経済のデジタル化に伴う国際課税上の対応」　2020 年 10
　　月 22 日
　　https://www.cao.go.jp/zei-cho/content/2zen3kai4.pdf
※13 このほか、海外の関連企業との間の取引を通じた所得の海外移転を防止するための移転価格
　　税制に関係する問題もありますが、非常に専門的ですので説明は省略します。
※14 実効税率とは、法人の実質的な所得税負担率のことです。本来は法人税、住民税、事業税の税
　　率を単純に合算したものと一致するはずですが、例えば、日本の法人所得税の場合、課税標準額
　　の基準の違いや事業税の損金算入の影響により、実際の負担税率は合算値より小さくなります。

➤「課税対象（scope）」は、売上高200億ユーロ（約2.6兆円）超、利益率10%超の大規模・高利益水準のグローバル企業（全世界で100社程度）

➤大規模な多国籍企業グループの利益率10%を超える超過利益の25%を市場国に配分

**図 3.6** 市場国への新たな課税権の配分

出所：政府税調査会 (2021 年 11 月 12 日) 資料「新たな国際課税ルールに関する合意について」
https://www.cao.go.jp/zei-cho/content/3zen5kai3.pdf

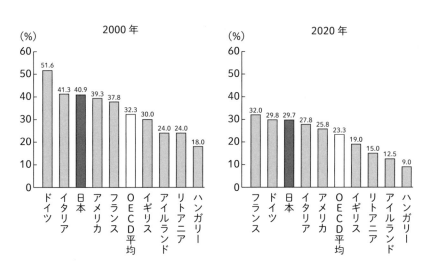

**図 3.7** 法人税率の国際比較

出所：OECD member countries: Corporate and capital income taxes (2000-22)
Statutory corporate income tax rates
https://stats.oecd.org/Index.aspx?QueryId=78166

アイルランド政府に支払ったようです。また、仏国税当局は、法人税率が低いアイルランドに欧州本社の機能を置いて課税を免れたなどとして米グーグルを捜査していましたが、2019 年 9 月、罰金など 9 億 6500 万ユーロ (約 1150 億円) を支払うことで和解しました。このように、各国の課税基盤が揺らいでいました。

　こうした中、2015 年 10 月、OECD (Organization for Economic Cooperation and Development、経済協力開発機構) を中心に、このような問題を解決するための作業を本格的に開始することになりました。

　作業は、法人税率の大幅引き下げなどを行った米トランプ政権の誕生などにより難航しましたが、2021 年 10 月に最終合意に達しました。合意できた背景には、米国がバイデン政権となり、公約の巨額のインフラ投資の財源を確保するため法人税率を引き上げることが必要になり、イエレン財務長官が主要国の間で共通の最低税率を設定することを提唱したことなどがあります。

　合意の内容は、第 1 に、国境を越えてサービスを展開する巨大グローバル企業等の売上の 10 % を超える利益のうち 25 % については、サービスの利用者がいる国に課税の対象として配分することです (図 3.6 右側)。第 2 は、法人税の最低税率を 15 % に定めたことです。

　第 1 のグローバル企業への課税については、合意に加わった国同士で、租税条約を結ぶ必要があり、第 2 の最低税率については法人税法などを改正することになります。当初は 2023 年の実施を目指していましたが、各国内での調整が難航し、1 年遅れの 2024 年の実施が 2022 年 7 月 G20 で確認されました。

　また、上記の OECD を中心とした作業が米トランプ政権の方針転換などにより難航していた中、独自のデジタル課税を導入する国が相次ぎました。例えば、フランスは、デジタル・サービス・タックスを導入し、2019 年 7 月に対象ビジネスの域内売上に 3 % を課税するとしました。これに米国が反対し制裁関税等をちらつかせ、フランスは配慮して徴税を延期しました。上記の合意後は、デジタル課税の国際条約が発効するまでに欧州各国が独自課税をやめる代わりに、米国は制裁関税の発動を取り下げる妥協もなされました。

### ●コラム 14 ● G○ の整理

　**GO** (○は数字) はよく聞きますので、ここで整理しておきます (表 3.2)。なお、G は Government の略です。

**表 3.2   G ○の整理**

|  | G5 | P5 | G7 | G8 | G20 |
|---|---|---|---|---|---|
| アメリカ | ○ | ○ | ○ | ○ | ○ |
| 中国 |  | ○ |  |  | ○ |
| 日本 | ○ |  | ○ | ○ | ○ |
| ドイツ | ○ |  | ○ | ○ | ○ |
| イギリス | ○ | ○ | ○ | ○ | ○ |
| フランス | ○ | ○ | ○ | ○ | ○ |
| インド |  |  |  |  | ○ |
| イタリア |  |  | ○ | ○ | ○ |
| ブラジル |  |  |  |  | ○ |
| カナダ |  |  | ○ | ○ | ○ |
| ロシア |  | ○ |  | ○ | ○ |
| 韓国 |  |  |  |  | ○ |

↑2018 年の GDP 順

G20 はこのほか、メキシコ、南アフリカ、オーストラリア、インドネシア、サウジアラビア、トルコ、アルゼンチンが参加。EU は G7、G8 などにもオブザーバーとして参加。

　G5 は、第一次オイルショック後の不況に対処するため、1975 年にフランスのランブイエで開催された先進国首脳会議が最初です。

　なお同じ 5 でも、P5 は国連安全保障理事会の常任理事国です。第二次世界大戦の戦勝国です。当初中華民国 (現台湾) もメンバーでしたが、1971 年に中華人民共和国 (中国) に代わりました。

　G5 にイタリアは入っていなかったのですが、これを不服としたイタリア首相も会議に乗り込んできて、欧州偏重となるのを避けるため、翌年、カナダを加えて G7 となりました。

　1998 年以降はロシアも加わり G8 となりました。しかし、ロシアのクリミア半島侵攻に伴い、ロシアの G8 への参加は停止され、事実上 G7 に戻りました。

　しかし、中国、インド、韓国などの経済発展は著しく、これらの新興国などを加えたのが G20 です。財務大臣・中央銀行総裁会議は 1999 年から、首脳会議は 2008 年から開催されています。

　このほか、安全保障などの関係で、他のグループ名も最近よく目にするようになりました。Quad は日米豪印の首脳や外相による安全保障や経済を協議する枠組み、ファイブアイズは米英加豪 NZ の諜報機関の情報交換組織、 AUKUS (オーカス。Australia、 United Kingdom、United States の頭文字から取ったもの) は豪英米の軍事同盟です。

## ▶3.3◀ 個人情報保護

個人情報保護も、データに大きく関係する制度です。わが国や各国の制度を みていきます。

### 3.3.1 わが国の個人情報保護法[15]

まず、わが国の**個人情報保護法**です。2017年5月30日からはすべての事業 者に適用されています。

▍**個人情報とは**▍

個人情報は、「生存する個人に関する情報で、特定の個人を識別することがで きるもの」です。ですので、亡くなった人に関する情報は適用外です。

例は、「氏名」、「生年月日と氏名の組合せ」、「顔写真」などです。

「**個人識別符号**」も該当します。その情報だけで特定の個人を識別できる文 字、番号、記号、符号などで、例は、指紋データ、パスポート番号、免許証番 号、マイナンバーなどです。

▍**取得・利用**▍

基本的な4つのルールがあり、まず、取得・利用に関するルールです。

個人情報の「取得・利用」にあたっては、利用目的を特定してその範囲内で 利用する、利用目的を通知又は公表する、ことが必要です。

利用目的は、「当社の新商品のご案内の送付のため」、「当社の商品の配送及び アフターサービスのご連絡のため」といった形で特定します。

利用目的の公表方法は、特に定めはありませんが、ウェブページのわかりや すい場所や店舗等の事業所への掲示、申込書への記載等が考えられます。

なお、配送伝票の記入内容を配送のために利用する場合のように、取得の状 況から利用目的が明らかであれば、利用目的の通知又は公表は不要です。

また、利用目的を変更（追加）する場合は、原則本人の同意が必要です。

更に、「要配慮個人情報」を取得する場合は、あらかじめ本人の同意も必要で す。「**要配慮個人情報**」とは、不当な差別、偏見その他の不利益が生じないよう に取扱いに配慮を要する情報として、法律・政令に定められた情報です。人種、 信条、社会的身分、病歴、犯罪の経歴、犯罪により害を被った事実等のほか、身 体障害等の障害があることや、健康診断結果等も該当します。

---

[15] 本項は、個人情報保護委員会「はじめての個人情報保護法〜シンプルレッスン」に拠ってい ます。
https://www.ppc.go.jp/files/pdf/simple_lesson_2022.pdf

## ▌保管▐

　2番目のルールとして、個人情報の「保管」にあたっては、漏洩等が生じないよう安全に管理すること、従業者・委託先にも安全管理を徹底すること、が必要です。

　保管の手法としては、例えば、取扱いの基本的なルールを決める、従業者を教育する、紙で管理している場合は鍵のかかる引き出しで保管する、パソコン等で管理している場合はファイルにパスワードを設定する、セキュリティ対策ソフトウェアを導入する、といったことが考えられます。

## ▌提供▐

　3番目のルールとして、個人情報の「提供」にあたっては、第三者に提供する場合はあらかじめ本人から同意を得る、第三者に提供した場合・第三者から提供を受けた場合は一定事項を記録する、ことが必要です。

　本人同意や記録が不要となる例外としては、法令に基づく場合 (例:警察、裁判所、税務署等からの照会)、人の生命・身体・財産の保護に必要 (本人同意取得が困難。例:災害時の被災者情報の家族・自治体等への提供)、公衆衛生・児童の健全育成に必要 (本人同意取得が困難。例:児童生徒の不登校や、児童虐待のおそれのある情報を関係機関で共有)、国の機関等の法令の定める事務への協力 (例:国や地方公共団体の統計調査) などがあります。

　基本的な記録事項は、提供した場合には、「いつ・誰の・どんな情報を・誰に」提供したかです。提供を受けた場合には、「いつ・誰の・どんな情報を・誰から」提供されたか、相手方の取得経緯です。保管期間は原則3年です。

　また、外国にある第三者に提供する場合には、次 a、b、c のいずれかを満たす必要があります。

　　a.　外国にある第三者に提供することについて、本人の同意を得る。

　　b.　外国にある第三者が、個人情報の取扱いに関する国際的な枠組み (例:APEC 越境プライバシールール (CBPR) システム) に基づく認定を受けているなど適切な体制を整備している。

　　c.　外国にある第三者が個人情報保護委員会が認めた国 (EU 及び英国。2022年4月時点) に所在している。

外国への情報提供については、コラム 15 のように LINE が問題になりました。

## ●コラム 15 ● LINE 問題

　2021 年 3 月、LINE は、2018 年 8 月から 2021 年 2 月まで、中国の関連会社の従業員が国内サーバーにある個人情報にアクセス可能な状態だったことを発表しました (**LINE 問題**)。個人情報には氏名、電話番号などのほか、利用者が保存したメッセージ、画像も含まれていました。

　LINE のプライバシーポリシーは「パーソナルデータを第三国に移転することがある」となっており (実際はデータの移転はなかったようです)、海外の関連会社からデータにアクセスする可能性までは説明しておらず、利用者への説明が十分ではないことが問題になりました。なお、不正アクセスや情報漏洩はなかったようです。

　LINE の出澤社長は、中国当局への情報提供を義務付ける「国家情報法」などの現地の法体制について「潮目の変化を我々が見落としていたというのが偽らざるところだ」と情報収集体制の不足を認めており、こうした中国当局との関係も問題が大きくなった背景にあります。

　また、利用者間の対話履歴や会員情報などプライバシー性の高い情報は国内サーバーで管理し、画像や動画といったデータは韓国で管理していたようですが、段階的に国内に移転していくようです。

## ●コラム 16 ● APEC の越境プライバシールールと中ロ

　2022 年 4 月、米国、日本、カナダ、韓国、フィリピン、シンガポール、台湾の 7 か国・地域の政府は、**APEC 越境プライバシールール** (**CBPR**: Cross Border Privacy Rules) システム (企業等の越境個人データの保護に関して、APEC プライバシー原則への適合性を認証するシステム) グローバル CBPR フォーラムを設立すると宣言しました[16]。

　CBPR の参加国は、上記 7 か国のほかは、メキシコ、オーストラリアで、中国とロシアは APEC 自体には参加しているものの CBPR には参加していません。

　このため、上記宣言は、データが流れることへの懸念があった中ロを外し、一定の信頼関係のある国・地域の枠組みを新たにつくり、APEC 非加盟の南米などにも広げる狙いがあるとの見方もあります。

### ▐ 開示請求等への対応 ▐

　第 4 のルールとして、個人情報の「開示請求等への対応」にあたっては、本人から開示等の請求があった場合はこれに対応する、苦情等に適切・迅速に対応する、ことが必要です。

[16] JETRO「日米など 7 カ国・地域、APEC 越境プライバシールール拡大に向けフォーラム設立」 2022 年 04 月 26 日
https://www.jetro.go.jp/biznews/2022/04/3ccb8aec46cb51c6.html

事業者の名称、利用目的、請求手続き、苦情申出先などについて、「本人が知り得る状態」に置く必要があります。そうした状態の例としては、ウェブページでの公表、事業所での掲示などです。また、それらを行わず、問合せに対して遅滞なく答えられるようにしておくことでも OK です。

### 3.3.2　2020 年度改正

2020 年度には個人情報保護法の改正がなされ、要配慮個人情報の漏洩、1000件を超える漏洩などの事態が発生したり発生したおそれがある事態が生じた場合の個人情報保護委員会への報告と本人への通知が義務化されました。報告・通知は、速やか (個人情報保護委員会への報告はおおむね 3~5 日以内) に行うことが求められています。

また、個人が望まないデータの利用停止を企業に請求できる「**使わせない権利** (利用停止権)」が盛り込まれました。

更に、ウェブの閲覧履歴を記録した「**クッキー**」など個人情報には該当しないデータでも、企業が個人と照合して利用する場合は本人の同意を得ることを義務付けることになりました。これは、2019 年 8 月、就職情報サイト「リクナビ」が就活生の内定辞退率を分析し、企業に販売していた問題が発覚したことが契機となっています (コラム 17 参照)。

これらは、基本的に 2022 年 4 月から施行されました。

---

#### ●コラム 17 ●　クッキー・リクナビ問題

**リクナビ問題**を理解するには、まず、クッキーの理解が必要です。ウェブサイトにアクセスして、「続行するには、cookie を有効にしてください」という警告が現れた経験があると思います。cookie (クッキー) は、閲覧したサイトから自分のスマホや PC に保存される情報のことで、サイトを訪れた日時や、訪問回数などが記録されています。これにより、SNS などに ID とパスワードを入力して一度ログインして、しばらくしてからもう一度アクセスすると ID とパスワードを入力せずとも入る、といったことが実現されます。

さて、リクナビ問題は、就職情報サイト「リクナビ」を運営するリクルートキャリア (東京・千代田) が就職活動中の学生のサイト閲覧履歴などをもとに内定辞退の指標を採用企業に提供していたもので、2019 年 8 月に大きな社会的問題となりました。これには、クッキーが関連していました。

仕組みを図 3.8 で追ってみましょう。左の A 社がリクルートキャリア、右の B 社が学生を採用しようとしている企業です。B 社は、就職応募等の際に提出された学生の指名・住所等と対応させた ID を内密に作ります。氏名・住所等を落として ID だけに

してクッキーとともに A 社に渡します。A 社はデータベースを利用してその ID の内定辞退率等を算出します。ここで、A 社では個人を特定できませんので、個人情報ではないということになります。ですので、本人の同意を得ることなく B 社に提供することができます。ID と内定辞退率等を受け取った B 社は、ID を作った際の対照表などにより本人の氏名・住所等を統合して、実名で内定辞退率等を得ることができます。

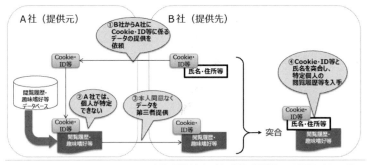

**図 3.8**　リクナビ問題のイメージ

出所：個人情報保護委員会
https://www.ppc.go.jp/files/pdf/191125_shiryou1.pdf

　これが問題となり、2020 年度の個人情報保護法改正で、「クッキー」など個人情報には該当しないデータでも、企業が個人と照合して利用する場合は本人の同意を得ることを義務付けることになりました。

### 3.3.3　2021 年度改正

　デジタル庁設置関連の法律改正と併せて、個人情報保護法の改正も行われました。

　主な改正としては、まず、地方公共団体の個人情報保護制度について全国的な共通ルールを規定し、全体の所管が個人情報保護委員会に一元化されました。これまで、個人情報保護については、2000 程度ある地方公共団体がバラバラに個人情報保護条例などを制定していました（「**2000 個問題**」といわれます）。この改善を図ろうとするものです。2023 年 4 月に施行されました。

　また、民間事業者に対しては個人情報保護法、国の行政機関に対して行政機関個人情報保護法、独立行政法人等に対しては独立行政法人等個人情報保護法と 3 本の法律がありました。これらが 1 本の法律に統合されました。2022 年 4 月に施行されました。

### 3.3.4　EU の GDPR

次に、他国・地域の状況をみます。

まず、EU です。わが国の個人情報保護制度も EU を参考に作られてきた面があります。

EU 域内の個人データ保護を規定する法としては、1995 年から現在に至るまで適用されている「EU データ保護指令 (Data Protection Directive 95)」があります[17]。更に、2018 年 5 月 25 日には「**GDPR**(General Data Protection Regulation：一般データ保護規則)」が施行されました。GDPR は個人データやプライバシーの保護に関して、EU データ保護指令より厳格に規定します。また、EU データ保護指令が EU 加盟国による法制化を要するのに対し、GDPR は EU 加盟国に同一に直接効力をもちます。

GDPR の大きな特徴として、本人に「**忘れられる権利**」を与えたことがあります。企業は、データの消去を要求された場合は、表現の自由や研究素材としての能力を損なわない限り、本人の個人情報を消去する必要があります。

また、GDPR は、EU 域内の個人データの EU 域外への移転 (「**越境データ移転**」) についても規定します。EU 域内から域外へ個人データを移転するには、

- 十分な個人データ保護の保障 (欧州委員会が、データ移転先の国が十分なレベルの個人データ保護を保障していることを決定)
- BCR(Binding Corporate Rules：拘束的企業準則) の締結 (企業グループでひとつの規定を策定し、データ移転元の管轄監督機関が承認)
- SCC(Standard Contractual Clauses：標準契約条項) の締結 (データ移転元とデータ移転先との間で、欧州委員会が認めたひな形条項による契約の締結)
- 明確な本人同意

等、一定の条件を満たさなくてはなりません。

1 番目の条件に関して、欧州委員会が十分なレベルの個人データ保護を保障している旨を決定している国には、日本も入っています。

また、米国も入っていますが、それは**プライバシー・シールド**によるものです。これは米国と EU が 2016 年に締結した取り決めで、これまで米企業は EU

---

[17] 個人情報保護委員会の以下のサイトを参考にしています。
　https://www.ppc.go.jp/enforcement/infoprovision/laws/GDPR/

のプライバシー原則を順守すると米商務省に登録すれば個人データを持ち出すことができました。しかし、2020 年 7 月、欧州司法裁判所は、このプライバシー・シールドは GDPR に適合しておらず無効とする判断を示しました。背景には、米情報機関が個人情報を監視する可能性が問題視されたことがあります。その後、2020 年 3 月、米 EU の共同声明で、米情報当局がデータにアクセスする際は国家安全保障の目的に限ることや、欧州側が苦情を申し立てる制度の整備など、米 EU 間の個人データの移転のルールで基本合意したと発表されました。

### 3.3.5　カリフォルニア州個人情報保護法

米国には、連邦レベルの統一的な個人情報保護法制はありませんが、2019 年 10 月、カリフォルニア州では、「**カリフォルニア州消費者プライバシー法**（**CCPA**: California Consumer Privacy Act of 2018）」が制定され、2020 年 1 月から施行されました。

EU の GDPR にならったルールで、自らの個人情報を保有する企業に収集内容の開示やデータの削除、売却停止を請求できる権利などを認めています。年間売上高が 2500 万ドル（約 27 億円）を超えるなど、一定の要件を満たす企業が対象となります。

ただ、日本の「2000 個問題」と同様、経営者などには州ごとに異なる規制が乱立する事態を懸念する向きもあります。アマゾンのジェフ・ベゾス CEO ら 50 社超の経営者は 2019 年 9 月、連邦政府レベルの統一ルールを要望する公開書簡を米連邦議会に提出しています。

### 3.3.6　中国の個人情報保護

中国でも、**個人情報保護法**が、2021 年 11 月に施行されています。GDPR や日本の個人情報保護法などに似た項目が並んでいます。

しかし、日米欧のように国民の利益保護が主目的ではなく、国家安全や国内産業の強化を狙ったデータ統制が主目的とみられています。同法は、一定数を超える個人情報を処理する企業に対し、中国で収集した個人情報の中国内での保存を義務付けるとともに、国外に提供する場合には、当局による審査を必要としています。

このほか、ネットセキュリティのリスクに対処するためのサイバー・セキュリティ法や、外国の司法・執行機関からデータの請求があった場合に中国の管轄

機関の承認を得ずにデータを提供してはならないことなども含むデータセキュリティ法も制定されています。更に、サイバー・セキュリティ審査弁法が改正され、100 万件を超える個人情報を保有するインターネットプラットフォーム運営者等を海外での上場にあたっての審査対象としています。

## ▶3.4◀ ターゲティング広告・コンテンツ規制

　ターゲティング広告も個人情報保護等の観点から企業の自主規制や政府規制が始まっており、更にはコンテンツ自体の規制も検討が始まっています。

### 3.4.1　アップルとグーグルの自主的ターゲティング広告規制

　SNS などを閲覧していると、自分を狙い打ちにしたようなピタッとはまった広告を目にすることも多いと思います。それが**ターゲティング広告**です。この広告は、本人の合意なしに閲覧履歴等を利用しており、個人情報保護の点から問題がある可能性があり、企業が自主的に規制を行ったり、政府が規制を導入する場合もあります。

　ターゲティング広告の仕組みを示したのが図 3.9 です。アップル社のスマホやタブレットなどには識別 ID (**IDFA**) が割り振られており、ユーザーがサイトを閲覧するとその識別 ID や閲覧履歴を広告分析会社もみることができ、そうした情報を利用して人物像を推定します。その情報をもとに、広告仲介会社・配信会社は広告主や広告枠をもつサイト・アプリを自動入札で仲介し、個人ごとにターゲティング広告を配信します。実際に製品購入に至ったかなどの検証も可能です。グーグルの場合には、ブラウザの Chrome を使った際のクッキーが利用されます。

　しかし、勝手に個人情報が使われているという面はあります。批判の高まりを受けて、アップルは 2021 年 4 月に配信が開始された iPhone などの新 OS (基本ソフト。コラム 18 参照) では、デジタル広告市場に個人データを提供するか否かをアプリごとにユーザーが事前に選べるようにしました。しかし、提供を承認するユーザーは少ないとみられています。収入を広告に大きく依存するフェイスブック (現メタ) などはこれに強く反対しましたが、結局導入されています。メタの営業利益などもこれにより減少した面があるようです。

　一方、グーグルは、Chrome で外部企業による閲覧履歴などの利用を制限する計画を発表しましたが、延期になりました。同社は収益の大半をネット広告に依存し、広告関連企業などとの関係も考慮せざるをえないことも背景にあるも

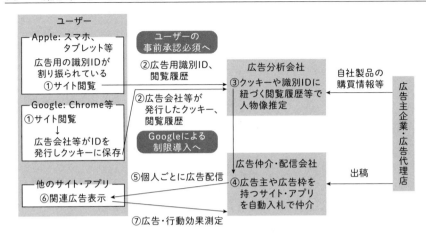

**図 3.9**　ターゲティング広告の仕組み

のと思われます。

　また、アップルは、アプリごとにどのような情報を使っているのかを示す画面を 2020 年に加えています。一方、2021 年、グーグルは新たな Android に、「プライバシーダッシュボード」と呼ぶ機能を追加し、スマホに取り込んだすべてのアプリの個人情報の利用状況を一覧表示できるようにすると発表しています。

●コラム 18 ● スマホの OS と寡占

　OS (Operating System。基本ソフト) は、スマホや PC などを動作させるための基本的な機能を提供するソフトウェアです。

　アップルのスマホ iPhone 用の OS は **iOS** です (タブレットの iPad 用の OS は iPadOS、PC の Mac 用の OS は macOS です)。一方、グーグルはスマホやタブレット用の OS である **Android** を無償でオープンにしており、これを使うスマホも多いです。

　スマホ OS は iOS と Android の寡占状態が固定化しています。わが国についてみると、民間調査会社のモニターへの登録者を対象としたウェブによるアンケート調査による稼働台数を基準とすると、2021 年で、シェアは Android が 53.2 ％、iOS が 46.8 ％ です。計測タグが埋め込まれたウェブページのビューの数を基準とすると、2022 年で Android が 30.67 ％、iOS が 69.18 ％ です。

　この数字は、デジタル市場競争会議「中間報告」[18]のものですが、その中間報告では、寡占化の結果、一方的なルール変更などでアプリ事業者らに深刻な損害を与

[18] 第 6 回 (2022 年 4 月 26 日) 資料
　　https://www.kantei.go.jp/jp/singi/digitalmarket/kyosokaigi/dai6/index.html

える懸念があるため、是正に向け、法整備も視野に議論する必要があるとの認識を示しています。更に、競争に悪影響を及ぼす行為を事前に禁止する手法なども含め、現行の法的枠組みの制約にとらわれずに対応できる方策を検討する、としています。

　なお、念のため、本文中の Google Chrome は、ブラウザのひとつであり OS ではありません。ブラウザは、インターネットを介してウェブサイトをスマホや PC で閲覧するためのソフトウェアです。ちなみに、Chrome は、スマホ用の Android や iOS はもちろん、PC 用の OS でも使えます。

### 3.4.2　わが国の電気通信事業法改正によるターゲティング広告規制

　このように企業による自主的な規制が導入される中、わが国では、2022 年、**電気通信事業法**が改正され、ターゲティング広告に一定の規制が導入されることも決まりました[19]。

　具体的には、ウェブサイトや SNS などのアプリを運営する事業者が、利用者の閲覧履歴を外部の広告会社などに提供する場合、あらかじめ利用者に「通知」したり、サイトやアプリ内で「公表」したりするよう義務付けることになりました。

　法案の検討段階では、外部に閲覧履歴を提供する場合、あらかじめ利用者の「同意」を得ることを義務付けるかが議論となりました。しかし、「ビジネスの自由度が奪われる」などといった経済界からの反発の声もあり、利用者への「通知」やサイト上での「公表」などを義務付けるものにとどまりました[20]。

　利用者への「通知」や「公表」の在り方については、今後、官民で議論して決めることになっています。

### 3.4.3　EU・デジタルサービス法案によるコンテンツ規制

　こうしたターゲティング広告の規制などにとどまらず、コンテンツ自体を規制することも検討されています。

　EU は既に、巨大 IT 企業に違法コンテンツへの対応を義務付ける**デジタルサービス法案**に合意しています。

　ヘイトスピーチや児童ポルノ、海賊版の販売といった違法コンテンツや商品について、削除を含めた対応を義務付けます。SNS 上の動画に加え、商品販売サイトなどが対象になります。

---

[19] 改正の概要は、例えば以下の総務省の資料で説明されています。
　　https://www.soumu.go.jp/main_content/000809943.pdf
[20] NHK「"ターゲティング広告"規制など 改正電気通信事業法が成立」　2022 年 6 月 13 日
　　https://www3.nhk.or.jp/news/html/20220613/k10013669431000.html

　宗教や出自、性的嗜好をもとにしたターゲティング広告も禁止します。オンライン上で利用者に意図せずに不利な契約や決定をさせる「**ダークパターン**」※21を禁じるほか、サービスの解約は加入時と同様の簡単な操作でできるよう求めています。

　EU内のすべてのネット関連企業が対象となりますが、月間利用者が4500万人以上いる大規模事業者は特に厳しい規制の対象となります。

　違反した場合は、世界の売上高の最大6%の罰金を科される可能性があります。

　この法案は、グーグルなどは表向きは歓迎しています。その背景には、表現の自由と人の権利等とのバランスをどうとるか、更に、規制を政府が行うのか、企業が行うのかという問題があります。米国では、人の権利等の重視から規制を支持する民主党と、表現の自由を重視し規制に反対する共和党の対立があります。また、テスラのCEO等であるマスク氏によるツイッター買収が話題になりました。マスク氏はツイッターなどSNS企業による、暴力の扇動や利用者の安全を脅かす投稿へのアカウント凍結などに反発しており、表現の自由を重視していることが背景にあります。一方、欧州は概して政府による規制を志向しており、それがデジタルサービス法案となって現れたのかもしれません。グーグルなどは、こうした難しい問題への対応を政府が担ってくれるということから「歓迎」している面もあると考えられます。

---

### ●コラム19● 刑法改正によるネット中傷対策

　わが国は、表現の自由や検閲の禁止などを重視する観点から、立法府も政府もSNSへの投稿内容を規制することには極めて慎重です。

　こうした中、2020年、プロレスラーの木村花さん(当時22歳)が、出演番組での発言に関してSNSで中傷され、急死しました。自殺とみられています。これをきっかけに社会的議論が活発となり、刑法の侮辱罪改正の検討が本格化しました。

　**侮辱罪**は、公然と人の社会的評価を害した場合に適用され、改正前の法定刑は「拘留(30日未満)または科料(1万円未満)」と刑法で最も軽いものでした。改正により、侮辱罪の法定刑に「1年以下の懲役もしくは禁錮」と「30万円以下の罰金」を加え、これに伴い公訴時効が1年から3年に延びました。

　この改正は、SNSのコンテンツを規制するものでは全くありませんが、人の社会的評価を害する投稿の抑止効果は向上させるものと思われます。

---

※21 ダークパターンの具体例としては、ECや旅行予約におけるダークパターンがあります。ホテルの部屋の予約ページに「3人が閲覧中」などと記載し、急がなければ先に予約されてしまうかもしれないと(事実とは異なる情報などで)焦らせるものです。

# 確認問題

3.1. デジタル通貨「リブラ」(その後「ディエム」、更にその後断念) をかつて主導していた米国企業の現在の名称は何ですか？

3.2. 中央銀行発行デジタル通貨をアルファベット 4 文字で何といいますか？

3.3. 日本銀行に 2022 年 9 月現在、中央銀行デジタル通貨を発行する計画はありますか？ あるかないかでお答え下さい。

3.4. OECD (経済協力開発機構) の加盟国など 136 の国と地域が最終合意に達した法人税の最低税率は何 % ですか？

3.5. 前問の合意で「GAFA」など巨大グローバル企業の売上の①何 % を超える利益について、そのうち②何 % がサービスの利用者がいる国 (市場国) に課税の対象として配分されることになりましたか？ 2 つのパーセンテージの数字をお答え下さい。

3.6. 日本の個人情報保護法の「個人情報」に、死亡した人に関する情報は含まれるでしょうか？ 含まれるなら〇、含まれないなら×でお答え下さい。

3.7. 2020 年 6 月 12 日に公布された改正個人情報保護法により、ウェブの閲覧履歴を記録した「〇〇〇〇」など個人情報には該当しないデータでも、企業が個人と照合して利用する場合は本人の同意を得ることを義務付けることとなりました。カタカナ 4 文字の〇〇〇〇を埋めて下さい。

3.8. EU の一般データ保護規則をアルファベット 4 文字で何といいますか？

3.9. 2019 年 10 月に、企業に厳格なプライバシー保護を義務付ける新たな州法を成立させたのは、アメリカの何州ですか？

3.10. 中国には個人情報保護法はあるでしょうか？ あるなら〇、ないなら×でお答え下さい。

# 4 データの社会的側面

　この章では、データの社会的側面として、情報セキュリティ、AI と雇用、AI 規制を取り上げます。

## ▶ 4.1 ◀ 情報セキュリティ

まず、**情報セキュリティ**です[※1]。

### 4.1.1　情報漏洩の原因は内部が 8 割

　サイバー攻撃の脅威などが伝えられますが、実は、情報漏洩は内部が原因であるものが 8 割を占めるといわれています。

　例えば、紛失・盗難です。重要な情報を入れた USB メモリを帰宅途中に紛失した、盗難されたといった例は後を絶ちません。

　誤操作により、機密情報を公開してしまったり、送信してしまった例も多いです。本来はアドレスを BCC[※2]に入力すべきところを CC に入力してしまった例も後を絶ちません。

　悪意をもった者の内部犯行によることもあります。

　このように、情報セキュリティ対策以前の問題が起きないようにすることが重要です。

---

[※1] この節では、独立行政法人情報処理推進機構 (2018)「情報セキュリティ読本 五訂版」を参考にしています。
https://www.ipa.go.jp/security/publications/dokuhon/index.html

[※2] BCC は Blind Carbon Copy の略で、BCC に指定されたメールアドレスは、受信者には表示されません。一方、CC は Carbon Copy の略で、CC に指定された宛先はメールを受信したメンバー全員に表示されます。結果として、受信者の間では全受信者のアドレスがわかることになります。

### ●コラム 20 ● スマホを落とすとどうなるか？

　2018 年に公開された映画「スマホを落としただけなのに」をご覧になった方もいると思います。あるサラリーマンがスマホを落としたことで、恋人に、身に覚えのないクレジットカードの請求や、SNS でつながっているだけの男からのネットストーキングなどが続きました。

　では、実際にスマホを落としたときに、どのようなリスクが生じるでしょうか[3]。

　まず、多額に不正利用されるリスクがあります。実際にスマホを紛失し、直後に携帯電話会社への連絡、警察への遺失物届の提出を行ったにもかかわらず、100 回以上、合計数百万円の不正支出をされてしまった例があります。これは、電子マネーをチャージできるサービスを利用していたのにもかかわらず、サービス提供会社に利用停止の連絡を行わなかったためでした。

　では、万一スマホを落としてしまった場合はどうしたらいいでしょうか。上記のように、電子マネーを利用しているのであれば、業者に連絡して利用停止手続きをすることを忘れてはなりません。また、クレジットカードなどの明細は必ず確認しましょう。

　次のリスクは、大量の個人情報が見ず知らずの他人の手に渡るリスクです。他人には絶対見られたくない写真などが、知らないうちに SNS などで拡散されることがあります。住所などがストーカー行為などの犯罪に使われるリスクもあります。

　以上のようなリスクにはどのような対策が考えられるでしょうか。

　基本的なこととしては、スマホの画面ロック機能をオンにする、パスワードは推測されにくいものにしたり指紋認証や顔認証などを使う、ログインが必要なサービスは ID やパスワードなどをブラウザなどに記憶させない、などがあります。また、それぞれのスマホにある紛失対策アプリを設定することも有用です。

　それでも紛失してしまった場合には、まず店や乗り物など心当たりの場所に問い合わせ、それでも見つからなければ、上記の紛失対策アプリで端末のある場所を調べてスマホを取り戻すようにします。続いて警察に遺失物届、キャリアや電子マネー業者に利用停止の連絡をします。スマホで使っていた ID やパスワードを変更することも有用です。更に、キャリアには紛失・盗難サービスが用意されていますので活用することも考えられます。

### ●コラム 21 ● マイナンバーカードをなくしたら？

　**マイナンバーカード**をなくしてしまった場合は、写真を偽造されて区役所でカードを見せてさまざまな情報を取得される可能性などがないわけではありません。紛失した場合の連絡先は、地方公共団体情報システム機構サイト（`https:`

---

[3] 東洋経済オンライン、高橋暁子「スマホを落とした時の怖すぎる 2 つのリスク　盗まれるのはあなたの個人情報だけじゃない」　2018 年 11 月などを参考にしています。
`https://toyokeizai.net/articles/-/248099`

//www.kojinbango-card.go.jp/faq/#funshitu) にあります。

　なお、マイナンバーを見られたり、コンビニでコピーを忘れたりした場合のリスクは紛失に比べれば小さいです。市役所の窓口などでは、運転免許証と同様にカードを提示して写真で本人か確認することが必要なことなどからです。とはいえ、未知の人に番号を知られたりするのは不安ですから、そもそもコピーをとるのを避けるのが賢明です。

## 4.1.2　情報セキュリティの基本

　情報セキュリティの基本として必ず挙げられるのが、情報の機密性、完全性、可用性の維持です。

　**機密性**は、アクセスを認可された者だけが情報にアクセスできるようにすることです。

　**完全性**は、情報や情報の処理方法が正確で完全であるようにすることです。

　**可用性**は、許可された者が必要なときに情報や情報資産にアクセスできることを確実にすることです。

　当たり前のことばかり並んでいるように見えますが、これらを維持することは存外難しく、いつも念頭においておくことが重要です。

## 4.1.3　攻撃・不正の基礎知識

　次に、セキュリティの間隙を突く攻撃や不正の基礎知識を解説します。

▌**マルウェア**▌

　ウイルス、スパイウェア、ボットなどの不正プログラムを総称して**マルウェア**といいます。

　**ウイルス**は、コンピューターに侵入してユーザーが望まないあらゆる悪事を行います。

　**スパイウェア**は、ウイルスの一種ともいえますが、不正に情報を収集することが大きな特徴です。スパイ行為に似ていることからスパイウェアと名付けられています。

　**ボット**は、感染すると知らないうちにボットネットワークに参加させられて、さまざまな不正攻撃に加担することになります。悪者に操られる「ロボット」のイメージから「ボット」と呼ばれます。

　また、**トロイの木馬**はウイルスの一種ですが、便利なソフトウェアにみせかけて、PC などに侵入しユーザーに被害を与えます。トロイの木馬という呼び名

はギリシャ神話で、トロイア攻略のため大きな木馬に兵士を潜り込ませ、相手が油断したスキをついて兵士が木馬から出て相手を襲撃したことに由来します。

**ワーム**は、寄生せずに単独のファイルとして存在し、ネットワークをはい回って脆弱性のある機器に侵入するものです。ワーム (worm) は、英語で回虫などの虫を指します。

### ■不正アクセス■

外部からの侵入・**不正アクセス**は、さまざまなツールを使って、事前調査、権限取得、不正の実行、後処理の 4 段階で行われます。

不正行為の種類としては、盗聴 (パスワードの盗用、個人データの盗み見など)、改ざん (ウェブページや PC の設定の書き換えなど)、なりすまし (他人のメールアドレスになりすましてメール送付、他人のクレジットカードでショッピングなど)、破壊 (データやプログラムの削除、ハードディスクの初期化など)、コンピューター不正利用 (遠隔地から操作など)、不正プログラム (知らない間に情報を入手して外部へ送信、ファイルを破壊など) の埋め込み、踏み台 (後でみる DDoS 攻撃などに使われること)、などが挙げられます。

### ■サーバーへの攻撃■

**DoS 攻撃** (Denial of Services) は、サーバーに大量のデータを送って過大な負荷をかけ、サーバーのパフォーマンスを低下させたり、サーバーを機能停止に追い込んだりする攻撃です。

更に、**DDoS 攻撃** (Distributed DoS) は、図 4.1 のように、分散した多数のコンピューターから大量のパケット (小分けされたデータ) を特定のコンピューターに送る攻撃です。関係のない多数のコンピューターに攻撃プログラムを仕込んでおき、これらのコンピューターから標的とするコンピューターに一斉にパケットを送信します。

### ■メール攻撃■

メールサーバーに大量のメールを送り付ける攻撃です。メールサーバーのパフォーマンス低下や機能停止を引き起こします。第三者中継 (外部から来たメールを別の外部に転送する機能) を踏み台として悪用します。

### ■標的型攻撃と誘導型攻撃■

**標的型攻撃**は、図 4.2 のように、主に電子メールを用いて、特定の組織や個人を狙う攻撃です。能動的攻撃ともいいます。メールに添付されたファイルにマルウェアを仕込んでいるケースが多いです。

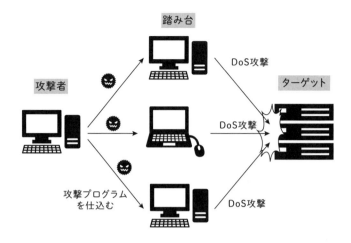

DoS攻撃を多くのコンピュータから一斉に行う

**図 4.1**　DDoS 攻撃

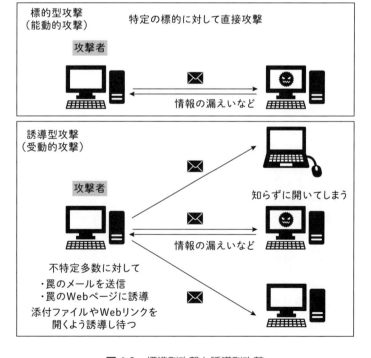

**図 4.2**　標準型攻撃と誘導型攻撃

一方、**誘導型攻撃**は、攻撃者が仕掛けた罠に利用者 (ターゲット) を誘い込む攻撃です。受動的攻撃ともいいます。

### 4.1.4　より具体的な攻撃法

以上の基礎知識を踏まえて、より具体的な攻撃方法をみていきます。

#### ▌フィッシング詐欺▌

**フィッシング詐欺**は、誘導型攻撃の一種で、金融機関 (銀行やクレジットカード会社) などを装った電子メールを送り、住所、氏名、銀行口座番号、クレジットカード番号などの個人情報を搾取する行為です。フィッシングは英語では phishing で、魚釣り (fishing) と洗練 (sophisticated) から作られたようです。

実在する企業のアドレスに酷似していたり、真実味のある本文を使ったりして、ユーザーを錯誤させる騙しメールが送られます。また、実在の企業名やロゴを使ったり、実在のサイトと全く同じデザインを使ったりして、本物と見間違えるような偽のウェブサイトが表示されることもあります。

そうした上で、クレジットカード番号や銀行口座番号などの個人情報の入力を求めます。番号を入手した上で、クレジットカードの不正利用、オンラインバンキングでの不正送金、EC サイトでの不正注文などが行われます。

フィッシング詐欺などの実例と見分け方については、コラム 22〜24 をご覧下さい。

---

**●コラム 22 ●　フィッシング詐欺の実例**

私のところに実際に来たフィッシング詐欺の実例をご紹介します (図 4.3)。

メールについたロゴ、文章のタイトル、文面、発行元の表示など、いかにも本物らしく作られています。日本語もおかしくありません。

私は楽天のサービスを利用していないので、このメールはおかしいと即座にわかりましたが、楽天を利用している方は騙されてしまうかもしれません。

送り主のアドレスはスマホの場合には表示されず「Rakuten」とだけ出るのですが、私が使っているメーラーでは、送り主のアドレスは「xxxxx@service.xxx.cn」(x により実際のアドレスは伏せました) と表示され、最後の「.cn」から、中国からのメールとわかります。

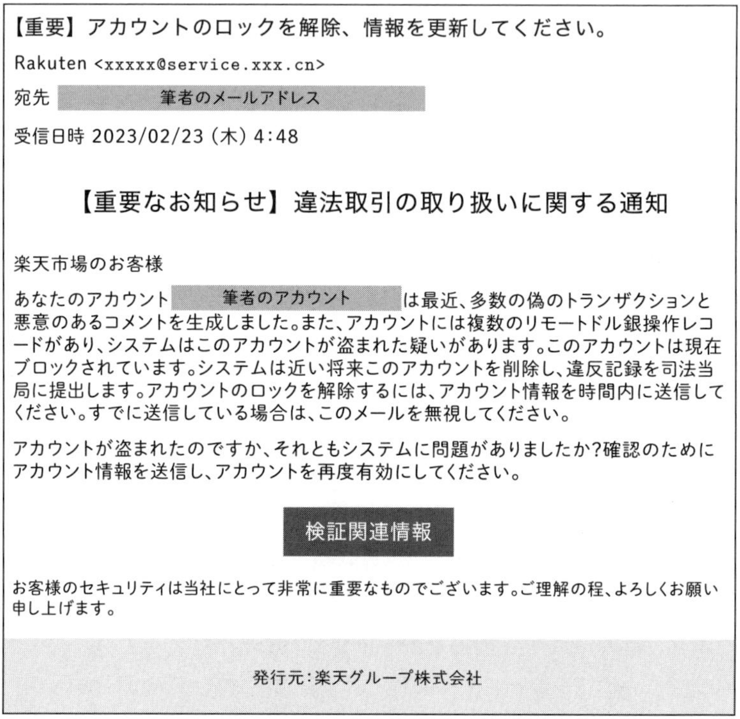

【重要】アカウントのロックを解除、情報を更新してください。

Rakuten <xxxxx@service.xxx.cn>

宛先　　　　　　筆者のメールアドレス

受信日時 2023/02/23（木）4:48

### 【重要なお知らせ】違法取引の取り扱いに関する通知

楽天市場のお客様

あなたのアカウント　　筆者のアカウント　　は最近、多数の偽のトランザクションと悪意のあるコメントを生成しました。また、アカウントには複数のリモートドル銀操作レコードがあり、システムはこのアカウントが盗まれた疑いがあります。このアカウントは現在ブロックされています。システムは近い将来このアカウントを削除し、違反記録を司法当局に提出します。アカウントのロックを解除するには、アカウント情報を時間内に送信してください。すでに送信している場合は、このメールを無視してください。

アカウントが盗まれたのですか、それともシステムに問題がありましたか?確認のためにアカウント情報を送信し、アカウントを再度有効にしてください。

**検証関連情報**

お客様のセキュリティは当社にとって非常に重要なものでございます。ご理解の程、よろしくお願い申し上げます。

発行元：楽天グループ株式会社

**図 4.3**　フィッシングメールの実例

　このようなメールが来た場合には、図で「検証関連情報」とあるようなところは絶対クリックしてはいけません。また、返信して、更に情報を与えてもいけません。心配な場合には、本当の楽天の連絡先を別途調べて、こうしたメールが送られてくることがあるかを確かめることはできます。

### ●コラム 23 ● なりすましメールの実例

　**なりすましメール**の実例も紹介します（図 4.4）。
　今度は JCB カードからです。これも、メールの表題、文面、最後の署名などいかにも本物らしいです。また、スマホでは、本物と思われる JCB のアドレスだけが表示されています。
　私は JCB カードは全く使っていませんので、即座におかしいとわかりましたが、JCB カードを使用している方は騙されてしまうかもしれません。

┌─────────────────────────────────────────────┐
│ 【重要なお知らせ】JCBカード ご利用確認のお願い │
│ support@xxxxx.cnが代理で送信：MyJCB <info@jcb.co.jp> │
│ 宛先　▓▓▓▓▓▓　筆者のメールアドレス　▓▓▓▓▓▓ │
│ 受信日時 2023/02/23（木）8:13 │
│ │
│ 【JCBカード】利用いただき、ありがとうございます。 │
│ このたび、ご本人様のご利用かどうかを確認させていただきたいお取引がありましたの │
│ で、誠に勝手ながら、カードのご利用を一部制限させていただき、ご連絡させていただき │
│ ました。 │
│ つきましては、以下へアクセスの上、カードのご利用確認にご協力をお願い致します。 │
│ お客様にはご迷惑、ご心配をお掛けし、誠に申し訳ございません。 │
│ 何卒ご理解いただきたくお願い申しあげます。 │
│ ご回答をいただけない場合、カードのご利用制限が継続されることもございますので、 │
│ 予めご了承ください。 │
│ │
│ ▶️ご利用確認はこちら │
│ │
│ ご不便とご心配をおかけしまして誠に申し訳ございませんが、 │
│ 何とぞご理解賜りたくお願い申しあげます。 │
│ │
│ ─────────────── │
│ ■発行者■ │
│ 株式会社ジェーシービー │
│ 東京都港区南青山5-1-22 │
└─────────────────────────────────────────────┘

**図 4.4　なりすましメールの実例**

　私が使っているメーラーの設定では、JCB のアドレスの前に「support@xxxxx.cn が代理で送信」と表示され (x により実際のアドレスは伏せました)、なりすましメールであることがわかります。更に、最後の「.cn」から、中国からのメールとわかります。

　この場合も、図で「ご利用確認はこちら」とあるようなところは絶対にクリックしてはいけません。

　このほか、他の日本の会社からと装ったメールが、中国の別のアドレスからたくさんきました。中国からのメールをすべて迷惑メールにしてしまう方法は、「(使用しているメールのソフト)　迷惑メール　設定　国別」などでブラウザで検索すると出てきます。

　ちなみに、中国からこのようなメールがたくさん来る背景として、日本を標的としたフィッシング詐欺の技術とメールアドレスが、中国の SNS で売買されていることがあるようです[4]。日本が狙われる理由は、地理的に近く、盗んだ情報をもとに不正購入した商品を受け取って中国に転送する「受け子」も募集しやすいからのようです。

───────────────────────────────

[4] 日本経済新聞「詐欺の技術　SNS で売買　フィッシング、昨年最悪の 52 万件　中国から日本を標的か」2022 年 4 月 9 日 39 面

●コラム 24 ● 自分になりすまされたメールの実例

最後に、私自身になりすまされた一種の脅迫メールもご紹介します (図 4.5)。

---

警告警告！

info@xxxxx.comが代理で送信：警告警告！< 　　筆者のメールアドレス　　 >

宛先　　　筆者のメールアドレス

お疲れ様！
私はプログラマーで、約半年前にあなたのメールアカウントとデバイスをハッキングしました。
あなたがアクセスした安全でないサイトの1つにパスワードを入力しましたが、私はそれを見つけました。
もちろん、パスワードを変更することも、すでにパスワードを設定していることもできます。
しかし、それは問題ではありません、私のマウスソフトウェアは毎回更新されます。

⋮

私に連絡したり、私を見つけたりしないでください。あなたのメールアカウントからメールを送信したため、これは不可能です。あなたの電子メールを通して、私はあなたのオペレーティングシステムに悪意のあるコードをアップロードしました。私は、友人、同僚、親戚とのすべての連絡先情報、およびインターネットリソースへのアクセスの完全な履歴を保持します。さらに、私はあなたのデバイスにマルウェアをインストールし、長い間あなたのためにスパイしました。私の犠牲者はあなただけではありません。私は通常、デバイスをロックして身代金を要求します。

---

**図 4.5**　自分になりすまされたメールの実例

スマホでは、自分自身が自分に送ったように表示されます。

ところが私のメーラーで見ると「info@xxxxx.com が代理で送信」とあり、私自身になりすまされたことがわかります。本文には、「私を見つけたりしないでください。あなたのメールアカウントからメールを送信したため、これは不可能です。」とありますが、ちゃんと自動的にアドレスが表示されます。ちなみに、コラム 23 で述べたように「.cn」からのメールはすべて排除したのですが、今度は「.com」で、迷惑メール分類をすり抜けてきました。

特徴としては以下もあります。

- 日本語がおかしい

- よく考えると自分以外の誰にでも当てはまるような内容になっている

- 17 万円を要求しているが、当時の為替レートだと 1 万・人民元で、中国からとわかる

こうした情報も冷静に分析した上で、このようなメールは削除すべきです。

なお、「.com」のアドレスからも来るようになったので、使っていたアカウントは契約解除しました。それ以来、そうしたメールは一切来なくなりました。

### ▌ワンクリック請求▌

**ワンクリック請求**は、出会い系サイト、アダルトサイト、投資関係サイト、ダウンロードサイトなどを装い、ユーザーが画像などを単にクリックしただけで、入会金や登録料などの名目で、料金の支払いを請求するものです。ユーザーの個人情報を知っているかのようにふるまいます。ユーザーの側はいかがわしいサイトを訪問してやましい気持ちがあったりするので、請求に応じてしまいがちです。

しかし、請求があっても、基本的に契約は成立していませんし、ネットワークに関する情報はある程度わかっても個人は特定されていませんので、無視して大丈夫です。それでも不安な場合には、消費生活センターや国民生活センターに相談しましょう。

いずれにしても、アダルトサイトなど信頼できないサイトには決して近づいてはいけません。近づかなければ、ワンクリック請求をされることもありません。

### ▌スパイウェア▌

いつの間にか、デスクトップに「請求書」などのアイコンが張り付いていたり、インターネットに接続していなくても定期的に料金請求画面が表示される場合などは、スパイウェアによる不正請求の可能性があります。

対策としては、そのスパイウェアを取り除かなくてはいけませんので、専門家・業者に相談すべきでしょう。

### ▌ランサムウェア▌

**ランサムウェア** (Ransomware) とは、「Ransom(身代金)」と「Software(ソフトウェア)」を組み合わせて作られた名称で、コンピューターウイルスの一種です。

このウイルスに感染するとパソコン内に保存しているデータを勝手に暗号化されて使えない状態になったり、スマートフォンが操作不能になったりしてしまいます。また、感染した端末の中のファイルが暗号化されるのみではなく、その端末と接続された別のストレージも暗号化される場合もあります。

そして、その制限を解除するための身代金を要求する画面を表示させるというウイルスです。

ランサムウェアの感染経路としては、主に犯罪者が送付したメールの添付ファイルを開いたり、本文中に記載されたリンク先をクリックしたりすることが考えられます。また、第三者のウェブサイトを改ざんして、ウェブサイトにアク

セスしただけでウイルスに感染するという仕組みを構築し、多くの人にランサムウェアを感染させようとする例も確認されています。

　ランサムウェアへの感染に備えた被害軽減対策としては、データのバックアップの取得、アクセス権等の権限の最小化、ネットワークの監視、などが考えられます。詳細については、感染してしまった場合や再発防止対策も含め、警察庁の関連サイトを確認して下さい[5]。

---

### ●コラム 25 ● インターネットと著作権

**インターネットに関する著作権**も、十分注意を払うべき事項です[6]。

　まず、個人のウェブページやブログであっても、他人の著作物を許可なく掲載することは禁じられています。個人で楽しむための複製は問題ありませんが、ウェブページなどに掲載する場合は、世界中に発信されるのと同等なので、個人で楽しむという範囲にはならず、作品の著作権者の許可が必要です。

　ただし、著作権の保護期間 (日本では、その作者が亡くなった翌年の 1 月 1 日から 70 年) を過ぎた著作物は誰でも自由に使うことができます。また、誰でも記号を組み合わせて作ることができる顔文字には、著作権がないと考えられます。

　また、書籍やサイトの内容を引用することは可能ですが、以下のようなルールがあります。

- 自分で作成したオリジナルな記事が、内容においても分量においても引用される記事よりも主になっていること

- 引用することに必要性があること。例えば自分の考えを正しく表現するために役立つ場合など

- 引用されている部分が、カギかっこで囲われていたり、＞マークで始まったりしていて、引用であることがはっきりとわかること

- 引用元を明示すること。例えば、ウェブサイトの場合 URL などを記載すること

- 引用する際に一部を変更したり削除したりしないこと

　なお、授業のために教員が他人の作品の一部を利用して教材を作成し、児童、生徒に配付する場合などは、著作権者の許諾を得ずに行えるという例外規定があります。

---

[5] 警察庁「ランサムウェア被害防止対策」
　　https://www.npa.go.jp/cyber/ransom/index.html
[6] 以下の公益社団法人著作権情報センター「みんなの著作権　こんな時の著作権③インターネットを利用するときの著作権」などを参考にしています。
　　http://kids.cric.or.jp/case/03.html

## ▶4.2◀ AI と雇用・規制

この節では、AI(人工知能)の雇用への影響やAIの規制についてみていきます。

### 4.2.1　AI の雇用への影響

AI の普及により雇用が失われるのではないかという議論があります。

ひとつのきっかけとなったのは、2015 年にオックスフォード大学のオズボーンとフレイによる研究でした。日本国内の 601 種類の職業について、それぞれAI やロボット等で代替される確率を試算したものです。その結果、10〜20 年後に、日本の労働人口の約 49 ％ が、技術的には AI やロボット等により代替されるとされました。受付係や事務員など必ずしも特別の知識・スキルが求められない職業に加え、会計検査係員や工具などデータの分析や秩序的・体系的操作が求められる職業は、AI 等で代替できる可能性が高いとされています。一方、学者などのように抽象的な概念を整理・創出するための知識が要求される職業、医師や教員などのように他者との協調や、他者の理解、説得、ネゴシエーション、サービス志向性が求められる職業は、AI 等での代替は難しいとされています。なお、英国については 35 ％、米国については 47 ％ が、それぞれ AI やロボット等により代替される可能性が高い労働人口の割合とされています。

こうした中、2016 年には OECD からレポートが公表され、自動化リスクの高い仕事 (70 ％ 以上の確率で自動化される仕事) は OECD 諸国全体で 9 ％、アメリカでも 9 ％ に過ぎない、とされました。

このように、計算の仕方によって、失われる仕事の割合はかなり異なりますので、単に数字の大小をみることは適切ではないと思われます。

では、企業や従業員はどうみているのでしょうか。図 4.6 の左は、AI 導入の職場への影響について聞いたものですが、企業も従業員も 8 割が労働時間の減少、業務効率の上昇を挙げています。また、考えられる AI の役割・機能として、企業は「既存の業務効率・生産性を高める」、「既存の労働力を省力化する」とするところが半数を超えています (図 4.6 右)。

また、図 4.7 は就業者数の変化の試算です。上は職種別にみたものですが、事務職、農林漁業作業者、生産工程従事者、清掃等従事者は大きく減る見込みとなっています。一方、技術者、販売従業者、ホームヘルパー等、サービス業はかなり増加する見込みです。下はスキル別にみたものですが、定型的業務が中心の職種等は大きく減る一方で、人間的な付加価値を求められる職種は増加す

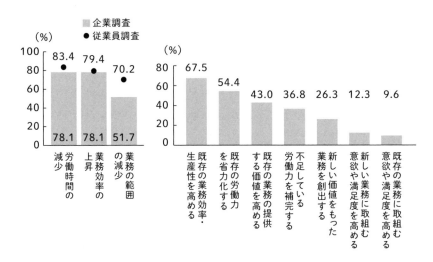

**図4.6** AI導入の影響とAIの機能・役割
出所：厚生労働省「技術革新が労働に与える影響について（先行研究）」
https://www.mhlw.go.jp/file/05-Shingikai-12602000-Seisakutoukatsukan-Sanjikanshitsu_
Roudouseisakutantou/0000186903.pdf

る見込みです。

　更に、図4.8は、人間に求められる仕事・スキルについて聞いたものです。左で保育サービス、医療サービス、教育など「コミュニケーション能力が必要とされる仕事」が大きくなっています。右では、AIが一般化した時代に求められるスキルとして、企業も従業員も「AIの価値や可能性を正しく理解するための基礎的知識」や「AIの価値や可能性を正しく理解するための技術力」を挙げる者が多くなっています。

　このように、AIにより業務効率や生産性が高まる中で、定型的な作業等の従業者は減る一方、コミュニケーション能力が求められる仕事の従業者は増えるとみられています。AIの価値や可能性を正しく理解するための基礎的知識や技術力も求められることになります。

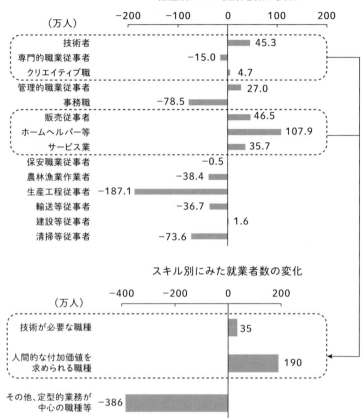

**図 4.7**　就業者数の変化の試算

出所：厚生労働省「技術革新が労働に与える影響について (先行研究)」
https://www.mhlw.go.jp/file/05-Shingikai-12602000-Seisakutoukatsukan-Sanjikanshitsu_
Roudouseisakutantou/0000186903.pdf

---

●コラム 26 ● シンギュラリティ

　**シンギュラリティ** (Singularity、技術的特異点) とは、AI が、更に優れた AI を再帰的に創造していくことで、人間を完全に超える圧倒的に高度な知性が生み出されるとする仮説のことです。

　技術の革新は指数関数的なスピードで進み、2029 年には「AI の賢さが人間を超え」て、2045 年に「シンギュラリティに到達」するといわれています。

　この仮説は、2005 年に米国のレイ・カーツワイルの提唱によるものです。この仮説に関しては、世界中で賛否両論があり、議論を呼んでいます。

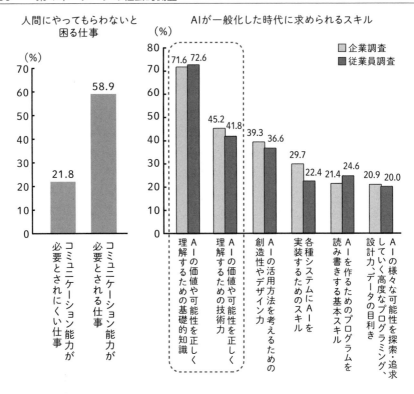

**図 4.8**　人間に求められる仕事・スキル

出所：厚生労働省「技術革新が労働に与える影響について（先行研究）」
https://www.mhlw.go.jp/file/05-Shingikai-12602000-Seisakutoukatsukan-Sanjikanshitsu_
Roudouseisakutantou/0000186903.pdf

### 4.2.2　RPA、ノーコード/ローコード開発

定型的な業務を自動化することは既に進んでいます。

例えば、**RPA** (Robotic Process Automation) です。事務作業を担うホワイトカラーが PC を用いて行う一連の作業を自動化するソフトウェアです。受注・発注処理、人事データ更新などを行うソフトの利用は広まっています。

これと似たものに、ノーコード/ローコード開発があります。**ノーコード開発**はプログラムを全く書かずにアプリを開発する手法、**ローコード開発**は少ないプログラムでアプリを開発する手法です。これにより、インターネットのブラウザ操作のようなグラフィカル・ユーザー・インターフェース (GUI) によりアプリを開発できます。このため、これまで専門の IT 技術者でないと難しかったプログラミングをしなくても、誰でも簡単にアプリを開発できます。上記の RPA

と相性が良いものと思われます。

　いずれにせよ、IT 技術者でなくても、アプリ開発等を行えるようになっており、仕事の内容が変わりつつあるといえるかもしれません。

### 4.2.3　AI 規制

　すぐ後で紹介するように AI が社会にもたらしうるリスクに対してどのように対処するかの議論も高まっています。

　わが国では、例えば、2019 年に内閣府が「**人間中心の AI 社会原則**」をまとめています[7]。AI 社会原則として、人間中心の原則、教育・リテラシーの原則、プライバシー確保の原則、セキュリティ確保の原則、公正競争確保の原則、公平性・説明責任及び透明性の原則、イノベーションの原則などからなっており、抽象的なものです。

　しかし、EU は AI に関する包括的な規制案を 2021 年に発表しています[8]。AI のリスクの高さを 4 段階に分けます。受け入れられない、ハイリスク、限られたリスク、最小限のリスクの 4 つのカテゴリーです。「AI システムの大部分は最小限のリスクに分類される」としています。

　受け入れられないカテゴリーは「政府による社会的スコアリングから子供の危険な行動を助長する音声を使ったおもちゃまで、明らかな脅威とみなされるものすべて」とされています。

　ハイリスクカテゴリーには、ローン審査や人材採用での AI によるスコアリング、渡航文書の信憑性検証、ロボットによる手術における AI 採用などが挙げられています。このカテゴリーの AI については、リリース前に EU による評価を受ける必要があるとしています。違反すれば最高 3000 万ユーロ (約 39 億円) あるいは違反した企業の売上高の 6 % の罰金を科すとされています。

　実際に規制が導入されているわけではありませんが、今後は、このように AI を規制する動きも広がっていく可能性があります。

---

[7] 統合イノベーション戦略推進会議決定「人間中心の AI 社会原則」平成 31 年 3 月 29 日
　　https://www.cas.go.jp/jp/seisaku/jinkouchinou/pdf/aigensoku.pdf
[8] ITmedia NEWS「EU、包括的な AI 規制案　無断監視を禁止し、罰金も」　2021 年 04 月 22 日
　　https://www.itmedia.co.jp/news/articles/2104/22/news058.html

## 確認問題

4.1. 情報セキュリティの基本となる 3 つの概念を挙げて下さい。

4.2. ウイルス、スパイウェア、ボットなどの不正プログラムを総称して〇〇〇〇〇といいます。カタカナ 5 文字の〇〇〇〇〇を埋めて下さい。

4.3. サーバーに大量のデータを送って過大な負荷をかけ、サーバーのパフォーマンスを極端に低下させたり、サーバーを機能停止に追い込んだりする攻撃を DoS 攻撃といいますが、この DoS 攻撃を更に多くのコンピューターから一斉に行うものは〇 DoS 攻撃といいます。〇を埋めて下さい。

4.4. 金融機関 (銀行やクレジットカード会社) などを装った電子メールを送り、住所、氏名、銀行口座番号、クレジットカード番号などの個人情報を詐取する行為を、〇〇〇〇〇〇詐欺といいます。カタカナ 6 文字の〇〇〇〇〇〇を埋めて下さい。

4.5. ランサムウェアとは、2 つの英単語を組み合わせて作られた名称ですが、その 2 つの英単語を挙げて下さい。

4.6. RPA は何の略ですか？ 英語でお答え下さい。

4.7. ソースコードを全く書かずにアプリケーションを開発する手法を〇〇〇〇〇開発といい、少ないソースコードでアプリケーションを開発する手法を△△△△△開発といいます。〇〇〇〇〇と△△△△△を埋めて下さい。

4.8. AI が、更に優れた AI を再帰的に創造していくことで、人間を完全に超える圧倒的に高度な知性が生み出されるとする仮説のことを何といいますか。

4.9. AI に関する包括的な規制案を世界で初めて発表したのは、①日本、②米国、③EU、④中国、⑤韓国のいずれでしょうか？ 番号でお答え下さい。

4.10. ブログやホームページ、SNS などに自分以外の人の作品を掲載するには、〇〇〇〇の許可が必要です。〇〇〇〇を埋めて下さい。

# 第II部

# データを扱う・利用する

　第I部の「データを取り巻く環境 (デジタルエコノミー) を知る」を踏まえて、第II部は「データを扱う・利用する」です。

　「データを読み取る」、「データを集める・作る」、「データを前処理・集計する」、「データを加工する」、「データを管理する」、「データを分析する」と続きます。なお、「前処理」は後の章で詳しく説明しますが、データの形式が異なっているものを揃えたり、欠けているデータを補ったりすることなどで、この作業が終わってから集計や加工に入っていきます。

　論理的な流れとして、最初の「データを読み取る」は、それ以降の説明が終わってから扱うのが通例ですが、文系の方には最初に何が目的なのか・何ができるのかをまずつかむほうが理解しやすいと考え、このような説明の順序にしています。「はじめに」でも述べましたが、本書全体では、文系向けに通常とは逆の順序で最初に何が目的なのか・何ができるのかを説明していることが多いです。

# 5

# データを読み取る

　この章ではデータを読み取る力を解説します。はじめに、なぜその力が必要なのかを説明します。また、題材としては GDP と政府の月例経済報告を取り上げます。

## ▶5.1◀ 優れた可視化の例をたくさんみることの重要性

　「データサイエンスではデータの**可視化**が重要」とよくいわれます。可視化というと自分では既にわかっていることを他人へのプレゼン等のために行うかのように捉えられているかもしれませんが、可視化は実は自分でもわかっていないことを見出すために重要な作業です。

　可視化ができるようになるには、当然、そもそも可視化されたものを理解する能力が前提となります。この章のテーマである「データを読み取る」能力です。

　更にどういう可視化が良いのかがわからないと良い可視化はできないのも当然です。そして、良い可視化の例をたくさんみることが自ら可視化ができる力を付けることにつながります。

　読者の多くの方々が就職して直面するであろう企業活動におけるデータの可視化の例をみることは重要です。しかし、企業活動における良い可視化の例、つまり企業の役に立つ可視化の例は、その企業の競争力の源ですので企業秘密であり通常は外部の人間はみることができません。

　更に、可視化する前の原データはその企業にとって秘密であることはもとより、顧客企業に関するのであればその企業の秘密、個人の顧客に関するものであれば個人情報であるため、絶対に公開できません。企業秘密と個人情報保護

の2条件をクリアしたデータが米国の大学のサイトなどでは公開されています
が[1]、興味深い可視化ができるものとは必ずしも保証されません。むしろ興味
深い可視化が難しく無害ともいえるため、公開されているのかもしれません。

　このように、企業のデータやそれを使った優れた可視化の結果が公開されて
いないのは、実はデータサイエンス教育における隠れた大きな課題です。

　ではどうしたらよいでしょうか。情報公開義務がある政府の場合、可視化され
たものは公開が前提です。更には可視化の結果を使ってもらわないと業務の必要
性が否定されかねませんので、積極的に公開されます。更に、国民にわかりやす
いものとするため、優れた可視化のために最大限の努力が注がれます。ただし、
集計前の個別データの公開については、企業の場合と同様に、企業秘密や個人情
報保護の問題があり、非常に限定されたケースしか公開されないのが通常です。

　さて、可視化の典型的な例は月例経済報告の閣僚会議資料です。総理をはじ
めとする閣僚、更には国民向けに経済状況をわかりやすく説明するため、可視化
に最大限の努力が払われています。しかも、毎月新しいデータが提供されます。

　そこで、本章では、月例経済報告により、良い可視化の例とは何かを示すこと
にします。なお、月例経済報告では日本の景気全体を扱っていますが、個別企業
も景気の影響は大きく受けますので、個別企業でデータ分析の前提としても景気
に関する情報は必要になるものです。個別企業もコロナ禍やウクライナ侵攻の
影響を大きく受けましたが、日本全体でのマクロ経済でもそれが確認できます。

　更に、実は月例経済報告は、GDPの動きをその構成要素から丹念に追ってい
る面があります。このため、本章でもGDPの概略の説明から始めます、GDP
は景気の代表指標ですから、個別企業の業績等の分析にも必要となります。

　ところで、可視化というと、ヒストグラムや箱ひげ図などが必ず出てくる
のですが、実際に業務に使われている例が示されないので、具体的にどう業
務に活かせるのかなどがよくわからないまま終わることがほとんどです。な
お、私は箱ひげ図を実務で使った例を実は見たことがありません。実務上、役
に立つ可視化になるのは極めて限られるためかもしれません。いずれにせよ、
可視化＝ヒストグラム・箱ひげ図 とは思わないほうがよいです。ただし、ど
のようなものかは知っておく必要があるので、本書では付録で紹介します。

---

[1] 例えば、以下のUCI (University of California, Irvine。カリフォルニア大学アーバイン校)
のサイトです。
Machine Learning Repository
https://archive.ics.uci.edu/ml/index.php

## ▶5.2◀ 基本となる GDP の概要

GDP は、四半期 (1 年の 4 分の 1 で 3 か月) に一回、新聞夕刊一面や TV ニュースを賑わす経済指標の中でも最も代表的なもののひとつで、Gross Domestic Product の略です。直訳が「**国内総生産**」です。これは、一定期間内 (大きく報道されているのは四半期が対象期間) に国内で生産された財貨やサービスの合計です。ちなみに、「総」は、簿記なら、減価償却を差し引く前の数字と思っていただければよいです[※2]。

GDP を計算するには、国内で生産された財貨・サービスの販売額を単に合計すればいいのでしょうか。それでは、ダブリ・二重計上が非常に増えてしまいます。図 5.1 は、農家が小麦を生産→製粉業者はこれを仕入れて小麦粉を生産→パン製造業者はこれを仕入れてパンを生産→スーパーはこれを仕入れて最終的に消費者にパンを販売、という流れを示したものです。農家以外は、それぞれの販売額にそれまでの仕入れのためのお金が含まれています。このため、そ

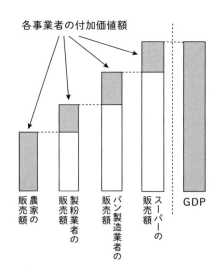

各事業者の付加価値額

農家の販売額　製粉業者の販売額　パン製造業者の販売額　スーパーの販売額　GDP

**図 5.1** GDP の概念

---

[※2] ちなみに、「総」は、「減価償却」が含まれているという意味です。「減価償却」は、例えば、家を建てるとどんどん古くなって価値は下がっていきます。木造の住宅だとだいたい 20 年で価値はゼロになります。仮に 1000 万円で新築したとしたら、毎年 50 万円ずつ価値が下がっていき、20 年後にゼロになります。この毎年の 50 万円が「減価償却」です。この減価償却を日本国内のすべての住宅、設備などで計算して合計すると日本全体の「減価償却」となります。GDP では「固定資本減耗」といいます。

れぞれの販売額を単に足し合わせると、ダブりが発生します。このため、各段階での事業者の販売額から仕入れ額 (中間投入、中間消費) を引いた各事業者の付加価値額だけを合計する必要があります。この合計は、最終的な消費者の購入額と一致します。

　四半期に一回公表される GDP は「**四半期別 GDP 速報** (QE: Quick Estimation)」といいますが、実は、QE はこうやって生産側からは作りません。生産された財貨・サービスは、それを購入する人 (需要する人) が存在しますので、国全体でみれば、生産された額と購入された額は基本的に同じです。QE は、購入された額 (支出額) を次に述べる消費、投資といった分野ごとに積み上げて作成します。このため、作り方からすると、GDE (Gross Domestic Expenditure：**国内総支出**) というのが正確です。しかし、トータルの額は GDP と同じはずなので問題はなく、通常、GDP と呼ばれます。このように支出側から捉えるのは、経済状況の分析や経済政策の検討が需要・支出のそれぞれの分野ごとに行われること、推計に使うデータの制約、などからです。

　図 5.2 で具体的にみてみましょう。一番左で、産出から中間消費を引いた付加価値が国内総生産 (GDP) です。この付加価値が、左から二番目のように、賃金・給与、企業の利益に分配されますが、**国民所得**と呼ばれます。この所得を使って、家計、企業、政府、海外は、生産されたもの・供給を購入します。購入する側からみれば需要です。一番右にあるように、具体的な需要項目は、民間最終消費支出、民間企業設備投資、民間住宅投資、民間在庫品増加、政府最終消費支出、公的固定資本形成、公的在庫品増加、財貨・サービスの純輸出、の項目に分かれます。この合計が、国内総支出 (GDE) です。国内総支出 (GDE) は国内総生産 (GDP) に基本的に等しくなります。

　各項目を簡単に説明します。

**民間最終消費支出**　生産された財貨・サービスを購入するのは最終的には消費者・家計です。経済の最終目的は、消費者・家計が財貨・サービスを消費することです。この消費者・家計による消費の合計が「民間最終消費支出」です。企業は最終的な消費は行いません。図 5.1 の小麦、小麦粉などは、原材料に相当するもので「中間消費」であり、最終的に企業が消費するものではなく、生産を行うための必要経費です。

**民間企業設備投資**　企業は原材料を購入 (中間消費) するだけでなく、設備や機

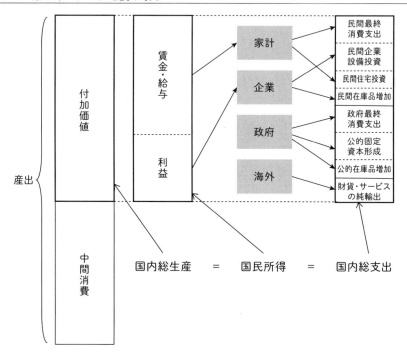

**図 5.2**　付加価値と GDP コンポーネントの概念図

械も購入します。農家のトラクター、製粉業者の工場や製粉機やトラック、パン製造業者の工場やパン焼き機やトラック、スーパーの店舗、などです。こうした設備や機械は、耐用年数が何年、何十年とあり、すぐに「中間消費」されてしまうのではなく、長い期間、継続して生産に使用されます。これらの購入は「民間企業設備投資」という企業の需要として、GDP の計算に算入されます。

**民間住宅投資**　消費者・家計においても、企業の設備や機械と同じく、何年も長い期間にわたって使うものがあり、それが住宅です。消費者・家計による住宅の購入も「投資」として扱い、その合計が「民間住宅投資」です。家電製品、自動車等の耐久消費財の購入は、住宅に比べれば少額のこともあってか、企業の場合と異なり、慣例上、「投資」には含めません。

**民間在庫品増加**　一定期間内に生産された財貨・サービスが、その期間にすべて消費や投資に使われるわけではないのが通常です。工場にある出荷前の製品 (製品在庫)、工場にある作りかけのモノ (仕掛品在庫)、まだ使われていない原材料 (原材料在庫)、売れ残りや売り切れ防止回避などのために販売店の棚や倉

庫にある製品 (流通在庫) があります。これら 4 つを足し合わせ、前の期からの変化分を算出したものが、「民間在庫品増加」です。在庫の増加分 (減少分) は、投資・資本形成の一種とみなされます。

　政府が存在しなければ、これで終わりですが、実際は政府もあります。政府も、消費・投資・在庫への支出を行います。

**政府最終消費支出**　政府は、公的サービスの生産者です。公的サービスは、防衛や外交のように、消費する主体を特定できず、国民全体に対して集合的に供給されるものが基本です。一方、医療費や介護費の政府負担分などのように消費する主体を特定できるものもあります。これらを合計したのが、政府による消費、「政府最終消費支出」です。実際は政府が消費しているわけではないですが、あたかも政府が消費しているかのように扱います。具体的な額は、政府サービスを提供するのにかかったコストを計算します。政府の場合は基本的に利潤がなく、コストは供給額に一致します。コストとしては、人件費 (公務員給与)、中間投入・消費 (コンピューターやコピー機の借料、文房具など)、などがあります。

**公的固定資本形成**　政府は道路や堤防やダムの建設などの投資 (公共投資) も行い、それが「公的固定資本形成」です。

**公的在庫品増加**　政府は、米の在庫や石油備蓄などの在庫も有しています。前の期からの変化分が「公的在庫品増加」です。

**輸出・輸入**　鎖国状態であれば以上で終わりですが、現実には海外との交易も重要な経済活動です。日本で生産された財貨・サービスが外国から需要・輸出され、「**財貨・サービスの輸出**」となります。外国で作られたものを日本国内で需要するのが「**財貨・サービスの輸入**」です。輸出から輸入を差し引いた、「純」輸出が、「**財貨・サービスの純輸出**」です。

　以上説明した GDP の各構成要素のウェイトは、2020 年度では、特に民間最終消費支出が 54 ％ と最も大きいです。また、政府最終消費支出、公的固定資本形成、公的在庫品増加を合わせた公的需要も全体の 4 分の 1 とそれなりに大きいです。民間住宅投資は 4 ％ と小さい一方、民間企業設備投資は 16 ％ とそれなりに大きいです。輸出、輸入はそれぞれ GDP の 16 ％ 程度ありますが、2 つの差の純輸出は −0.1 ％ と非常に小さくなります。

　図 5.3 は、実質 GDP の水準の推移です (「実質」の意味は第 8 章で詳しく説

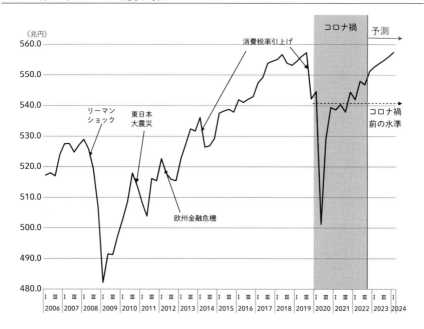

**図 5.3**　実質 GDP の実績と予測 (季節調整値)

出所：実績は、内閣府「四半期 GDP 速報」(2022 年 8 月 15 日)。
予測は、日本経済研究センター「ESP フォーキャスト調査」(2022 年 8 月 10 日)。

明しますが、物価変動の影響を取り除いたものです)。これをみると、さまざまな事象の影響を受けてかなり変化するのがよくわかります。なお、経済の専門家は、前期からの変化率に注目しますが、これは直近の変化を早く捉えようとするためです。しかし、一般の人は、前期からの変化率ではなく、水準そのものをみたほうがわかりやすいです。

　コロナ禍の影響についてみましょう。2019 年 10–12 月期は消費税率引き上げにより既に GDP は減少していました。こうした中、2020 年 1 月にコロナ禍が発生しました。1–3 月期はまだ落ち込みはそれほどではありませんでした。しかし、1 回目の緊急事態宣言が発せられた 4–6 月期には GDP はかつてない落ち込みとなりました。その後、緊急事態宣言が解除され、7–9 月期にはかなり上昇しました。しかし、コロナ禍前の水準よりかなり低いです。その後の感染拡大・緊急事態宣言発出等に伴い、ジグザグを繰り返しました。2022 年 8 月時点での公表データでは、2022 年の 4–6 月期に、やっとコロナ禍前の水準 (2019 年 10–12 月期) を超えました (その後のデータの改定により時期が変わる可能性が

あることにご留意下さい)。GDP 回復の時期は主要先進国に比べ遅かったです。

## ▶5.3◀ 政府の月例経済報告の見方

さて、政府の**月例経済報告**です。

後で本文を紹介しますが、月例経済報告の目次の例 (国内分) は、1.GDP 速報、2.個人消費、3.民間設備投資、4.住宅建設、5.公共投資、6.輸出・輸入・国際収支、などとなっており、要するに GDP、更にその構成要素を個別指標で追っていることがわかります。

私はある国会議員の方から、月例経済報告はどこを見ればよいのかと聞かれたことがありますが、どこを見るかというと、まず、図 5.4 上の表紙を見ると、大きな字で景気の総括判断が書かれています。令和 4 年 7 月では「景気は、緩やかに持ち直している」でした。その下に、景気の先行きと、先行きを左右する可能性のあるリスクが掲げられています。

2 ページ目には、先月との対比表があります。このときは、総括判断は「持ち直しの動きがみられる」が「緩やかに持ち直している」と上方修正されました。更にその下には、各項目ごとの変更部分が下線で示されています。このときには、個人消費が「持ち直しの動きがみられる」から「緩やかに持ち直している」に上方修正されました。これは、まん延防止等重点措置が解除され、5 月の連休などを経て消費が上向いてきたことが反映されたものです。

以上で定性的な判断などがチェックできたら、次は「月例経済報告等に関する関係閣僚会議資料」[※3]をみます。これが、可視化の努力が行われている例ですので、次節から具体的にみます。

## ▶5.4◀ 月例経済報告閣僚会議資料の可視化の実例

図 5.5〜5.8 は、**月例経済報告閣僚会議**資料の可視化の実例で、いずれも 2022 年 7 月のものです。

図 5.5 は個人消費に関するページです。上の囲みの中の説明文と、下の図表を対比しながらみます。

左上「カード支出に基づく消費動向」は、コロナ禍前の 2016–18 年度の各期の平均をベースラインとしてどれだけ変化したかを示し、各消費がどれだけコ

---

[※3] 月例経済報告等に関する関係閣僚会議は、法務、文部科学、環境、防衛の各大臣・国家公安委員長などを除く閣僚で構成され、日本銀行総裁なども関係者として出席します。

1ページ目

景気の
基調判断

# 月例経済報告

（令和 4 年 7 月）

－景気は、緩やかに持ち直している。－

先行きについては、感染対策に万全を期し、経済社会活動の正常化が進む中で、
各種政策の効果もあって、景気が持ち直していくことが期待される。ただし、世界
的に金融引締めが進む中での金融資本市場の変動や原材料価格の上昇、供給面で
の制約等による下振れリスクに十分注意する必要がある。

令和 4 年 7 月 26 日

内　　閣　　府

2ページ目
上部

| [参考] 先月からの主要変更点 | | |
|---|---|---|
| | 6月月例 | 7月月例 |
| 基調判断 | 景気は、持ち直しの動きがみられる。先行きについては、感染対策に万全を期し、経済社会活動の正常化が進む中で、各種政策の効果もあって、景気が持ち直していくことが期待されるものの、ウクライナ情勢の長期化や中国における経済活動の抑制の影響などが懸念される中で、原材料価格の上昇や供給面での制約に加え、金融資本市場の変動等による下振れリスクに十分注意する必要がある。 | 景気は、緩やかに持ち直している。先行きについては、感染対策に万全を期し、経済社会活動の正常化が進む中での、各種政策の効果もあって、景気が持ち直していくことが期待される。ただし、世界的に金融引締めが進む中での金融資本市場の変動や原材料価格の上昇、供給面での制約等による下振れリスクに十分注意する必要がある。 |
| | 政府は、今後とも、十分な金融政策、機動的な | 政府は、今後とも、十分な金融政策、機動的な |

2ページ目
下部

| | 6月月例 | 7月月例 |
|---|---|---|
| 個人消費 | 持ち直しの動きがみられる | 緩やかに持ち直している |
| 設備投資 | 持ち直しの動きがみられる | 持ち直しの動きがみられる |
| 住宅建設 | 底堅い動きとなっている | 底堅い動きとなっている |
| 公共投資 | このところ底堅い動きとなっている | 底堅い動きとなっている |
| 輸出 | おおむね横ばいとなっている | おおむね横ばいとなっている |
| 輸入 | 下げ止まっている | 持ち直しの動きがみられる |
| 貿易・サービス収支 | 赤字となっている | 赤字となっている |
| 生産 | 持ち直しの動きに足踏みがみられる | 持ち直しの動きに足踏みがみられる |
| 企業収益 | 一部に弱さがみられるものの、総じてみれば改善している | 一部に弱さがみられるものの、総じてみれば改善している |
| 業況判断 | 持ち直しの動きに足踏みがみられる | 持ち直しの動きに足踏みがみられる |
| 倒産件数 | おおむね横ばいとなっている | おおむね横ばいとなっている |
| 雇用情勢 | 持ち直しの動きがみられる | 持ち直している |
| 国内企業物価 | 上昇している | 上昇している |
| 消費者物価 | このところ上昇している | 上昇している |

（注）下線部は先月から変更した部分。

**図 5.4**　月例経済報告の判断文の見方

出所：内閣府「月例経済報告（令和 4 年 7 月）」
https://www5.cao.go.jp/keizai3/getsurei/2022/0726getsurei/main.pdf

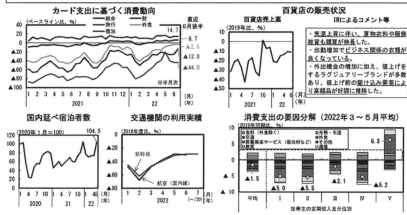

（備考）1. 左上図は、株式会社ナウキャスト、株式会社ジェーシービー「JCB消費NOW」により作成。支出者
数の変化も考慮された参考系列。ベースライン（2016-18年度の各期の平均）からの変
化率。左下図（左）は、観光庁「宿泊旅行統計調査」により作成。日本人の国内延べ宿泊
者数。内閣府による季節調整値。左下図（右）は、各社公表資料により作成。新幹線はJR
東海（7月は20日時点の実績）、航空（国内線）はJAL。JALの2018年度比は前年比を用
いて算出。
2. 右上図（左）は、日本百貨店協会「全国百貨店売上高概況」により作成。2019年同月比の
数字の記載のない月は、公表値（前年比）より算出している。右上コメントは、各社IRから
のコメント及び協会からのヒアリングによる。右下図は、総務省「家計調査」により作成。
二人以上の世帯のうち勤労者世帯。2022年3〜5月における各分位の世帯主の定期収
入の平均は第1分位10万円、第2分位26万円、第3分位35万円、第4分位44万円、第5分
位65万円。世帯平均は36万円。

**図 5.5** 「月例経済報告等に関する関係閣僚会議資料」の図表例 (1)
出所：内閣府「月例経済報告等に関する関係閣僚会議資料 (令和 4 年 7 月)」
https://www5.cao.go.jp/keizai3/getsurei/2022/07kaigi.pdf

ロナ禍前の水準に戻ったかをみています。「総合」、「財」はプラスとなり、コロ
ナ禍前を超えました。「外食」はほぼコロナ禍前に戻りました。「宿泊」はコロ
ナ禍前には達していませんが、マイナス幅はかなり小さくなりました。コロナ
禍の影響を一番受けたのが「旅行」ですが、それでも半分程度には戻りました。

　左下の左「国内延べ宿泊者数」は、コロナ禍前の 2020 年 1 月を 100 としたも
のですが、コロナ禍前を超えました。左下の右「交通機関の利用実績」は 2018
年度比ですが、一時の大幅な減少からは回復したものの、コロナ禍前の 3 割減
の状態が続きました。

　右上の「百貨店売上高」は 2019 年比の変化率ですが、マイナス幅は小さく

なったものの、コロナ禍前には完全には戻りませんでした。

　右下の「消費支出の要因分解 (2022年3〜5月平均)」は、食料、光熱・水道、交通といった各支出項目が2019年の同期比でどれくらい変化があったかを縦棒グラフで表しています。一番左の棒グラフの全所得階層の「平均」では、「消費 (外食除く)」と「光熱・水道」は、コロナ禍からの急速な需要の立ち上がりとロシアのウクライナ侵攻を受けた食料・エネルギー価格の上昇もあって支出は増加しています。この増加を賄うためか、他の項目は減少しています。世帯主の定期収入別では、「平均」の右に、収入が低い順にⅠからⅤと棒グラフが並んでいます。一番高い層だけが「その他」の支出が際立って増加していますが、具体的な支出項目は不明です。

　図5.6は、雇用情勢のページから抜き出したものです。

　左上の「就業率の推移」は2020年1月比ですが、女性の正規雇用の増加が続いているのが目立ちます。一方、男性の正規雇用は基本的に減少が続いていますが、労働力人口自体の影響などではないかと思われます。非正規雇用は、男女とも減少が続いています。

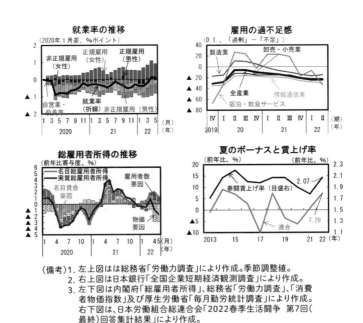

（備考）1. 左上図はは総務省「労働力調査」により作成。季節調整値。
　　　　2. 右上図は日本銀行「全国企業短期経済観測調査」により作成。
　　　　3. 左下図は内閣府「総雇用者所得」、総務省「労働力調査」、「消費者物価指数」及び厚生労働省「毎月勤労統計調査」により作成。
　　　　　右下図は、日本労働組合総連合会「2022春季生活闘争 第7回(最終)回答集計結果」により作成。

**図5.6** 「月例経済報告等に関する関係閣僚会議資料」の図表例 (2)

　右上の「雇用の過不足感」はマイナスであれば、不足です。全般的に不足ですが、特に「宿泊・飲食サービス」は過剰から不足に変わりました。

　左下の「総雇用者所得の推移」の総雇用者所得は、手取りの名目賃金に雇用者数を掛けて全労働者の賃金受取額とし、更に物価で割ったものです。名目賃金も雇用者数も直近で伸びていますが、物価が上昇しているため、物価を考慮した実質 (詳しくは第 8 章で説明します) 総雇用者所得にはマイナスの影響となり、全体として物価上昇に賃金の上昇が追い付かず実質総雇用者所得がマイナスの状況になっています。

　右下の「夏のボーナスと賃上げ率」は、プラスになっていますが、上記のように物価の上昇がそれを上回っています。

　図 5.7 は「消費者物価指数 (総合) の国際比較」です。まず、欧米の消費者物価は前年同月比 (第 8 章で詳しく説明します) が 8 % 程度であるのに対し、わが国は 2 % 程度とまだかなり低い状態でした。更に、欧米もわが国もコロナ禍からの急速な需要の立ち上がりとロシアのウクライナ侵攻を受けて、ガソリン代、電気代、食料の価格が上昇していました (わが国はここでも上がり方は小幅でした。特に、政府によるガソリン価格を 170 円程度に抑える対策が効いていました)。しかし、欧米では「その他」もかなり上昇しており、他の品目に値上がりが波及していることがみてとれます。一方、わが国では「その他」の上昇幅は小さく、波及がそれほどではなかったことがわかります。

　図 5.8 は、原油・小麦価格、輸入物価、円安に関するものです。左のグラフが示すとおり、ロシアのウクライナ侵攻後、原油価格や小麦価格などの国際価格は大きく上昇しました。右側はこれを受けたわが国の輸入物価への影響です。「石油・石炭・天然ガス」の物価は、国際価格の上昇を受けて上昇していました。円安も進行していました[4]が、その影響は輸入物価上昇の 4 割程度です。

　月例経済報告の可視化の例の紹介は、紙数の制約もあり以上にとどめますが、皆さんも時折関連サイトを開いて可視化の例をみるとともに、経済情勢の把握に役立てて下さい。

---

[4] 前述のように、欧米での物価上昇幅は大きく、多くの品目に波及していました。このため、中央銀行は金利引き上げに向かいました。一方、わが国では物価上昇・波及はそれほどではなく金融緩和は維持されました。このため、金利の高い欧米の通貨が買われ、金利が低いままの円は売られ、円安となりました。

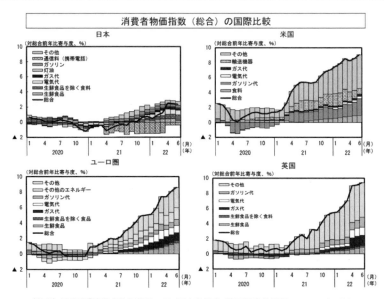

（備考）総務省「消費者物価指数」、アメリカ労働省、英国国家統計局、ユーロスタットにより作成。日本の消費者物価は固定基準。日本の食料は外食を含む。

**図5.7** 「月例経済報告等に関する関係閣僚会議資料」の図表例(3)

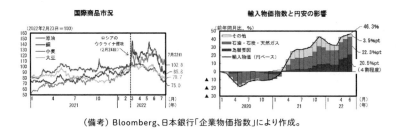

（備考）Bloomberg、日本銀行「企業物価指数」により作成。

**図5.8** 「月例経済報告等に関する関係閣僚会議資料」の図表例(4)

● **コラム27 ●** 画面キャプチャーの方法

　本文の月例経済報告等閣僚会議の資料は、元はブラウザで開いたものを、**画面キャプチャー（スクリーンショット）** でコピーしたものです。

　皆さんもレポート作成などの際に、ブラウザで開いた画面をコピーしたいと思うことがあるかもしれません。

　画面キャプチャーを行うためには、Windowsなら、キーボードにあるWindowsのロゴ・キーとShiftキーとSキーを同時に押します（ Win ＋ Shift ＋ S です。 PrintScreen キーがある場合には、それとWindowsのロゴ・キーの2つを同時に押

してもできます。Win + PrintScreen です)。すると、画面が薄暗くなりますので、コピーしたい部分をドラッグして囲みます。そして、別途開いておいたコピー先のPower Point スライドや Word ファイルに戻り、右クリック→貼り付け、でコピーできます[5]。このやり方は、実は、パソコンのスクリーンショット画面を撮影 (切り取り)&編集&保存できるアプリ「切り取り&スケッチ」を使っています。

　ただし、これが使えるのは Windows 10 のバージョン 1809 以上です。Windowsのバージョンがそれより古いと「切り取り& スケッチ」が搭載されていません。この場合は、「Snipping Tool」が搭載されている場合がありますのでそれを使います[6]。

　Mac の場合は、Shift + Command + 5 キーを押して、スクリーンショットを開き、ツールを表示します。

　PDF のスナップショットを使ったことのある方がいるかもしれませんが、画像が不鮮明です。この点、FireFox のスクリーンショットは比較的鮮明です。ファイルにある画像をキャプチャーする場合は、Windows ならエクスプローラーで PDF ファイルを選択し、右クリックして出てきた小画面で「プログラムから開く」で Firefox を選択します。Firefox で開いたら右クリックすると小画面が出てきます。「スクリーンショットを選択」にするときれいな画像がコピーできます。もちろん、Firefox で開いたウェブサイトもきれいにコピーできます。なお、Firefox をダウンロードしていない場合は、Firefox で検索して出てきたサイトで無料でダウンロードできます。

　画面キャプチャーの利用については、第 4 章「コラム 25　インターネットと著作権」で説明したように、著作権を犯すことのないよう、十分注意して下さい。なお、国・地方公共団体・独立行政法人などが一般に周知させることを目的として作成し、その著作の名義の下に公表する広報資料、調査統計資料などは、禁止する旨の表示がない限り、転載が可能です (著作権法第 32 条第 2 項)。内閣府の月例経済報告などはこれに該当します。

---

[5] 例えば、以下のサイトを参考にして下さい。
　　パソコン工房「Windows 10 スクリーンショットを撮る 4 つの方法」
　　https://www.pc-koubou.jp/magazine/35994
[6] 例えば、以下のサイトの All About「4.Windows 標準アプリ『Snipping Tool』で画面を切り取る方法」をご覧下さい。
　　https://allabout.co.jp/gm/gc/20843/#5

## 確認問題

5.1.　国内総生産を、アルファベット 3 文字で表すと何ですか？

5.2.　2022 年 8 月時点での公表データでは、実質 GDP が、コロナ禍以前の水準である 2019 年 10–12 月のそれを超えたのはいつだったでしょうか？

5.3.　政府が毎月の景気判断を示す報告を「○○○○報告」といいます。○の部分を埋めて下さい。

5.4.　コロナ禍の中、女性の正規職員・従業員は、基本的に、①増えていた、②減っていた、のどちらでしょう？　番号でお答え下さい。

5.5.　2021 年から 2022 年半ばにかけて、消費者物価の上昇率が高かったのは、欧米、日本のどちらでしょうか？

# 6

# データを作る・集める

　この章では、これまでみてきたような経済や社会に関するデータがどうやって作られたり、集められたりするかをみます。また、そうして作られたもののうち主なオープン統計データをダウンロードする方法、自ら調査票を作って限られた範囲でネットで配布・回収する手法、そしてビッグデータの活用状況などについても紹介します。データを作る過程を知っておくことは、次章以降を理解するためにも重要です。

## ▶6.1◀ 作り方・集め方からみたさまざまな「データ」

　まず、経済や社会に関するデータがどのように作られるか・集められるかという観点から、データを区分してみます。

　図6.1は、データを①オープン統計データ、②普通の企業データ、③ビッグデータに分けています。

　最初の**オープン統計データ**は、GDPや人口など報道でよく見かける政府などが発表するいわゆる統計です。通常は数値です。もともと国民が共有すべき情報をまとめることを目的に作られていますので基本的にオープンです。また、わかりやすくなるよう集計されたデータが公表されます。個人情報や企業秘密などが明らかになることは絶対回避しないといけませんので、その観点からも個別データは公表されず、集計されたデータのみ公表されます。

　2番目は普通の企業データです。例は個別顧客ごとの品目別販売実績など企業活動の結果として自然と保有されるものです。通常は数値が基本です。このほか、企業は、文字や写真などさまざまなデータを保有しています。こうした個

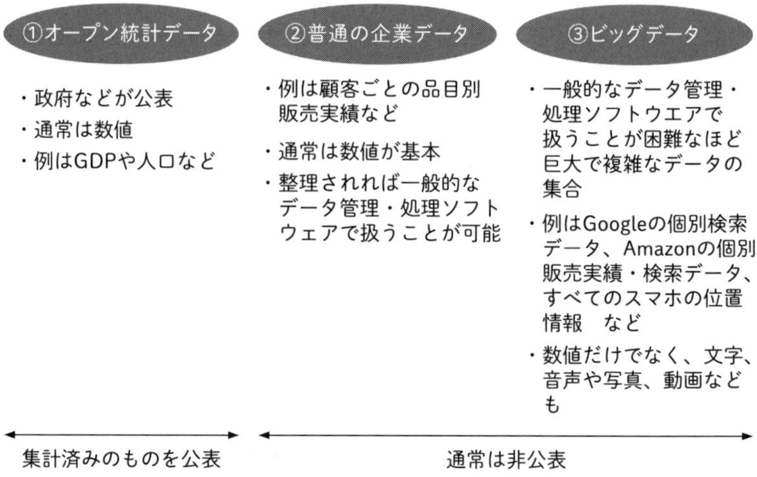

| ①オープン統計データ | ②普通の企業データ | ③ビッグデータ |
|---|---|---|
| ・政府などが公表<br>・通常は数値<br>・例はGDPや人口など | ・例は顧客ごとの品目別 販売実績など<br>・通常は数値が基本<br>・整理されれば一般的な データ管理・処理ソフト ウェアで扱うことが可能 | ・一般的なデータ管理・ 処理ソフトウエアで 扱うことが困難なほど 巨大で複雑なデータの 集合<br>・例はGoogleの個別検索 データ、Amazonの個別 販売実績・検索データ、 すべてのスマホの位置 情報　など<br>・数値だけでなく、文字、 音声や写真、動画など も |

集計済みのものを公表　　　　　　　　　通常は非公表

**図 6.1**　作り方からみたさまざまな「データ」

別データは、整理されれば一般的なデータ管理・処理ソフトウェアで扱うことが可能となります。しかし、整理されずに埋もれているデータも多いです。このようにデータを「使える」状態にすることは、デジタルトランスフォーメーションの第一歩です。使える状態にすることについては、第 7 章で扱います。また、こうしたデータは通常は、企業秘密であり非公表が基本です。損益計算書やバランスシートといった財務諸表など法令などにより公表などが求められるデータは集計され、集計された数値だけが公表されます。

　3 番目はいわゆる**ビッグデータ**です。一般的なデータ管理・処理ソフトウェアで扱うことが困難なほど巨大で複雑なデータです。例は Google の個別検索データ、Amazon の個別販売実績・検索データ、すべてのスマホの位置情報などです。形式としては、数値だけでなく、文字、音声、写真、動画なども含まれます。なお、この 3 番目のビッグデータは、最初の 2 つのように従来から使われてきた伝統的データとは異なるので、オルタネティブ・データ (非伝統的データ) と呼ばれることもあります。このようなデータが、コンピューターの処理速度の飛躍的向上や収集されるデータ量の飛躍的増大などと相まって、経済や社会の分析などに使えるようになり、注目されています。

　なお、**構造化データ**、**非構造化データ**という区別がなされることもあります。前者は、データがきちんと整理され、例えば Excel などでの計算が可能になって

いるものです。後者はそうではなく、電子メール、紙媒体・PDF のオフィス文書、画像、動画、音声など日常の業務で生成されるさまざまなデータですが、構造化して使えるようにするためには何らかの加工や処理が必要になります。上記の普通の企業データの多くも実は非構造化データですし、ビッグデータもそうであることが多いです。

　以下では、まず、オープン統計データについて、作り方、入手の仕方などを説明します。その後、ビッグデータの活用について簡単に触れます。普通の企業データは、ほとんどがオープンになっていないこともあり説明は省略します。

## ▶ 6.2 ◀ 統計はどうやって作るのか

　この節では、オープン統計データ (以下、統計といいます) がどのように作られているかをみます。

### 6.2.1　統計調査の種類

　統計には、その作られ方によって、一次統計、二次統計、業務統計という分け方があります。

　まず、「**一次統計**」ですが、調査対象者に質問が印刷された調査票を配布して、回答を記入してもらい、それを回収して集計するものです。国勢調査、日銀短観、労働力調査などほとんどの統計が該当します。

　「**二次統計**」は、一次統計を利用して加工・集計を行ったもので、調査票の配布を行わずに作成するものです。GDP や景気動向指数など重要な統計があります。ただし、GDP 作成にあたっては、既存の一次統計ではカバーされない部分を、独自に調査票を送付して回収することによって補っている部分も、一部ながらあります。

　「**業務統計**」は、官庁などが業務を行う過程で得た情報を集計することによって、調査票を作成・配布・回収することなく作成される統計です。例は、有効求人倍率で、ハローワークが職業紹介業務を行う過程で得た情報を使って作られます。なお、業務統計は「統計」とついてはいますが、統計法という法律の対象外です。

## 6.2.2　全数調査とサンプル調査

　一次統計の場合、調査票を調査の対象となる個人・家計・企業の全部 (「母集団」) に配布する「**全数調査**」が正確さの点ではベストです。例は、5 年に一度、全国民を対象に行われる国勢調査、2012 年 2 月に初めて全事業所・企業を対象に行われた経済センサス、などです。なお、「**センサス**」は、わが国では国勢調査の意味で使われてきましたが、もともとの語源は、ラテン語の censeo「戸口調査する」と思われ、英語の census は「全数調査」の意味です。このため、国勢調査に限らず、「経済センサス」といった名称の調査もあるわけです。

　しかし、全数調査は、調査対象数が膨大となり、調査や集計に非常に時間がかかりますので、経済などの実態の迅速な把握に応えられません。実施する側も膨大な人員や予算が必要となる一方、対象者の側も、全員が調査票に記入するのでは、その手間・負担が全体としては膨大になってしまいます。このため、通常は、対象の一部だけを選び出して調査票に記入してもらう「サンプル調査」が行われます。

## 6.2.3　サンプリング

　「**サンプル調査**」において、どうやって対象者の一部 (サンプル) を選び出すかの抽出手法が「**サンプリング**」です。いかに偏りなく選び出せるかがポイントとなります。ランダム (公正なくじ引きと同じように良い意味でバラバラ) であればあるほど偏りがないため、ランダム・サンプリングが目指されます。

　国などの多くの統計調査では、国勢調査や事業所統計などの全数調査の際に得られた個人や企業の個別データを使ってランダム・サンプリングが行われます。その際、まず、市町村などを選び出し、次に選ばれた各市町村などから個人や企業を抽出するといったように、何段階かに分けて抽出されるのが通常です。

　国勢調査のような全数調査の個別データが使えない場合、例えば、世論調査などでは、調査対象となる市区町村などをまず、乱数発生コンピューター・プログラム (規則性のない、でたらめな数字が生成されるプログラム) などを使ってランダムに選び出し、その後、その市区町村の窓口に行って住民基本台帳を閲覧して更に対象者をランダムに選び出す方法などがとられます。ただし、個人情報保護の観点等から、閲覧できる場合は、統計調査、世論調査、学術研究その他の調査研究のうち公益性が高いものなどに限られています。閲覧の際には、どのページから何人間隔で選び出すかも乱数発生プログラムなどで決めま

す (自治体によっては、直接閲覧できず、対象者が先方で選ばれて渡される場合もあります)。なお、各自治体にある選挙人名簿を閲覧する場合もありますが、住民基本台帳と同様に、閲覧できる場合には制限があります。

このように、ランダム・サンプリングでは、まず市町村などを抽出し、それから住民基本台帳などで個人を抽出するというように段階に分けて抽出が行われます。この場合は、二段階です。更に各市町村などを掘り下げて地区などを次に抽出し、それから個人を抽出する場合もあり、これは三段階となります。その際、市町村、地区などは「**層**」と呼ばれます。例えば、最初に 300 の市町村などが選ばれれば、「300 層」です。「層」というと、地層のように縦に積み重なるイメージがありますが、どちらかというと横に並んでいるのがここでいう「層」のイメージです。以上をまとめて、抽出方法を、「層化○段抽出」などと呼ぶ場合もあります。

一方、「○○駅で 100 人に聞きました」といったアンケート調査がよくみられます。しかし、そうした調査は、ランダム・サンプリングではなく、結果の数字には偏りがあります。恣意的に選ばれた特定の駅であること、対象者も厳密にランダムに抽出されないこと、答えてくれる人のみが対象でそれが特定の人数に達するまで聞くこと (ランダム・サンプリングの場合は、答えてくれなかった人は「未回収」などとしてそのまま処理し、代わりを補充しません) といったことなどからです。

なお、ランダム・サンプリングが行われた場合の、誤差の推定などに関心があれば、数多く出版されている統計学のテキストを参照して下さい[1]。

最後に、住民基本台帳の閲覧などのように、比較的簡単にランダム・サンプリングができる仕組みは他国にはなく、日本の調査には優位性があるといわれています。一方、ほとんどのマスコミの世論調査では、電話調査 (RDD: Random Digit Dialing。ランダムに電話番号を選び出す方法) が使われています。家庭を調査員が訪問する場合、調査員、調査対象者とも相互に犯罪の危険性があることから、RDD は治安が相対的に悪い米国などで発達したものです。しかし、最近は携帯電話の普及により実施の困難さが高まっています (携帯電話にかけても、すぐに切られてしまうのが通常です)。このほか、諸外国では、郵便番号を利用したサンプリング、通り (ストリート) をランダムに選んで、端から何番目の家

---

[1] 例えば、サンプリングの教科書の例としては、福井武弘 (2013)『標本調査の理論と実際』日本統計協会があります。

から何軒おきに調査するといった方法なども用いられます。

　以上の一次・二次・業務統計や、全数調査・サンプル調査の説明をまとめれ
ば図 6.2 のとおりです。

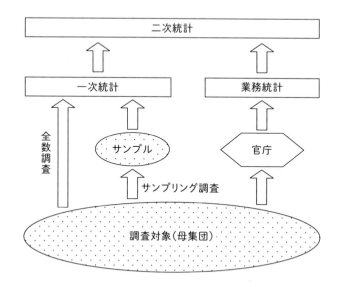

**図 6.2**　一次・二次・業務統計、全数調査・サンプリング調査の概念図

---

●コラム 28 ●　**1936 年米大統領選で示されたサンプリングの有効性**[2]

　1936 年のアメリカ大統領選挙は、サンプリングの有効性が示された象徴的な出来
事です。

　再選を目指す民主党のフランクリン・ルーズベルト候補と、共和党のアルフレッ
ド・ランドン候補の戦いとなりました。

　2 つの選挙予測の世論調査がありました。

　ひとつは総合週刊誌の「リテラリー・ダイジェスト」(The Literary Digest) によ
るもので、200 万人以上を対象とした調査からランドン候補が 57 ％の得票で当選
と予測しました。

　もうひとつは「アメリカ世論研究所」(the American Institute of Public Opinion)
によるもので、わずか 3000 の回答からルーズベルト候補が 54 ％の得票を得て当選
と予測しました。

　実際の結果は、ルーズベルト候補が 60 ％の得票を得て全米 48 州中 46 州で勝ち

---

※2 総務省統計局「アメリカ大統領選挙の番狂わせ (前編)〜 標本調査における偏り①」を参考に
　　作成。
　　https://www.stat.go.jp/teacher/c2epi4a.html

ました。

　違いが出た理由は、調査方法の違いです。リテラリー・ダイジェストは、自誌の購読者、自動車保有者と電話利用者の名簿を使って1千万人に郵便を送り、返送された2百万以上の回答をただ単純に集計しただけでした。一方、アメリカ世論研究所は、統計理論によりサンプルを抽出しました。

　このように、1936年の段階で、サンプリングの有効性が示されました。

　なお、「アメリカ世論研究所」を率いたのはジョージ・ギャラップでした。現在でも世界各国で各種の世論調査がギャラップ社により「ギャラップ調査」として行われています。

## ●コラム 29 ● 新型コロナ既感染率とサンプリング

　新型コロナウイルスが広まり始めた頃、一度感染すれば、抗体ができ、既感染率が高まれば「集団免疫」ができ、新型コロナは克服できるといわれ、実際、スウェーデンでは当初それを狙いました。結局、多数の死者が出て国王は失敗と発言しました。更に、変異株も多数出てきましたので単純ではありません。

　さて、広く日本で行われていた**PCR検査**による感染者数は、正確な既感染率の算出には使えません。ちなみに、PCR検査は、そのときにウイルスが体内に存在するのかどうかをウイルスの遺伝子で調べる検査です。

　正確な算出に使えない理由は、

① 　ランダムサンプリングが行われていない・無症状者や軽症者など漏れ落ちもある

② 　PCR検査自体に「誤差」がある。つまり偽陽性(感染していないのに陽性と判定される)や偽陰性(感染しているのに陰性と判定される)がある(どのような「測定」にも誤差は付き物ではありますが)

③ 　治ってしまうとウイルスは存在しないので検出できない　　など

といったものです。

　仮に住民基本台帳などを利用してランダムサンプリングを行って、対象者に症状があってもなくてもPCR検査を行い①の問題を解決しても、②と③の問題は残ります。

　このほかの検査法としては、**抗原検査**、抗体検査があります。前者は、「ウイルスのタンパク質」を検出する方法であり、PCRと同じくウイルスの有無をみるものですが、検査に要する時間は短縮できるものの精度は落ちるとされています。既感染率が正確に出ないのはPCR検査と同じです。

　一方、**抗体検査**は、これまでにその人がウイルスに感染したことがあるかを調べる検査です。ウイルスに感染すると、体内から追い出そうと回復に向けた防御システムが働きますが、これが免疫反応で、この働きの過程で一定期間後に体内に作ら

れるのが抗体です。これを測定するのが抗体検査です。ランダムサンプリングで対象を抽出して、抗体検査を行えば統計上の問題は解決できます。

しかし、以下のような問題があるとされます。

① 抗体ができない場合がある

② 抗体ができる場合でも発症から10日から15日後にできる。その間に抗体検査を行っても抗体を検出できない

③ 抗体検査はPCR検査より精度が落ちる

などです。

こうした中、厚生労働省は抗体保有調査を行っており、第4回調査の内容は以下のとおりでした[※3]。

令和4年2月2日〜3月6日にかけて、東京都・大阪府・宮城県・愛知県・福岡県において、無作為抽出し、調査への参加に同意があった一般住民 (東京都1912名、大阪府1353名、宮城県1814名、愛知県1521名、福岡県1549名、計8149名) を対象に抗N抗体、抗S抗体の2種類の抗体検査を実施しました。ワクチンを接種した場合は、抗S抗体のみが陽性になり、新型コロナウイルスに感染した場合は、抗N抗体と抗S抗体の両者が陽性になります。

結果は、抗S抗体が陽性であった割合、つまりワクチン接種割合とみなせるものは、東京都97.1%, 大阪府96.4%, 宮城県96.9%, 愛知県96.1%, 福岡県96.4%でした。ほとんどの人がワクチン接種を済ませているとみられます。

一方、抗N抗体が陽性であった割合、つまり感染した割合は、東京都5.65%, 大阪府5.32%, 宮城県1.49%, 愛知県3.09%, 福岡県2.71%でした。やはり都市の規模が大きいほど、感染率は高くなっていますが、5%程度です。

## 6.2.4 さまざまな調査回答法

さて、一次統計の作成のためには、さまざまな調査法があります。正確さとコストはトレードオフの関係にありますので、目的や予算などに応じて使い分けます。

まず、「訪問留置調査」です。住民基本台帳などを利用したランダム・サンプリングが前提です。そうして選ばれた対象者の家を調査員が訪問し、調査票を渡して記入方法などを説明し、一定期間経過後、再度調査員が訪問して記入済み調査票を回収します。例は、消費動向調査などがあります。回収率は比較的高いですが、コストは比較的大きいです。更に、対象者の家族などが代わって回答 (代理回答) してしまうリスクもあります。しかし、個人の意識ではなく、

---

[※3] 厚生労働省「第4回抗体保有調査 速報結果」
https://www.mhlw.go.jp/content/10900000/000928864.pdf

年収などファクトを調べるのであれば、代理回答でも正確さは保たれやすいと考えられています。

　次に、「**訪問面接調査**」です。これも、住民基本台帳などを利用したランダム・サンプリングが前提です。そうして選ばれた対象者の家を調査員が訪問し、玄関で質問文を読み上げ、ボードに書かれた選択肢から回答を選んでもらう方法です。主に世論調査など、意識を調べる調査に用いられます。メリットは、他の家族が代理で回答する可能性がなく、質問も事前に知らされることはないので他人の考えなどを調べる余裕はなく、意識調査としては一番正確なことです。なお、対面で答えにくい場合のために選択肢として「わからない」があるのが通常です。回収率も比較的高くなります。一方、コストは比較的大きいです。

　「**郵送調査**」も、住民基本台帳などを利用したランダム・サンプリングが前提です。そうして選ばれた対象者に調査票を郵送し、記入の上ポストに投函してもらいます。代理回答のリスクはあります。回収率も低いといわれていましたが、さまざまな工夫により最近は向上しており、政府などでも郵送調査に変えてしまうところも出てきています。こうした中、コロナ禍が発生し、郵送調査に変えざるをえない調査も多くなりました。例えば、内閣府政府広報室の世論調査は、従来は訪問面接調査が行われていましたが、コロナ禍により 2019 年 1 月調査を以って中断し、2020 年 9 月調査以降は郵送調査に変わっています。

　「**インターネット調査**」は、インターネット調査会社が確保しているモニターに回答を依頼するものです。なお他の調査法でも返答はインターネットでも可とする場合も増えてきていますが[4]、回答にインターネットの利用も認めるというだけで、インターネット調査とは別物です。インターネット調査は安価で、住民基本台帳の閲覧が不要など手間がかからず、調査の企画から回収・集計まで迅速に処理可能です。回答者の男女別、年代などの比率も、依頼者の希望に沿って調査会社で揃えます。しかし、最大の欠点は、モニターがランダムに選ばれてはいないことであり、結果には通常偏りがあります。

　表 6.1 は、内閣府が行った訪問面接調査とインターネット調査の結果の比較です。正確さが一番高いとされる訪問面接調査に比べ、インターネット・モニターには、現在の生活に不満だったり、充実感を感じていない層がかなり多いこ

---

[4] 国勢調査でも、令和 2 年調査では、インターネット、郵送、調査員等への提出の 3 つの方法による回答が認められました。最初の 2 つの対象世帯数に対する利用率は、それぞれ 37.9 ％、41.9 ％ でした。残りの 20.2 ％ は調査員への提出等と思われます。

**表 6.1**

| 調査項目 | 選択肢 | 訪問面接調査 | インターネット調査（A 社） | インターネット調査（B 社） |
|---|---|---|---|---|
| 現在の生活に関する満足度 | 満足 | 78.2 | 46.3 | 47.4 |
| | 不満 | 20.4 | 49.7 | 48.7 |
| 現在の生活の充実感 | 充実感を感じている | 78.7 | 50.9 | 53.0 |
| | 充実感を感じていない | 18.6 | 45.3 | 42.7 |

出所：内閣府「世論調査の調査方法に関する試験調査」（平成 18 年 2 月）

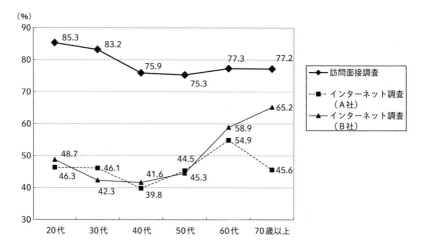

**図 6.3**　インターネット調査の偏り
出所：内閣府「世論調査の調査方法に関する試験調査」（平成 18 年 2 月）

とがわかります。また、図 6.3 では、生活の満足度を年代別に比較しています。各年代において、かなりの偏りがみられます。決して、インターネット利用率が若年層で高く、高年層で低いことから偏りが生じているわけではありません。

このように、インターネット調査は、その結果に偏りがありますが、安価で迅速であり、また、変化の方向を迅速に見つけ出すなどには非常に有効であると思われます。目的と予算に応じて使い分ける必要があります。

最後に、これまで述べてきた各調査法のメリットとデメリットを表 6.2 にまとめておきます。

表 **6.2**　各種調査法のメリットとデメリット

| | メリット | デメリット |
|---|---|---|
| 訪問留置調査 | ● 回収率は比較的高い。<br>● ファクトを聞くのであれば正確度は高い。<br>● 質問が多くても、ある程度可。 | ● コスト・時間がかかる。<br>● 代理記入のリスクあり。 |
| 訪問面接調査 | ● 回収率は比較的高い。<br>● 正確度は一番高い。<br>● 代理記入のリスクがない。 | ● コスト・時間がかかる。<br>● 質問数に限りがある。 |
| 郵送調査 | ● コストがあまりかからない。 | ● 時間は比較的かかる。<br>● 回収率は低い場合が多い。<br>● 代理記入のリスクあり。 |
| 電話調査 (RDD) | ● ある程度正確。<br>● 迅速に調査可能。<br>● 調査員などが事件に巻き込まれない。 | ● コストは比較的大。<br>● 質問数はあまり多くできない。 |
| インターネット調査 | ● コスト・時間がかからない。 | ● 回答に偏りがある。 |

# ▶6.3◀ オープン統計データのダウンロード

　統計調査には莫大な費用が必要ですので、通常は官公庁などが行った統計調査の結果を使うことになります。官公庁が調査して得られたデータは国民に広く活用されることが目的のひとつですので、無料でダウンロードできるのが通常です。

　以下、主な統計を取得できるサイトを紹介します。なお、高校や大学でのExcel の授業では 数行 × 数列 の小さなデータで勉強するので、実務で使うデータの膨大さや複雑さには最初は戸惑うかもしれません。ただ、使っていくうちに慣れると思います。なお、データが大きいので画面に収まらないことがほとんどですので、Excel の「ウィンドウ枠の固定」を使うとよいと思われます。「Excelウィンドウ枠の固定」などで検索するとわかりやすい解説がたくさん出てきますので、ここでは使い方の説明は省略します。

### ▋GDP▋

　第5章で最初に紹介した GDP は、内閣府の四半期別 GDP 速報のページ

```
https://www.esri.cao.go.jp/jp/sna/menu.html
```

にあります。そこの「推計結果」にある「統計表一覧 (最新の結果を掲載してい

ます)」をクリックし、出てきたサイトで必要なデータをダウンロードします。

### ▌日銀時系列データ▐

　日本銀行の時系列経済データ検索サイトは、主な金融データ、企業物価、短観などのデータを検索し、CSV 形式で出力したりグラフが自動的に描かれるので便利です。

　日本銀行ホーム＞統計　で出てくる以下のサイトで、「時系列経済データ検索サイト」をクリックします。

$$\texttt{https://www.boj.or.jp/statistics/index.htm/}$$

　なお、為替レートのデータはありますが、日経平均株価のデータなどはありません。これは著作権が主張されているためと思われます[5]。

### ▌総務省統計局サイト▐

　国勢調査、家計調査、CPI、失業率などの労働力調査、といった**総務省統計局**が作成している統計データをダウンロードできます。

$$\texttt{https://www.stat.go.jp/}$$

### ▌e-Stat 政府統計の総合窓口▐

　e-Stat は各府省が行っている統計データの総合窓口です。分野別、府省別に検索し、データを CSV ファイルなどで出力できます。各府省の統計のサイトから、最後にはここのサイトにいきつく場合も多いです。

$$\texttt{https://www.e-stat.go.jp/}$$

### ▌耐久消費財普及率▐

　会社では耐久消費財の普及率が必要になることがあると思いますので紹介しておきます。内閣府「消費動向調査」は、毎年 3 月に主要耐久消費財の普及率を調査しています。サイトは、上記の e-Stat の「消費動向調査」です。

$$\texttt{https://www.e-stat.go.jp/stat-search/files?page=1\&toukei=00100}$$
$$\texttt{405\&tstat=000001014549}$$

ここで最新の「3 月調査」をクリックし、「主要耐久消費財等の普及・保有状況」の「CSV」をクリックします。二人以上世帯、単身世帯、総世帯がありますので必要なものをクリックします。長期時系列は下のほうに二人以上世帯についてだけ掲載されています。

---

[5] 日本経済新聞社「日経指数のご利用に際して」
　　$\texttt{https://indexes.nikkei.co.jp/nkave/license}$

## ▌新型コロナ▐

新型コロナ関連のデータはいろいろなところにありますが、例えば、以下の
厚生労働省のサイト「データからわかる　―新型コロナウイルス感染症情報―」
にはいろいろなデータが揃っています。

https://covid19.mhlw.go.jp/

全国の感染者数だけでなく、都道府県別の感染者数もダウンロードできます。

　公式のデータは以下の内閣官房のサイトにあります。ただし、JSON 形式[6]
で提供されていたりして慣れない人には使いにくいかもしれません。

https://corona.go.jp/dashboard/

## ▌気象データ▐

気象データは、気象庁の以下のサイトにあります。

気象庁ホーム＞各種データ・資料＞過去の気象データ検索

https://www.data.jma.go.jp/obd/stats/etrn/index.php

ここで、「過去の気象データ　ダウンロード」のバナーをクリックし、出てきた
画面で地点、データの種類・項目、期間、表示オプションを選択した後、「CSV
ファイルをダウンロード」をクリックします。

　予報については、以下の tenki.jp のサイトがあります。全国の市区町村別
に、今日・明日の天気、3 時間天気 (3 時間ごとの 3 日間の天気のほか、日ごと
の 10 日間天気)、1 時間天気 (1 時間ごとの 3 日間の天気のほか、日ごとの 10 日
間天気)、2 週間天気 (日ごと) を表示させることができます。

https://tenki.jp/

## ▌内閣府世論調査など▐

以下のサイトで内閣府が行った世論調査の結果をダウンロードできます。

内閣府 HP ＞内閣府の政策＞政府広報＞世論調査

https://survey.gov-online.go.jp/index.html

　内閣支持率などのマスコミの世論調査の結果は、各社のサイトを見ますが、以
下の REAL POLITICS JAPAN のサイトに各社のリンクがあります。

---

[6] CSV 形式のようなデータ形式の一種で、JavaScript Object Notation の略です。例えば id
と name の 2 項目からなるデータは以下のように表現します。

```
[
  {"id":"1","name":"tanaka"},
  {"id":"2","name":"suzuki"}
]
```

https://www.realpolitics.jp/research/

また、大手 10 社の平均値も掲載されています。

### ▌IMF データベース▌

途上国を含む世界各国の GDP 等の経済データは、以下の IMF Word Economic Outlook Databases が便利です。

IMF Home > DATA > Word Economic Outlook Databases

で出てきた最新の Outlook をクリックします。出てきた画面で、国・地域、データ期間 (5 年程度先の予測まで可能) を選択し、ダウンロードします。

### ▌RESAS▌

日本国内の地域別データは内閣府による以下の RESAS があります。

https://resas.go.jp/

### ▌API の利用▌

以上は、各サイトから CSV ファイルなどをダウンロードするものでしたが、プログラムから利用できる API で統計データを提供している機関もあります。

例えば、上記の e-Stat では API での提供を行っており、以下がそのサイトです。

https://www.e-stat.go.jp/api/

なお、こうした API は対象機関に申請してその了解を得た上で、指定の方法によりデータを入手します。一方、ウェブサイトで公開されている情報の中から直接に特定の情報だけを勝手に抽出するウェブスクレイピングは他の利用者への影響があることなどから、「お断り」としているサイトも多いです。

### ▌オーダーメード集計▌

公表されている統計の集計表では、自分が欲しい集計データが掲載されていない場合があります。その場合には、統計作成機関に「オーダーメード集計」を依頼することが可能です。ただし、「学術研究の発展に資する統計の作成等」、「教育の発展に資する統計の作成等」などに該当する場合に限られます。詳細については、以下のサイトの「利用者に求められる申出の条件」のうちの「オーダーメード集計」をご覧下さい。

総務省「『公的統計調査の調査票情報等の学術研究等への活用』について」

https://www.soumu.go.jp/toukei_toukatsu/index/seido/2jiriyou.htm

## ▶6.4◀ 自ら調査票を作って回収

　きちんとしたサンプリングを行う調査は多大な費用がかかります。例えば、住民基本台帳を使ったサンプリングを行った上での訪問面接調査の場合は、30問3千人対象で1千万円程度かかっていました。サンプリングのないインターネット調査でも、30問千人対象で50万円程度かかります。個人では手が出せません。しかし、以下の例えばGoogleフォームを使用する方法なら個人でも十分使えます。

### 6.4.1　Googleフォームの利用

　知り合いなどにアンケートを送って回収することは、例えば、Googleフォームなら無料で行うことができます。Googleフォームのマニュアルは以下です。

`https://www.g-workspace.jp/googleworkspace-reference/forms/`

　これに従って、質問文を作り、回答を募って回収することが可能です。質問文の送り方としては、メールで送信、ウェブサイトに埋め込み、URLリンクを通知、の3方法が可能です。もちろん、スマホに送ることも可能です。

　回答結果から自動的にグラフが作成されますし、データをダウンロードすることも可能です。

　このように、知り合いなどに対して、無料でアンケート調査を実施することが可能です。

　なお、入力途中の回答は下書きとして30日間は自動保存されます。また、Googleフォームの回答データはGoogleドライブに保存されますが、無料プランの容量上限は、Gmailなどと合わせて15GBです。他のサービスを使っていたり、アンケートの回答数や容量が大きかったりする場合には上限をオーバーしてしまいますので、気を付ける必要があります。

### 6.4.2　質問文・回答選択肢の作り方

　アンケート調査の質問文や回答選択肢の作り方は、選択肢に偏りがないように注意する必要があります (偏りがある例としては、コラム30の「ブータンは幸福の国」を導き出した選択肢をご覧下さい)。知り合いへの私的な小規模アンケートであれば問題になりませんが、きちんとした調査を行う場合には、注意が必要です。

　第1に、設問文で結果が変わりえます。例えば、次のような質問文を作った

としましょう。

　　　消費税率が引き上げられた場合に景気が悪くなるといわれていま

　　　すが、あなたは消費税率の引き上げに賛成ですか、反対ですか？

この質問文では、下線部の影響で、反対が多くなると考えられます。

　他の例としては、まず、以下のような質問文があったとします。

　　　夫婦別姓は日本の伝統を破壊するものだと危惧する声もあります

　　　が、あなたは夫婦別姓に賛成ですか、反対ですか？

この質問文では、下線部の影響で、反対が多くなると考えらえます。逆に、

　　　夫婦別姓が許容されていないのは日本くらいですが、あなたは夫

　　　婦別姓に賛成ですか、反対ですか？

という質問文では、下線部の影響で、賛成が多くなると考えられます。

　いずれにしても、質問文は「誘導尋問」と批判されないよう、極力中立的な
ものとする必要があります。

　第 2 に、設問を置く順番で結果が変わりえます。例えば、マスコミの世論調
査で、内閣支持・不支持率をアンケート等の最初に聞くか、最後に聞くかです。
最後に聞くと、その前に、内閣の問題点について聞くことが多いので、内閣支
持率は低くなると考えられます。このため、マスコミの内閣支持率の質問はほ
とんどの場合、最初に聞いています。

　第 3 に、回答の選択肢はバランスがとれて偏りがないようにする必要があり
ます。あることに〇か×か、あるいは賛成か反対か聞く場合には、「どちらでも
ない」か「わからない」を必ず入れます。選択肢は 3 つとなります。5 つとする
場合には、例えば、「賛成」、「反対」、「どちらでもない」、のほか、「どちらかと
いえば賛成」、「どちらかといえば反対」などを入れます。ちなみに、「**ブータン
は幸福の国**」といわれることがありますが、もとになっている調査の選択肢に
は偏りがあります (コラム 30)。

　マスコミの世論調査の数字の大きさに違いが出るのには、ひとつには聞き方
の違いが影響しています (コラム 31)。

●コラム 30 ● ブータンは幸福の国？

　わが国では、ブータンについて、「国民の 97 ％が幸福な国」とのイメージが定着しています。しかし、これは誤解です。根拠となっているのは、2005 年の国勢調査での一問です。選択肢は 3 つで、「非常に幸福 (very happy)」、「幸福 (happy)」、「非常に幸福とはいえない (not very happy)」だけです。結果は、それぞれ、45.％、51.6 ％、3.3 ％で、前二者を足すと 96.8 ％で確かに 97 ％となります。しかし、この設問には偏りがあり、not very happy を選択しなければ「幸福」ということになりますが、これを選択する人は結果の数字のとおり非常に少なくなります。本来、設問では、「幸福」、「どちらでもない」、「不幸」とすべきで、それで「幸福」が 97 ％となれば「国民の 97 ％が幸福」といえます。

　国際的には、「あなたはどの程度幸福ですか？ 0 がとても不幸、10 がとても幸福として 11 段階の中から選んで下さい。」という問が一般的です。この方式で、ブータン国立研究所が 2010 年に行った調査では、見事に 5 のところに山ができています (図 6.4)。世論調査や意識調査では、選択肢が 3 つの場合、中心に回答が集中する傾向があります。特に、アジア諸国では顕著であり、**「中心回答化傾向」**と呼ばれます。ブータン人も典型的なアジア人ということになります。日本の場合よりもきれいな山型となっています。

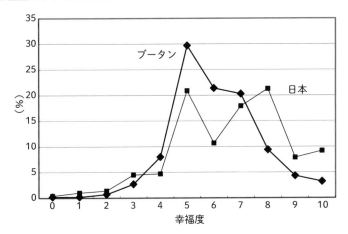

**図 6.4**　ブータンと日本の幸福度分布

(注) ブータンの幸福度は、The Centre for Bhutan Studies, "GNH survey Findings 2010."
　　 日本の幸福度は、内閣府「生活の質に関する調査」(平成 24 年 3 月実施)。

　ところで、この調査からブータン人の平均的**幸福度**を計算でき、6.1 となります。日本については、例えば、平成 24 年の内閣府の調査では 6.6 です。何とブータン人より日本人のほうが幸福度が高かったということになります。

　なお、幸福度については、民主党政権が誕生した際には、国民の幸福度全般を上昇させるという成長戦略を掲げましたが、結局、頓挫しました。幸福な国民はその

ままでよく、不幸な国民を助けるのが政策である、とすれば良かったのではないか
と思われます。

　最近は、社員の**ウェルビーイング**向上に取り組んでいる企業が増えており、幸福
度が注目されています。

---

### ●コラム 31 ●　マスコミの世論調査の数字の違い

　マスコミの世論調査が行う内閣支持率も、事件やイベントに応じて、各社とも同
じ方向に動きますが、水準には違いがみられます (図 6.5 上)。

　特に「内閣支持・不支持が分からない」等をみると、おおむね 3 つのグループに
分かれます (図 6.5 下)。

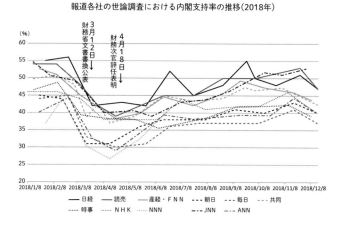

**図 6.5**　マスコミ世論調査における内閣支持率と「分からない」の動き

　一番目立つのは JNN(TBS) で、終始、「分からない」等が他社よりかなり低くなっています。JNN では答えの選択肢が 5 つあり、2018 年 10 月の調査では「非常に支持できる」が 7.9％、「ある程度支持できる」が 40.8％、「あまり支持できない」が 34.0％、「全く支持できない」が 15.2％、「分からない」等が 2.0％ でした。「ある程度」とか「あまり」が入っている選択肢を選ぶ人が多く、結果として「分からない」等が非常に少なくなります。極端な答えを避ける日本人の性向がよく表れています。

　その他の社は、「分からない」等が JNN よりは多いがそれほどではなく 10％ 程度のグループと、「分からない」等がかなり多くなり 20％ 程度のグループに分かれます。両方のグループも答えの選択肢は基本的に「支持するか」、「支持しない」かの二者択一です。「分からない」等と答える人もいますが、そこから先の対応が 2 つのグループで分かれます。最初のグループは「では、どちらかというと、支持しますか、支持しませんか」といった**重ね聞き**をしているようです。これで「分からない」等が少なくなります。後のグループでは、そうした重ね聞きをしません。このため、「分からない」等は低いままです。

　朝日新聞や毎日新聞などは後者のグループで、政権批判のスタンスが強いため支持率の数字が低くなるようにしているのではないかと思われるかもしれませんが、単に「分からない」等が多いだけで、不支持率の数字も低くなります。

### 6.4.3　匿名データ利用

　国の統計データについては、集計前の原データである「個票」の利用が認められる場合があります。ただし、前節の「オーダーメード集計」と同様に、「学術研究の発展に資する統計の作成等」、「教育の発展に資する統計の作成等」などに該当する場合に限られます。詳細については、以下のサイトの「利用者に求められる申出の条件」のうちの「匿名データの提供」をご覧下さい。
総務省「『公的統計調査の調査票情報等の学術研究等への活用』について」
https://www.soumu.go.jp/toukei_toukatsu/index/seido/2jiriyou.htm
　なお、提供される「匿名データ」ですが、特定の個人又は法人その他の団体の識別ができないように加工した上で提供されます。しかし、特に企業の場合は、数が少ないことなどから具体的な企業が特定されるリスクが高く、上記の条件を満たしていても利用のハードルは高いと思われます。これは、集計され公表されている統計表でさえ、企業数が少ないためある部分の数値が「×」などと秘匿されていることからもうかがえます。
　また、上記の「匿名データ利用」は行政機関が行った統計法の対象となる統計に関してです。大学研究者が行った調査、民間機関が行った調査、政府が行っ

た調査でも意識調査のように統計法の対象とならない場合※7などの個票データが、研究に利用してもらうため、学術機関に管理と利用が匿名化の上で委ねられる場合もあります。例は、東京大学社会科学研究所附属社会調査・データアーカイブ研究センターです※8。上記のような、大学、民間機関、政府が行った結構な数のデータが寄託されています。

## ▶6.5◀ ビッグデータの活用

　ビッグデータの活用についても具体的にみることにします。なお、ビッグデータとの関係で話題になることがあるデータ量の単位については、コラム 32 をご覧下さい。

### 6.5.1　コロナ禍と位置情報

　コロナ禍の中で、**スマホの位置情報**を使った繁華街への人出の分析などがすっかり有名になりました。

　実は、コロナ禍前から、スマホの位置情報は経済分析などに使われていました。例えば、2018 年 7 月の「令和元年度経済財政白書」の例が図 6.6 です。働き方改革により、人々は夜は職場から飲食街に移ったのではないかというものです。左の「地域分類による前年度昼夜差」は、各地域の業種構成によって地域特性を 4 つに分類した上で、それぞれの傾向の違いをみたものです。金融業等の割合が高いオフィス街では、昼間人口に比べて夜間人口が大きく低下している一方、飲食業等の割合が高い繁華街では、夜間人口は大きく減っておらず、残業時間が減って、外食・ショッピングに充てられている可能性が示唆されるとしています。また、右側の「前年比昼夜差のヒートマップ※9」をみると、多くのエリアで減少しており、特にオフィス街 (Ⓐ～Ⓒ) では減少傾向、一方繁華街 (Ⓓ～Ⓕ) では増加傾向がみられたとしています。

　このように、政府においてはコロナ禍前からビッグデータの利用が始まって

---

※7 国の行政機関、都道府県、政令市、日本銀行が行う統計調査は、統計法の管理下に置かれます。ただし、統計法上、統計調査は「統計の作成を目的として個人又は法人その他の団体に対し事実の報告を求めることにより行う調査」とされています (第 2 条第 5 項)。このため、意見や意識のように事実に該当しない項目のみを調査事項とする世論調査などは、基本的に統計法の対象となりません。ですので、統計法による「匿名データ利用」の対象となりません。

※8 https://csrda.iss.u-tokyo.ac.jp/

※9 ヒートマップ (heat map, heatmap) は可視化の一例です。2 次元格子における個々の値を色や濃淡として表現したものです。

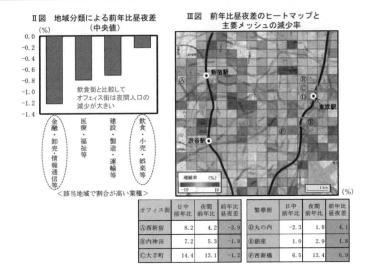

**図 6.6** コロナ禍のスマホ位置情報の活用
出所：内閣府「令和元年度経済財政白書」(2018 年 7 月) 説明資料
https://www5.cao.go.jp/keizai3/2019/0723wp-keizai/setsumei00.pdf
備考：株式会社ドコモ・インサイトマーケティング「モバイル空間統計」、
総務省「平成 28 年経済センサス」により作成。

いた中、コロナ禍が発生し、スムーズに新型コロナ感染症関係の分析へのスマ
ホ位置情報などのビッグデータの利用につながりました。前出の新型コロナ感
染症関連データサイトもできています。

　しかし、企業が保有するビッグデータは、既に述べたように企業秘密・個人
情報保護の観点から、なかなか表に出てきません。更に、そうしたビッグデー
タを解析した結果も企業秘密であるため、外に出てきません。

　こうした中、Yahoo! JAPAN は、ビッグデータそのものではありませんが、
それを使ったレポートを公表しています (コラム 33)。非常に有用な結果が得ら
れているのがわかります。

　このように、企業におけるビッグデータとその活用例は、なかなか表には出
てきませんが、保有しているところはかなり活用が進んでいるのではないかと
思われます。

●コラム 32 ● データ量の単位

　ビッグデータとの関係でデータ量の単位が話題になることがありますので、紹介しておきます。

　表 6.3 がその一覧表です。0 か 1 かで 1 ビットです。8 ビットで 1 となるバイト (B) から始まり、どんどんデータ量は大きくなっていきます。

**表 6.3** データ量の単位

| 記号 | 読み方 | | 容量 | | | 備考 | 接頭語の制定年 |
|---|---|---|---|---|---|---|---|
| | 日本語 | 英語 | 相対表記 | 指数表記 | 絶対表記 (B) | | |
| B | バイト | Byte | 1B=8 ビット | − | 1 | 半角 1 文字分 | 1960 |
| KB | キロバイト | Kilo Byte | 1KB=1000B | $10^3$B | 1,000 | 通常の Word 文書ファイル程度 | 1960 |
| MB | メガバイト | Mega Byte | 1MB=1000KB | $10^6$B | 1,000,000 | 画像などのある文書ファイル程度 | 1960 |
| GB | ギガバイト | Giga Byte | 1GB=1000MB | $10^9$B | 1,000,000,000 | 通常の USB メモリ程度 | 1960 |
| TB | テラバイト | Tera Byte | 1TB=1000GB | $10^{12}$B | 1,000,000,000,000 | 通常の外付けハードディスク程度 | 1960 |
| PB | ペタバイト | Peta Byte | 1PT=1000TB | $10^{15}$B | 1,000,000,000,000,000 | 1990 年の全印刷物で 200 PB | 1975 |
| EB | エクサバイト | Peta Byte | 1EB=1000PB | $10^{18}$B | 1,000,000,000,000,000,000 | 5 EB で 1999 年までに話されたすべての言葉 | 1975 |
| ZB | ゼッタバイト | Zetta Byte | 1ZB=1000EB | $10^{21}$B | 1,000,000,000,000,000,000,000 | 2018 年に地球上で作成されたデータの総量は 33 ZB | 1991 |
| YB | ヨッタバイト | Yotta Byte | 1YB=1000ZB | $10^{24}$B | 1,000,000,000,000,000,000,000,000 | 1 YB はアメリカ議会図書館 1000 億個分、地球 38 個分の面積が必要 | 1991 |
| RB | ロナバイト | Rona Byte | 1RB=1000YB | $10^{27}$B | 1,000,000,000,000,000,000,000,000,000 | SI 接頭語の拡張により導入 | 2022 |
| QB | クエタバイト | Quetta Byte | 1QB=1000RB | $10^{30}$B | 1,000,000,000,000,000,000,000,000,000,000 | SI 接頭語の拡張により導入 | 2022 |

出所：産業技術総合研究所計量標準総合センター「SI 接頭語の範囲拡張について」などを元に作成。
https://unit.aist.go.jp/nmij/info/SI_prefixes/index.html

　日常生活で目にするのは、テラバイト (TB) くらいまででしょうか。

　それ以上は、ビッグデータとの関係で目にすることがあります。扱えるデータ量は、技術の進歩でどんどん増えていきます。現在あるのはヨッタバイト (YB) までです。

　しかし、科学技術の発展でこれでも足りなくなると予測されたため、国際標準の接頭語で、新たに「ロナ」と「クエタ」が加わりました。データ量に使われれば、RB、QB となります。


●コラム 33 ● Yahoo! JAPAN ビッグデータレポート

　Yahoo! JAPAN は、ビッグデータそのものではありませんが、それを使って分析を行ったレポートを公表しています[10]。

　Yahoo!のサービスを人々が利用した情報を「ビッグデータ」として、それを使って、選挙、景気、コロナ、ビジネス、ゲームなどさまざまな分野の分析を行っています。例えば、検索されたデータから国政選挙の各党の議席数を予測するといったようなことも行われています。

[10] Yahoo! JAPAN ビッグデータレポート
　　https://about.yahoo.co.jp/info/blog/bigdata/

　もちろん、これらは集計されたデータであり、個人を特定できるような情報ではありません。一方、集計前の個票データは個人情報の塊であり、決して外部に漏れることがないよう、厳しい管理体制がとられているようです。

　以上は、サイトに掲載された情報ですが、書籍も出版されています[11]。いずれも非常に興味深い結果が示されており、ビッグデータの威力がよくわかります。

　話は変わりますが、ハル・ヴァリアン (Hal Varia) という米国の著名な経済学者がいます。かつて大学院で経済学を学んだ人なら、その人が書いたミクロ経済学の教科書を皆使っていました。そのヴァリアン氏は、2002 年には Google でコンサルタントとして、計量経済学、金融、企業戦略、公共政策、広告オークションのデザイン設計などに従事し、2010 年にはカリフォルニア大学バークレー校を退官し、Google のチーフ・エコノミストになりました。ビッグデータの魅力は、高名な経済学者でさえ引き付けるのでしょうか。

### 6.5.2　ビッグデータを売ることがビジネスへ

　既にみたスマホの位置情報は、当初は、携帯電話事業者も、社会現象の解析に有効とは全く思っていなかったかもしれません。しかし、今や有用性が認識され、そうしたデータを提供することがビジネスになっています。例えば既に紹介した内閣官房の主要地点・歓楽街の人出などは、NTT ドコモの「**モバイル空間統計**」[12]データを使っています。また、ソフトバンクが 100 ％出資する Agoop[13]は、「流動人口データ」などさまざまなデータを提供しています。更に、KDDI は「位置情報ビッグデータ」を提供しています[14]。

　また、第 5 章の図 5.5 の「カード支出に基づく消費動向」は、統計データではなく、JCB クレジットカードの実取引データをもとに作成された「JCB 消費 NOW」[15]というビッグデータを使っています。これは、JCB とナウキャストが開発したサービスです。

　このようなビッグデータを売るビジネスは、今後拡大していくものとみられます。

---

[11] 安宅和人・池宮伸次・Yahoo!ビッグデータレポートチーム (2019)『ビッグデータ探偵団』講談社現代新書

[12] https://mobaku.jp/

[13] https://www.agoop.co.jp/

[14] KDDI「『位置情報ビッグデータ』の活用」
https://www.kddi.com/corporate/kddi/public/bigdata/

[15] https://www.jcbconsumptionnow.com/

### 6.5.3 ビッグデータと統計の比較

　カード支出のようなビッグデータはサンプリングなどが必要ないので時間がかからず、生じつつある変化をいち早く把握することができます。コストもデータ収集に限れば小さいです (もちろんデータをもたらした業務自体にはコストがかかっていると思われます)。一方、カード支払いに限られ、それも特定の会社のカードしか対象になっていないことを含め、サンプリングされていないので、例えばある月の全国世帯の消費額といった数字は正確にはわかりません[16]。

　一方、総務省「家計調査」のような統計データであれば、サンプリングされていますので、消費額の絶対水準も正確にわかります。多方、時間とコストはかかります。

　ビッグデータと統計データのメリット・デメリットを比較したのが表6.4です。

　ビッグデータはサンプリングなどが必要ないので時間がかからず、生じつつある変化をいち早く把握することができます。コストもデータ収集に限れば小さいです (もちろんデータをもたらした業務自体にはコストがかかっていると思われます)。一方、サンプリングされていないので、例えばある日の渋谷駅前の

**表6.4** ビッグデータと統計データのメリット・デメリット

| | ビッグデータ | 統計データ |
|---|---|---|
| メリット | ● サンプリング、調査票の配布と回収などが要らないので、データ集計までの時間を非常に短くできる。<br>● 業務上得た情報を流用するので、費用もあまりかからない。<br>● 生じつつある変化をいち早く把握することができる。 | ● サンプリングされているので、変化だけではなく絶対水準も使える。 |
| デメリット | ● サンプリングされていないので、正確な絶対水準 (例：家計の消費額) は得られない (ただし、前日やある時点からの変化などは、おおよそつかめる)。 | ● サンプリング、調査票の配布と回収などが必要で時間がかかる。<br>● 同様の理由で費用がかかる。 |

---

[16] スマホの位置情報で例えば渋谷駅の人出の計測についても、そもそもスマホを持っていない人がいること、特定の会社のスマホしか対象にならないこと、その会社を使っていてもスマホの電源を切っていたり会社による情報取得に同意していないこと、などから決してある日において渋谷駅周辺にいた人の絶対数は出ないことは明らかです。しかし、変化は迅速に追えます。

人出は何万人といったことは正確にはわかりません。

　一方、統計データであれば、サンプリングされていますので、絶対水準も正確にわかります。多方、時間とコストはかかります。

　このように、ビッグデータと統計データには、それぞれメリット・デメリットがありますので、組み合わせて使うことが有用であると考えられます。例えば、ラグを伴って時々公表される統計データをベンチマークとし、日ごろの変化はビッグデータで追う、といった使い方です。

### 6.5.4　ビッグデータの今後の拡大

　更に今後は、IoT が普及し、さまざまな機器から膨大なデータが収集されます。また、5G (6G)、ドローン、コネクテッド・カー、デジタル通貨を含むブロックチェーン、メタバースなどの普及は、データ量をますます拡大させ、ビッグにしていくものとみられます。

　今後、政府だけではなく、企業においてもこうした自身の経営のためのデータの利用は、データそのものの販売ビジネスを含め、拡大していくものと考えられます。

## 確認問題

6.1. 一般的なデータ管理・処理ソフトウェアで扱うことが困難なほど巨大で複雑な
データの集合で、例として Google の個別検索データ、Amazon の個別販売実
績・検索データ、すべてのスマホの位置情報のデータなどを○○○データと呼
びます。○○○を埋めて下さい。

6.2. 調査票を調査の対象となる個人・家計・企業の全部に配布して回答してもらう
のではなく、対象の一部だけを選び出して調査票を記入してもらう方法を、○
○○○調査といいます。カタカナの○○○○を埋めて下さい。

6.3. テレビなどでよく見かける「○○駅で 100 人に聞きました」といったアンケー
ト調査の結果の数字には通常は偏りがあると思いますか？　「偏りあり」なら○、
「偏りなし」なら×でお答え下さい。

6.4. ほとんどのマスコミの世論調査において使われている電話調査の手法を、大文
字のアルファベット 3 文字で何といいますか？

6.5. 知り合いなどにアンケートを送って回収することが簡単にできるサービスに、
Google ○○○○があります。カタカナで○○○○を埋めて下さい。

# 7

# データを前処理・集計する

　データを集めても、分析の前には前処理や集計が必要になります。まず、「集める」以前の問題が多い企業データの実際を説明します。

## 7.1 データの存在の確認

　第6章の統計データなどは、意図的・計画的にデータを作っていくものでした。しかし、日本では、普通の企業データは、会計報告等で必須となる財務データなどを除き、既に何か存在しているのは確かで現場では把握しているのですが、全社をカバーする部署、例えば経営企画セクションなどでは、そもそも何があるか、また誰がもっているかは把握できていないことも多いかと思います。何があるのかわからなければ、何の役に立つかもわかりません。

　このように埋もれているデータを見出していくことは、デジタルトランスフォーメーションの第一歩です。更に、自社の経営に役立てるだけでなく、第6章でみたスマホの位置情報やクレジットカード利用データのように、社内にあるデータを販売することがビジネスになるかもしれません。

　整理されずに埋もれているデータをいかに見出していくかは、経営学のテーマと思われますので、ここでは扱いません。以下では、そうして見出されたデータをいかに「使える」状態のデータに変えるかについて説明します。

## 7.2 データの前処理

　さて、社内などから集められたデータは、ほとんどの場合、そのままでは使い物になりません。

　まず、6.1 節で触れた電子メール、紙媒体・PDF のオフィス文書、画像、動画、音声などの非構造化データです。Excel などで使えるようにするためには、構造化が必要になります。どうやって構造化するかは、ケースバイケースですのでここでは扱いませんが、結構な手間がかかるのが通常です。

　更に、そうして構造化されたデータや、現場で既に Excel などで使えるような形になっていて集まってくるデータも、そのままでは使えないことが多いです。「**汚れたデータ**」と呼ばれますが、実例は、図 7.1 をご覧下さい。

| 顧客名 | 読み方 | 地域 | メールアドレス | 登録日 | 登録店 |
|---|---|---|---|---|---|
| 横田ひろこ | よこた　ひろこ | 目黒区 | hiroko_yokota@example.com | 2020/03/20 | A 店 |
| 岡田　圭子 | Okada Keiko | 目黒 | | 2018 年 05 月 10 日 | S　店 |
| 古賀 希 | Nozomi Koga | 東京都世田谷区 | koga_nozomi@example.com | 2021/07/08 | a |
| 小野 愛子 | おの あいこ | 世田谷区代沢 | ono_ai@example.com | 2020/04/10 | Z |
| 山田 公一 | Yamada Kouichi | 渋谷 | | 2020 年 12 月 02 日 | 店舗 a |
| 小沢 麻緒 | おざわ まお | 中央区 | | 2022/05/02 | 店 舗 S |
| 原 あい | はら あい | 新宿区 | hara_ai@example.com | 21-May-19 | 店 舗　a |
| 田村 仁 | たむら ひろし | 西多摩郡奥多摩町 | tamura_hiroshi@example.com | 2020/05/19 | V 店 |
| 市川 まさこ | いちかわ まさこ | 中野 | ichikawa_masako@example.com | 2021 年 03 月 21 日 | O |
| … | … | … | | … | … |

**図 7.1**　「汚れたデータ」の例

　第 1 列の「顧客名」は、名字と名前の間の空白がなかったり、空白があっても 2 字分あったり、半角だったり、全角だったりバラバラです。

　第 2 列の「読み方」は、ひらがな表記とローマ字表記が混在しています。また、ローマ字表記ではファーストネームとラストネームの順序がバラバラです。

　第 3 列の「地域」は、「区」が付いていたりいなかったり、「区」の中の地名があったりなかったり、「郡」名がついていたりバラバラです。

　第 4 列の「メールアドレス」は、データが欠けているところがあります。こうした欠けているデータを「欠損値」といいます。

　第 5 列の「登録日」は、日付の入力形式がバラバラです。

　第 6 列の「登録店」は、「店」が最初にあったり最後にあったり、店舗名が大文字だったり小文字だったり、「店舗」の間に空白があったりなかったり、バラバラです。

　以上は典型的な事例を集めたものですので、実際に現場から集まったデータはまだましかもしれません。

　こうしたデータの「汚れ」は、分析などに入る前に取り除く必要があります。この作業を「**データクレンジング**」といいます。

　データクレンジングは、Excel で行うこともできますが、かなり煩雑です。ま
た実際のデータは何千、何万とあり事実上 Excel では無理です。こうしたこと
から、実際は、Python などのプログラミング言語を用いて行うことになりま
す。具体的なプログラミングはこの本では扱いませんが、「あとがき」で参考書
を紹介します。

　いずれにしても、クレンジング作業には、かなりの手間・労力を必要としま
す。データの収集から分析の一連のプロセスで、実感としては半分以上、場合
によっては 8 割程度のこともあります。地味で退屈な作業ですが、手を抜いて
は分析に入れませんので、我慢してやるしかありません。

## ▶7.3◀ データの集計

　このようにクレンジングが終わってやっと分析となります。分析は、原デー
タを直接使うこともありますが、ある程度集計されたデータを使うことも多い
です。第 5 章でみた月例経済報告の図表は基本的に集計済みのデータを使って
いますし[1]、第 6 章でみたダウンロード用のサイトも、集計済みのデータを提
供しています。また、原データを直接分析する場合でも、まず集計してみて大
まかな特徴をつかむことから始めるのがほとんどです。

　そこでこの節では、原データの集計のイメージをつかんでいただくために、
Excel ではどうやるかを例を使って説明します。プログラミング言語を使った例
についても紹介します。

　まず、Excel の**ピボットテーブル**[2]を使う方法です。

　単純集計からです。図 7.2 をご覧下さい。原データは、ある科目の受講生 659
名に「Excel を使ったことがありますか？」と聞いたものです。回答は、図の
「原データ」の 3 行目から 661 行目まで 659 人分並んでいます。「ある」の項目
には、Excel を使ったことがあれば 1、なければ 0、回答しなかった人について
は「未回答」と入っています。更にその横には「学年」の項目もありますが、こ
れは次のクロス集計で使います。

　作業としては、①まず項目名（「ある」と「学生」）を含め全データの選択を
します。②次に上のタブを「挿入」にし、③一番左の「ピボットテーブル」を

---

[1] 稀に原データを使うこともありますが、官庁であっても原データの直接利用は困難か、利用
　できても手続きに非常に手間がかかります。

[2] ピボットテーブルを解説したサイトは、例えば「Excel ピボットテーブル」などで検索して
　みて下さい。

③「ピボットテーブル」をクリック

②タブを「挿入」に

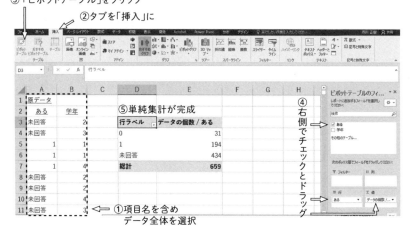

**図7.2**　ピボットテーブルによる単純集計

クリックします。④するとシートの右に「ピボットテーブルのフィールド」が
表示されますので、項目名をチェック、ドラッグして図のような状態にします。
⑤すると、原データの右側に回答の単純集計が出来上がります。

　次は、これに「学年」を組み合わせたクロス集計です（図7.3）。全データの選
択、「挿入」タブの選択、左端の「ピボットテーブル」のクリックで、シートの

③「ピボットテーブル」をクリック

②タブを「挿入」に

**図7.3**　ピボットテーブルによるクロス集計

右に「ピボットテーブルのフィールド」が表示されるところまでは単純集計と同じです。今度は、項目名をチェック、ドラッグして図のような状態にします。すると、左側に回答のクロス集計が出来上がります。

　以上のピボットテーブルによる集計は、数式の入力などが必要ありませんので、簡単といえば簡単です。しかし、何が行われているのかよくわからないところがあり、結果として間違いにも気付かないかもしれません。そこで関数を使う方法も紹介します。

　図7.4は上が単純集計、下がクロス集計で、それぞれ COUNTIF **関数**、COUNTIFS **関数**を使っています。COUNTIFS 関数は最後に S がついていて、検索条件が複数

|  | A | B | C | D | E | F | G | H | I | J |
|---|---|---|---|---|---|---|---|---|---|---|
| 1 | 原データ | | | 単純集計 | | | | | | |
| 2 | 回答 | 学年 | | | 回答数 | | | | | |
| 3 | 未回答 | 2 | | ある | 194 | | ⇐=COUNTIF($A$3:$A$661,"=1") | | | |
| 4 | 未回答 | 3 | | ない | 31 | | ⇐=COUNTIF($A$3:$A$661,"=0") | | | |
| 5 | 1 | 1 | | 回答 | 225 | | ⇐=SUM(E3:E4) | | | |
| 6 | 1 | 1 | | 未回答 | 434 | | ⇐=E7-E3-E4 | | | |
| 7 | 1 | 4 | | 履修者 | 659 | | ⇐659 | | | |
| 8 | 未回答 | 2 | | | | | | | | |
| 9 | 未回答 | 2 | | 学年別集計：回答数 | | | | | | |
| 10 | 未回答 | 4 | | | ある | ない | 回答 | 未回答 | 履修者 | |
| 11 | 未回答 | 3 | | 1年 | 121 | 27 | 148 | 167 | 315 | |
| 12 | 未回答 | 2 | | 2年 | 43 | 1 | 44 | 112 | 156 | |
| 13 | 1 | 1 | | 3年 | 16 | 2 | 18 | 76 | 94 | |
| 14 | 未回答 | 2 | | 4年 | 14 | 1 | 15 | 79 | 94 | |
| 15 | 未回答 | 3 | | 合計 | 194 | 31 | 225 | 434 | 659 | |
| 16 | 1 | 2 | | | | | | | | |
| 17 | 未回答 | 1 | | | | | | | | |

```
=COUNTIFS($A$3:$A$661,"=1",$B$3:$B$661,"=1")
=COUNTIFS($A$3:$A$661,"=1",$B$3:$B$661,"=2")
=COUNTIFS($A$3:$A$661,"=1",$B$3:$B$661,"=3")
=COUNTIFS($A$3:$A$661,"=1",$B$3:$B$661,"=4")
```

```
=COUNTIFS($A$3:$A$661,"=0",$B$3:$B$661,"=1")
=COUNTIFS($A$3:$A$661,"=0",$B$3:$B$661,"=2")
=COUNTIFS($A$3:$A$661,"=0",$B$3:$B$661,"=3")
=COUNTIFS($A$3:$A$661,"=0",$B$3:$B$661,"=4")
```

**図 7.4** COUNTIF 関数と COUNTIFS 関数による集計

のときに使います。

　単純集計については、E3 から E7 のセルに右側にあるような数式を挿入します。「$A$3:$A$661」はセルの絶対参照[3]といわれるもので、A 列の 1 行目から 661 行目を指定しますが、アルファベットや数字の前に「$」を付けることにより、他のセルに数式をコピーなどしてもアルファベットと数字は変わりません。「$」がつかない相対参照では、アルファベットや数字が自動的に変更されます。さて、セル E3 は、右側に入れてある数式を示してありますが、A 列の 3 行目から 661 行目で値が「1」のセルの数、つまり、Excel を使ったことがあると答えた人の数を示しなさいという意味になります。4 行目は値が「0」、つまり使ったことがない人の数をカウントします。E5 の「回答」数は、以上の 2 つを合計します。E7 の履修者数はデータの個数からあらかじめわかっているので 659 とします。E6 の未回答は、履修者数から回答者数を引いてだします。以上で、単純集計ができます。

　図の下がクロス集計です。例えば E11 のセルに入っている式は、回答が「1」(使ったことがある) で、学年が「1」(1 年生) である行をカウントしなさいという意味です。ですので、Excel を使ったことがあると答えた 1 年生の数が出てきます。他のセルでは、回答か学年がそれぞれ違っています。

　以上は Excel を使った集計の例ですが、式の入力やコピーなど結構煩雑です。更に、また実際のデータは何千、何万行とあります。Excel は約 100 万行扱うことができるものの、実際のデータを操作するのは困難です。ですので、通常は、プログラミング言語を使って集計します。

　図 7.5 はプログラミング言語 Python を使った集計例です。なお、Python は AI のための機能も豊富にありデータサイエンス向きです。しかもフリー (無料) で入手できます。このように、数行のコードだけで集計ができてしまいます。

　プログラムの意味と結果を一応解説しますが、こんなものなのかというイメージをもっていただければ十分です。

　プログラムの 1 行目は pandas というモジュール (プログラム) を pd という名前で読み込む文です。何も出力はありません。

　2 行目でデータが入っている CSV ファイルを読み込み、データを df という変数に代入します。データは、Excel で使ったものと同じですが、形式は CSV ファイルにあらかじめ変えています。

---

[3] 絶対参照や相対参照の詳細については、「Excel」を付けて検索してみて下さい。

```
1  import pandas as pd #モジュールの読込
2  df = pd.read_csv('アンケート.csv') #データを読込変数 df に代入
3  print(df.groupby('ある').size()) #groupby関数で単純集計・出力
```

```
ある
0        31
1       194
未回答    434
dtype:  int64
```

```
4  print(df.groupby(['ある','学年']).size()) #groupby関数で単純集計・出力
```

```
ある    学年
0      1      27
       2       1
       3       2
       4       1
1      1     121
       2      43
       3      16
       4      14
未回答   1     167
       2     112
       3      76
       4      79
dtype:  int64
```

```
5  result=df.groupby(['ある','学年']).size().unstack() #表形式に変換
6  print(result) #表を出力
```

| 学年 | 1 | 2 | 3 | 4 |
|---|---|---|---|---|
| ある | | | | |
| 0 | 27 | 1 | 2 | 1 |
| 1 | 121 | 43 | 16 | 14 |
| 未回答 | 167 | 112 | 76 | 79 |

```
7  result.to_csv('Q_Summary.csv', encoding='utf_8_sig') #結果を CSV
      ファイルに出力
```

**図 7.5**　Python による集計

　3行目で変数 df に groupby という関数を適用し集計しています。「ある」の列のデータだけを集計します。size() とあるのは個数を数えるという意味です。その上で、集計結果を出力 (print) させます。その下が出力結果ですが、単純集計ができています。

　4行目でも df に groupby を適用しますが、「ある」と「学生」の列で集計します。結果が右側にありますが、クロス集計ができています。しかし、列ごとの結果が縦に並んで出てくるので見にくいです。

　そこで5行目で unstack() を加えて表形式にし、結果をいったん result に代入した上で、6行目で出力します。結果は行列形式の表になります。

　最後の7行目は、集計結果を CSV ファイルに出力するものです。このように集計作業はプログラムのほうが簡単なのですが、表やグラフの作成は Excel のほうが融通が利いてやりやすいです。このため、CSV ファイルにいったん出力して、Excel でそのファイルを開いて表やグラフにします。この例に限らず、集計などは Python、表やグラフの作成は Excel と使い分けることをお勧めします。

　最後に、日付の集計を Excel で行った例を紹介します (図 7.6)。

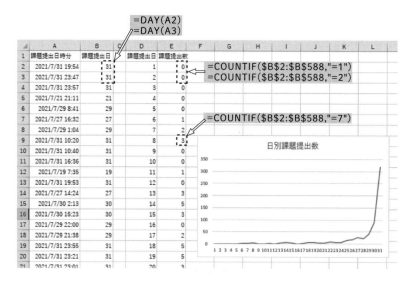

**図 7.6**　日時の集計

同じ科目で、課題を提出した日時[※4]が「課題提出日時分」の行に入っています。

その右のB列の「課題提出日」では、DAY( )という関数により、カッコの中の日時から日にちだけを抜き出しています。2行目の場合は、2021年7月31日19時54分が提出時間ですから、「31」だけが抜き出されます。以下、すべての行について同じことを行います。

次に、D列の「課題提出日」には、1日から31日までが並んでいます。その右のE列の「課題提出数」では、その日に提出があった課題をカウントしています。具体的な関数はCOUNTIF関数です。例えばE2では、B列全体で値が「1」だったものの数を数えています。7月1日の提出は全くなかったので「0」となります。一方8行目はB列全体で値が「7」つまり7日の提出は2件あったので「2」となります。

以上を31日まで適用して、グラフにしたものも示しています。やはり、皆さん、締切が近づかないと提出しないようです。

---

[※4] Excelの内部では、実は、それぞれの日時分秒に割り当てる数値が決まっており、そのような数値を「シリアル値」といいます。日付のシリアル値は、「1900/1/1」の「1」から始まる整数の通し番号です。例えば「2014/5/1」のシリアル値は「41760」です。シリアル値の「0」には「1900/1/0」が当てられます。

　また、時刻のシリアル値は24時間を「1」とみなした小数で表します。「6:00」なら「0.25」、「18:00」なら「0.75」になります。日付と時刻を一緒に表すこともでき、「2014/5/1 18:00」のシリアル値は「41760.75」になります。

　シリアル値をExcelのシートでどう表すかは、そのセルを右クリックして出てきた小画面で「セルの書式設定」をクリックし、更に出てきた小画面で上のタブを「表示形式」にし、「分類」を「日付」にして、右の「種類」で好みの表示形式を選択します。

## 確認問題

7.1. 日本の多くの企業において、全社をカバーする経営企画セクションなどで、現場の各部署にどういうデータがあるか把握できているでしょうか？ できているなら○、できていないなら×でお答え下さい。

7.2. データの「汚れ」を取り除くことを何といいますか？

7.3. Excel でデータの集計等を簡単に行える機能は○○○○テーブルです。○○○○を埋めて下さい。

7.4. Excel でデータの集計等を行う関数として、○○○○○○○や○○○○○○○ s 関数があります。○○○○○○○は同じものですが、埋めて下さい。

7.5. Excel の内部では、それぞれの日時分秒に割り当てる数値が決まっており、その数値のことを○○○○値といいます。○○○○を埋めて下さい。

# 8

# データを加工する

　本章では、前処理や集計などが終わったデータを加工するさまざまな手法について、時系列データを中心に解説します。時系列データ (**time series**) とは、時間の経過順に並んだデータのことです。経済・ビジネスでは、過去からの変化を捉えることが重要ですので、多くは時系列データです。時系列データには、特有の加工手法があります。一方、時間をある時点で固定して、地域やグループ別などで複数の項目を記録したデータは、クロスセクションデータといいます。特有の加工手法などはそれほどありませんので特に説明はしません。

## ▶8.1◀ 季節変動とその除去法

### 8.1.1 季節変動とは？

　データをみると、動きは一定ではなく、さまざまな変動を示しているのが通常です。

　一般的に、時系列データの変動は、①トレンド (T: Trend)、②循環 (C: Cycle)、③季節変動 (S: Seasonal)、④不規則変動 (I: Irregular) の 4 つに分けることができます。①のトレンドは、例えば近年の高齢者比率の増加のように中長期的な傾向・趨勢です。②の循環は、景気変動に伴う循環のことです。①と②、特に②は、経済指標を用いた経済動向の分析の中心的課題です。③の季節変動は以下で説明します。④は以上のどれにも属さない不規則な変動です。

　さて、③季節変動の実例を、図 8.1 の家計の消費支出でみてみましょう。2011年までの 5 年間の月ごとの家計の消費支出額を示したものですが、どの年も 1 月や 12 月はお正月や暮れで何かと出費があり、3 月と 4 月は年度末や新学期などで

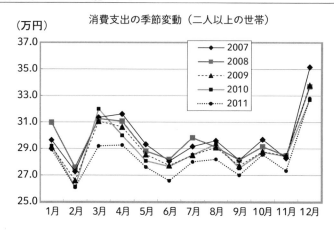

**図8.1**　季節変動の例
出所：総務省「家計調査」

支出が多いです。このように、季節的な変動が、毎年同じようなパターンで現れ
ています。このまま、消費支出の動向を分析すると、単に毎年繰り返される季節
変動を、景気変動などに伴う消費支出の変化と混同してしまうおそれがあります。

### 8.1.2　季節変動の除去法

　では、この季節変動を除くためにはどうしたらよいでしょうか。いくつかの
方法があります。

　一番簡単なのは、前年同期比、つまり上の消費支出では、ある年のある月につ
いて、前の年の同じ月からの変化率をみることです。毎年、同じような季節変動
があるのなら、これにより、それをある程度除くことができます。表8.1は消費
支出の具体的なデータです。例えば2011年12月の前期比（前月比）は11月と
比較して20.1％増加しており、かなり大きな増加です。しかしこれは、表8.2を
みればわかるように毎年12月に起こることです。一方、前年同期比（同月比）は
0.3％増に過ぎません。ですが、表8.3の4年分をみると2011年12月はそれ
なりの増加であったことがみてとれます。なお、2011年3月は東日本大震災が
発生し消費が委縮しました。表8.2の前月比では11.9％増加しておりそれなり
に増えたようにみえます。しかし、これは毎年3月には消費が増えることが影響
しており、表8.3の前年同月比をみると8.8％減と大きな減少になっています。
　回帰分析[1]でモデルに季節変動を取り込むには、式にダミー変数を入れます。

---

[1] 回帰分析は10章で解説します。

**表8.1**　家計の消費支出

| | 1月 | 2月 | 3月 | 4月 | 5月 | 6月 | 7 | 8月 | 9月 | 10月 | 11月 | 12月 |
|---|---|---|---|---|---|---|---|---|---|---|---|---|
| 2007 | 29.6 | 27.3 | 31.4 | 31.6 | 29.3 | 28.1 | 29.2 | 29.6 | 28.1 | 29.7 | 28.3 | 35.2 |
| 2008 | 31.0 | 27.6 | 31.3 | 31.1 | 28.8 | 28.2 | 29.8 | 29.1 | 28.1 | 29.2 | 28.5 | 33.7 |
| 2009 | 29.1 | 26.6 | 31.1 | 30.6 | 28.6 | 27.7 | 28.5 | 29.1 | 27.7 | 28.8 | 28.5 | 33.8 |
| 2010 | 29.2 | 26.1 | 32.0 | 30.0 | 28.1 | 27.6 | 28.5 | 29.3 | 27.5 | 28.7 | 28.4 | 32.7 |
| 2011 | 28.9 | 26.1 | 29.2 | 29.3 | 27.6 | 26.6 | 28.0 | 28.2 | 27.0 | 28.6 | 27.3 | 32.8 |

※ 総務省「家計調査」の消費支出。(原数値・季節調整前)
　二人以上世帯、万円。

**表8.2**　家計の消費支出の前期比 (前月比)

| | 1月 | 2月 | 3月 | 4月 | 5月 | 6月 | 7月 | 8月 | 9月 | 10月 | 11月 | 12月 |
|---|---|---|---|---|---|---|---|---|---|---|---|---|
| 2007 | – | −8.0% | 15.0% | 0.8% | −7.3% | −4.3% | 3.9% | 1.5% | −4.9% | 5.5% | −4.8% | 24.3% |
| 2008 | −98.5% | −11.0% | 13.3% | −0.6% | −7.3% | −2.1% | 5.8% | −2.4% | −3.3% | 3.6% | −2.3% | 18.3% |
| 2009 | −98.5% | −8.7% | 16.8% | −1.4% | −6.8% | −2.9% | 2.8% | 2.1% | −4.8% | 3.9% | −1.1% | 18.7% |
| 2010 | −98.5% | −10.5% | 22.5% | −6.2% | −6.4% | −1.5% | 3.2% | 2.8% | −6.1% | 4.4% | −1.1% | 15.1% |
| 2011 | −98.6% | −9.8% | 11.9% | 0.2% | −5.6% | −3.7% | 5.4% | 0.7% | −4.3% | 5.8% | −4.3% | 20.0% |

① 2011年12月の前年同月比：(32.81 − 27.34) ÷ 27.34 = 0.200

**表8.3**　家計の消費支出前年同期比 (同月比)

| | 1月 | 2月 | 3月 | 4月 | 5月 | 6月 | 7月 | 8月 | 9月 | 10月 | 11月 | 12月 |
|---|---|---|---|---|---|---|---|---|---|---|---|---|
| 2007 | – | – | – | – | – | – | – | – | – | – | – | – |
| 2008 | 4.5% | 1.1% | −0.3% | −1.7% | −1.7% | 0.5% | 2.3% | −1.6% | 0.0% | −1.8% | 0.7% | −4.2% |
| 2009 | −5.9% | −3.5% | −0.6% | −1.4% | −0.9% | −1.7% | −4.5% | −0.1% | −1.5% | −1.3% | 0.0% | 0.3% |
| 2010 | 0.2% | −1.8% | 3.0% | −2.1% | −1.7% | −0.3% | 0.1% | 0.8% | −0.6% | −0.1% | −0.2% | −3.2% |
| 2011 | −0.9% | −0.1% | −8.8% | −2.5% | −1.6% | −3.9% | −1.8% | −3.9% | −1.9% | −0.6% | −3.8% | 0.3% |

② 2011年12月の前年同月比：(32.81 − 32.70) ÷ 32.70 = 0.003

各月・各四半期ごとに変数を作り、その月・四半期なら 1、それ以外の月・四半期なら 0 というダミー変数を導入します。ベースとするひとつの月・四半期に対応するダミー変数は必要ありません。つまり、月次データなら 11 個、四半期データなら 3 個のダミー変数を入れます。これによって、ダミー変数の項に季節変動がいわば吸収されます。しかし、通常の回帰分析では、以下の季節調整値を使うのがほとんどのようです。

　通常使われるのは**季節調整**で、季節変動を表す季節指数を作成し、これで原データを割るというものです。統計の作成主体は、原データとともに季節調整済データも公表するのが通常ですから、使用者側で新たに季節調整を行う必要はありません。この季節調整を行う方法は、現在、アメリカ商務省センサス局が開発した**センサス局法** (**X-12-ARIMA** など) というものが日本の統計で標準的に用いられており、コンピューター・プログラムも提供されています。図 8.2 は GDP 速報の民間最終消費支出の例です。波線の原系列は季節性を示しています。これを別途計算した点線の季節指数で割ったものが実線の季節調整済系列

ですが、季節変動がきちんと除去されています。なお、コロナ禍で 2020 年第 2
四半期は緊急事態宣言が初めて発出され、消費は大きく落ち込んでいます。

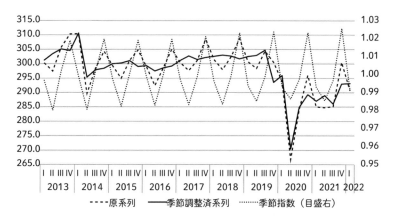

**図 8.2**　季節指数:GDP 速報の実質民間最終消費支出の例

出所：内閣府「国民経済計算」

---

### ●コラム 34 ●　価格変動は前年同期比で

　価格や賃金などに関する指標の変化率をみる場合にも当然季節変動の影響を取り
除いてみることになります。価格や賃金の場合、月次や四半期の変化率は、季節調
整済前期比でなく、前年同期比を使うのが慣例になっています。

　これは、図 8.3 のように、それぞれのグラフを描いてみるとわかりますが、季節
調整済前期比はゼロ近辺で細かな変動を繰り返しますが、前年同期比は大きな動き
を継続して示し、基本的な動向を読み取りやすいことなどがその理由です。

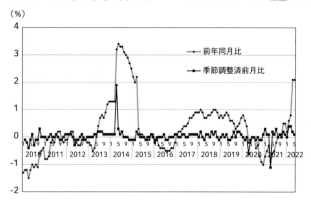

**図 8.3**　CPI(全国、生鮮食品を除く) の変化率の比較

出所：総務省「消費者物価指数」

●コラム 35 ● 前年同期比が失敗する例

前年同期比をとると失敗することがあります。特にコロナ禍の期間は要注意です。
図 8.4 は、経済産業省「特定サービス産業動態統計速報」の結婚式場業 (と葬儀業) の売上高関連グラフです。

図 8.4 上のグラフは、結婚式場業の 2021 年 5 月の前年同期比が 3,000 ％ 近くになっており異常です。葬儀業も同じスケールで描いたため、ほとんどゼロ付近になっており、意味をなしていません。

これは、2022 年 2 月時点のものです。なお、図 8.4 下のグラフは 1 年前の 2021 年 2 月時点のもので、結婚式場の前年同期比は 2020 年 5 月頃はマイナス 100 ％ 近くになっています。この時点では、前年同期比は意味がありました。なお、結婚式場業売上の「蒸発」に対し、葬儀業のほうは葬儀をやらないわけにはいかないので、減少はせいぜい 20 ％ 程度にとどまっています。

### 教養・生活関連業種の売上高の推移

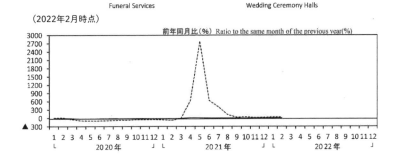

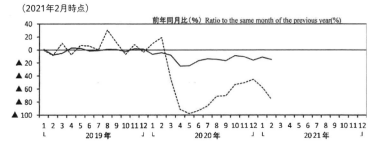

**図 8.4** 結婚式場業と葬儀業の売上高前年同月比

出所：経済産業省「特定サービス産業動態統計速報」
https://www.meti.go.jp/statistics/tyo/tokusabido/result/pdf/hv202202kj.pdf

そこで、図 8.5 のグラフですが、これは売上高そのものです。2020 年 5 月頃は最初の緊急事態宣言を受けて、結婚式場業の売上はほとんどゼロで「蒸発」しています。この状況で 2021 年 5 月の前年同期比をとると、前年の 2020 年 5 月がほとん

どゼロですから、売上が通常より若干低いレベルまで戻っただけでも、3,000％近い伸びという異常な結果になります。

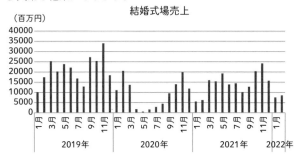

**図 8.5**　結婚式場業の売上高の推移

　これに対処するには、図 8.6 のグラフのように、前年にコロナ禍の影響が出始めた 2021 年 3 月以降は、前年同期比ではなく、コロナ禍前の前々年同期比にします。そうすると、異常なグラフではなくなります。月によっては、コロナ禍前にかなり近づいていることもわかります。

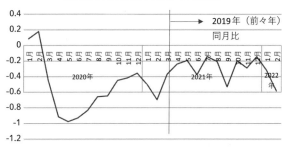

**図 8.6**　結婚式場業の売上高前々年同月比

　このように、コロナ禍は異常な影響をもたらしましたので、前年同期比ではなく、コロナ禍前との比較を行うことが適当な場合があります。実際、第 5 章の月例経済報告の図では、コロナ禍前と比較している図表がたくさんありました。

## ▶8.2◀ **不規則変動とその除去**

　先に示した短期的な不規則変動の簡単な除去法は、「**移動平均**」をとることです。通常、月次データに対して使われます。

　これは、ある月のデータをみる場合に、その月だけでなく、例えば、その前の月とその後の月のデータの 3 つを平均します。具体的には、2 月の移動平均

値は、1月の値と2月の値と3月の値を足して3で割って平均値を出します。3月の移動平均値であれば、2月、3月、4月の平均値を出します。この場合、3か月分のデータを使っていますので、「3か月移動平均」といいます。平均する3か月はどんどん後の時点に移動していきますので、「移動平均」と呼ばれます。

このほか、前月だけでなく前々月、翌月だけでなく翌々月のデータも使って、合計5か月分のデータを使うものは、「5か月移動平均」といいます。更に過去の3か月分と先の3か月分も入れて7か月分を平均するのが、「7か月移動平均」です。

図8.7は不規則変動が大きなことで有名な機械受注統計です。太い実線が原データですが毎月かなり大きく振れています。3か月移動平均をとることにより、細い実線のようにかなり変動がならされています。

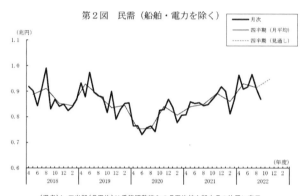

**図 8.7** 機械受注統計の原データと3か月移動平均

出所：内閣府「機械受注統計調査報告」

---

●コラム 36 ● コロナ感染者数の7日移動平均 (前週同曜日比)

新型コロナ感染症の爆発的拡大に伴い、感染者数の7日平均のグラフを頻繁に見かけるようになりました。

新型コロナ感染者数は、月曜が少ない傾向があります。それより若干弱いですが日曜も同様に少なくなる傾向があります。これは、日曜、場合によっては土曜に医療機関が休みとなり、検査機関に持ち込まれる検体数が少なくなり、その結果が出る月曜と日曜の感染者数の報告が少なくなるためといわれています。

こうした曜日の影響の変動を取り除こうというのが、「7日平均」です。

具体的には以下を計算します。

その日の 7 日平均 = (その日の数 + 1 日前の数 + 2 日前の数 + 3 日前の数
+ 4 日前の数 + 5 日前の数 + 6 日前の数) ÷ 7

このように、移動平均の一種です。また、通常の移動平均では、その日とその前後の両方 3 日、合計で 7 日の平均をとるのでその日は真ん中に来ますが、上記ではその日から始めて後方に 7 日の平均をとります。このため正確には「後方 7 日移動平均」です。

曜日の影響を取り除くのなら、前週同曜日比変化率も使うことができます。

感染者数の変動が比較的少なかった 2020 年 9、10 月のデータを使って、7 日平均と前週同曜日比をみたものが図 8.8 です。これをみると、基本的には 7 日平均と前週同曜日比によって、月曜と火曜の影響を除くことができます。しかし、グラフをみると特異な動きを示している部分があります。これは、祝日の影響です。祝日直後も、月曜や日曜と同じように医療機関が休みとなる影響が出ます。7 日平均や前週同曜日変化率によっても、その影響を取り除くことはできませんので、注意が必要です。

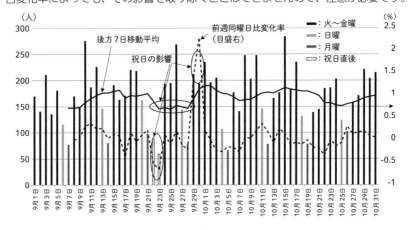

**図 8.8**　東京都の報告 日別コロナ感染症陽性者数 (2020 年 9、10 月) の後方 7 日移動平均と前週同曜日比変化率

## 8.3　名目と実質

### 8.3.1　名目と実質の意味

報道でよく目にする GDP には、名目と実質がありますが、この 2 つの違いは何でしょうか。

名目値は、実際に取引が行われている価格で、売買額などを集計した実額です。

しかし、物価が継続的に上昇するインフレの時期には、名目値が増加したといっても、単に物価・価格が上がっただけで、実際に手に入れた財やサービス

には変化はなかったのかもしれません。一方、物価が継続的に下落するデフレの時期には、名目値が減少したといっても、単に物価・価格が下がっただけで、実際に手に入れた財やサービスに変化はなかったのかもしれません。

こうした名目値の問題を解決するため、物価変動の影響を取り除いたのが**実質値**です。具体的には、ある時点 (基準時点) の物価水準を 100 として、各時点での物価水準を指数化した**デフレーター**・価格指数で、名目値を割ることによって実質値を計算します。「デフレーター」という用語は、GDP における物価指数に用いられます。

### 8.3.2　デフレーターの計算方法

基準時点の物価水準を 100 として、ある時点の物価水準を計算するためには、さまざまな品目・サービスが存在することを考慮する必要があります。このため、各品目・サービスの価格にウェイト (販売総数など) をかけて合計し、基準時点でのそれで割って 100 をかけることにより物価水準を計算します。

**ラスパイレス方式**は、ウェイトとして、固定された基準時点の品目・サービスのウェイト (販売数量など) を使います。具体的には表 8.4 をご覧下さい。総務省「消費者物価指数 (CPI)」の例で、ラスパイレス方式が使われています。基準時点は 2015 年です[2]。表の一番上の行のウェイトは各項目の 2015 年の消費額を使ったものですが、全体は 100 ではなく、10,000 になっています。さて、まず、基準年の 2015 年については、物価指数はすべての項目について 100 となっています。各項目ごとにウェイトと物価指数をかけて足し合わせます。例えば、食料についてはウェイトの 2,623 と物価指数の 100 をかけます。外食についてはウェイトの 521 と物価指数の 100 をかけます。このように各項目について 2 つを掛け算したものを足し合わせます。次に 2019 年については、各項目について、ウェイトは上と同じですが、物価指数については 2019 年のものを使います。例えば食料ならウェイトは 2,623 で同じですが物価指数は 104.3 を使います。このようにして 2019 年分の合計額を計算します。この 2019 年の合計額を基準年の 2015年の合計額で割って 100 をかけると消費者物価指数となります。なお、一般的に、他のものより安くなった品目・サービスは需要量が増えると考えられますから、ウェイトが基準時点のままなら実際より小さくなります。このため、価格が

---

[2] 現在の基準年は 2020 年です。しかし、2020 年以降は、コロナの影響があり総務省ではウェイトとして 2019 年と 2020 年の平均を使うという変則的な対応をしていますので、ここではコロナの影響がない旧基準の 2015 年基準の 2019 年までのデータを使います。

表 8.4

| | 全体 | 食料 | 外食 | 住居 | 光熱・水道 | 家具・家事用品 | 家庭用耐久財 | 被服及び履物 | 保健医療 | 交通・通信 | 教育 | 教養娯楽 | 理美容サービス | … |
|---|---|---|---|---|---|---|---|---|---|---|---|---|---|---|
| ウェイト | 10,000 | 2,623 | 521 | 2,087 | 745 | 348 | 111 | 412 | 430 | 1,476 | 316 | 989 | 118 | |
| 2014 年 | 99.2 | 97.0 | 98.0 | 100.0 | 102.6 | 98.5 | 99.3 | 97.8 | 99.1 | 102.0 | 98.4 | 98.1 | 99.2 | |
| 2015 年 | 100.0 | 100.0 | 100.0 | 100.0 | 100.0 | 100.0 | 100.0 | 100.0 | 100.0 | 100.0 | 100.0 | 100.0 | 100.0 | |
| 2016 年 | 99.9 | 101.7 | 100.8 | 99.9 | 92.7 | 99.6 | 96.5 | 101.8 | 100.9 | 98.0 | 101.6 | 101.0 | 100.2 | |
| 2017 年 | 100.4 | 102.4 | 101.1 | 99.7 | 95.2 | 99.1 | 96.1 | 102.0 | 101.8 | 98.3 | 102.2 | 101.3 | 100.4 | |
| 2018 年 | 101.3 | 103.9 | 102.0 | 99.6 | 99.0 | 98.0 | 93.8 | 102.2 | 103.3 | 99.6 | 102.7 | 102.1 | 100.7 | |
| 2019 年 | 101.8 | 104.3 | 103.5 | 99.8 | 101.3 | 100.2 | 98.4 | 102.6 | 104.0 | 99.0 | 101.1 | 103.8 | 101.5 | |

下がったものの影響が計測時点では実際より少なくなり、結局、指数の計算式の分子は実際より高めとなります (上方バイアス)。これを、ラスパイレス・バイアスと呼びます。基準時点から離れるほどデフレーター・指数は高めになります。

　**パーシェ方式**は、逆に、ウェイトとして、物価水準を求めたい時点のウェイトを使います。GDP の物価指数であるデフレーターで使われています[3]。毎時点、ウェイトが変わることになります。バイアスは、今度は、下方バイアスとなり、パーシェ・バイアスと呼ばれます。

　こうしたバイアスを減らすためのひとつが、**フィッシャー方式**です。これは、ラスパイレス方式とパーシェ方式の幾何平均 (2 つをかけて平方根をとる) です[4]。しかし、計算が煩雑になることなどから、わが国の政府統計で使われているのは貿易統計の輸出・輸入価格指数しかありません。なお、こうして計算した指数を使った実質値は、基本的にお互いに加減ができません (加法整合性がないといいます)。

　更に、以上では、基準時点は固定されていますが (固定基準時点方式)、基準時点自体を計測時点の前の期としてどんどん変えていくのが**連鎖方式**です。ラスパイレス方式、パーシェ方式、フィッシャー方式のいずれとも組み合わせることが可能です。なお、実質値に加法整合性はありません。

### 8.3.3 デフレーターの計算例

　具体的数値を用いた、内閣府による計算事例をみてみましょう (図 8.9)。

---

[3] 正確にはパーシェ方式かつ後述の連鎖方式です。
[4] なぜ簡単な算術平均でないかは、提案者のフィッシャーがそうしたことから慣例で幾何平均になっているものと思われます。

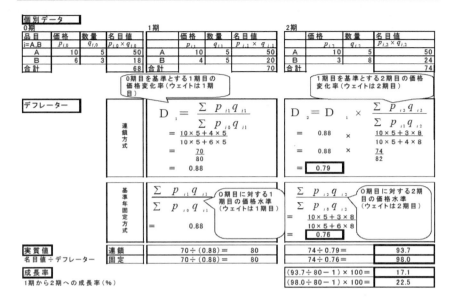

**図 8.9** デフレーターの計算事例

出所：実質 GDP(支出系列) における 連鎖方式の導入について (平成 16 年 11 月)
https://www.esri.cao.go.jp/jp/sna/data/data_list/kakuhou/files/about_old_kaku/pdf/
shiryou_rensa.pdf

原データは、0 期、1 期、2 期における価格と数量です。品目 A と品目 B があり、A については 3 期とも価格・数量は同じですが、B については価格がだんだん下がり、数量も増えています。

さて、第 1 期における基準年固定方式のデフレーターは、ウェイトはパーシェ方式で 1 期目の数量の A の 5 と B の 5 が使われます。価格は、分子については、1 期目の価格の A の 10 と B の 4 が使われ、分母は基準時点である 0 期の A の 10 と B の 6 が使われます。こうして、第 1 期のデフレーター 0.88 を得ます。第 1 期については、連鎖方式も全く同様の計算となります。

第 2 期における基準年固定方式のデフレーターは、ウェイトはパーシェ方式で 2 期目の数量の A の 5 と B の 8 が使われます。価格は、分子については、2 期目の価格の A の 10 と B の 3 が使われ、分母は基準時点である 0 期の A の 10 と B の 6 が使われます。こうして、0.76 を得ます。

第 2 期の連鎖方式のデフレーターは、第 2 期分については、ウェイトはパーシェ方式で 2 期目の数量の A の 5 と B の 8 が使われます。価格は、分子につい

ては、2 期目の価格の A の 10 と B の 3 が使われ、分母は基準時点である 1 期 (連鎖方式では基準時点はどんどん後ろに動いていきますので、第 0 期ではなく第 1 期になります) の A の 10 と B の 4 が使われます。これに、前期のデフレーターの 0.88 を掛け合わせて、0.79 を得ます。固定基準時点方式に比べ少し大きくなり、下方バイアスが改善された形になっています。

　かつては、GDP デフレーターにはパーシェ方式が使われていましたが、IT 製品などの技術革新が著しく下方バイアスが無視できなくなったことから、2004 年末から基準年固定方式から連鎖方式 (各時点での指数はパーシェ方式により計算) に移行しました。消費者物価指数は、かつては基準年固定方式のひとつであるラスパイレス方式だけでしたが、現在は、連鎖方式と基準年固定方式による両方の結果が公表されています。

### 8.3.4　名目値の変化率からデフレーターの変化率を引くと実質値の変化率になるか？

　なお、実質値の変化率の簡易な計算法として、名目値の変化率からデフレーターの変化率を差し引くことがあります。しかし、この方法は近似的なもので、誤差が大きくなる可能性があります。結論をいえば、変化率が小さければ、通常、結果として表示される小数点以下第 1 位から上には影響はありません。最近のように、成長率もデフレーターも変化の幅は 1 ％、2 ％ 程度のことがほとんどであれば、問題はないと考えてよいでしょう。

## ▶8.4 ◀ 寄与度

　指標がある％変化した場合、その指標の構成要素がその数字の内訳として何％寄与したかの度合いを表すのが「**寄与度**」です。例えば、ある期の GDP が前期比で、ある％変化した場合、その各構成要素、例えば民間最終消費支出によるものが内訳として何％であったかをみます。

　具体的な計算方法は、各構成要素 (例: 民間最終消費支出) の前期からの変化額を、着目する指標 (例:GDP) の前期の値で割ってパーセント表示する (100 をかける) ことによって行います。例えば、GDP が 500 から 501、うち消費が 300 から 300.5 に変化したとしましょう。この場合の GDP の伸びへの消費の寄与度は以下のように計算します。

　　　(今年度の消費 − 前年度の消費) ÷ 前年度の GDP × 100

$$= (300.5 - 300) \div 500 \times 100 = 0.1$$

これにより、GDP の伸び率 0.2％のうち、消費によるものは 0.1％となり、これを消費の GDP への寄与度といいます。0.2％のうち 0.1％だから寄与度は 50％とはしません。いわば GDP の変化率の内訳をポイントで示す形になります。

なお、実質 GDP の場合は、連鎖方式を使っているため、額の足し引きはできません (加法整合性がない) ので、この方法では不正確です。別途、正確に計算された寄与度を使います。名目 GDP の場合は、問題ありません。

## ▶8.5◀ 年率換算

「**年率換算**」は、四半期値などについて前期比の変化率を年での変化率に直したものです。その変化率が 1 年続くとどうなるかを示したものと考えてもよく、短い一時点での変化率 (速度) を年間値に直したものなので「瞬間風速」などとも呼ばれます。

四半期値についての年率は、その期の値を前期の値で割って 4 乗し、パーセント表示することにより求めます。例えば、四半期で前期比変化率が 1.2％の場合の年率換算は以下のように行います。

$$(1.012)^4 = 1.0488$$

この結果、年率換算は 4.9％となります。これは四半期の前期比変化率の約 4 倍になっています。

通常は、四半期の前期比変化率を 4 倍することによって年率換算を概算します。しかし、誤差を伴います。この方法が正確なのは、前期比の変化率が 1％未満程度までです。

### ●コラム 37 ● データのマジック「ゲタ」(carry over)

年度の伸び率、特に GDP の年度間の伸び率である経済成長率は、前年度の四半期の平均と比較した、今年度の四半期の平均の伸び率で計算します。このため、前年度の四半期の成長パターンが翌年度の成長率に大きく影響する場合があります。

図 8.10 をご覧下さい。今年度は、各四半期がゼロ成長、つまり各四半期の水準が前年度の最終四半期と同じ水準で推移したとします。左側は、前年度が「上り坂」の成長を続けた場合で、既に最終四半期の段階で高い水準に達しています。前年度の四半期平均より、最終四半期の水準のほうが高いです。このため、今年度にゼロ成長が続いても、プラスの年度間成長となります。一方、右側は、前年度が「下り坂」の成長を続けた

場合で、最終四半期の水準は、前年度の平均の水準より低くなっています。したがって、今年度に最終四半期の水準を維持しても、翌年度の年度間成長はマイナスとなります。

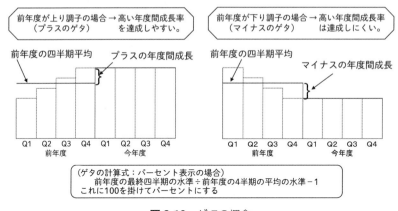

**図 8.10**　ゲタの概念

このように、前年度が「上り坂」だったか、「下り坂」だったかで翌年の (経済) 成長率は大きく変わってきます。いわば、翌年度の成長の「発射台」が違うわけです。

この成長の発射台は、数字としては「**ゲタ** (Carry over)」で表します。これは、その年度の各四半期が、前年度の最終四半期と同じ水準で推移した場合 (年度内の成長がゼロ) でも達成できる成長率のことです。計算は、前年度の最終四半期の水準 (季節調整済) を、前年度の四半期の平均の水準で割った上で 1 を引いてパーセント表示することにより行います。

最近、ゲタの影響が大きく表れた例として、新型コロナ感染症の影響が大きかった 2020 年の日米の経済成長率があります。

日本では、2019 年 10 月に消費税率が引き上げられたことから、実質 GDP は年末にかけて下り坂となり 2020 年へのゲタは −2.0 ％となりました (2022 年春時点公表のデータによっています。その後、数字は改訂されて若干変わっている可能性があります。以下同様です)。2021 年の成長率は結局 −4.0 ％でした。しかし、前年からのマイナスのゲタが 2.0 もありましたので、その悪影響を差し引いた「実力」は、大まかには −2.0 ％程度ということになります。

一方、米国では、2019 年は年末に向け、上り調子でした。このため、2020 年へのゲタは 0.9 ％でした。2021 年の成長率は結局、−3.4 ％でした。しかし、前年度からのゲタはプラスで 0.9 ％でしたから、その好影響を差し引いた「実力」は、大まかには −4.3 ％程度ということになります。

当時、日米の結果としての 2021 年の成長率、それぞれ −4.0 ％、−3.4 ％という数字だけを見て、「コロナの影響は日本のほうが大きかった」という人がいましたが、前年度からのゲタの影響を差し引くとそれぞれ、−2.0 ％、−4.3 ％でしたから米国のほうがマイナスの度合いが大きく、そうした見方は必ずしも正しくないということになります。

こうしたことなどから、前年度最終四半期から今年度最終四半期への変化をみる

「年度内成長率」を用いたほうが良いという考え方もあります。しかし、GDP は、四半期別ではかなり変動が大きいとともに、改定が頻繁に行われるという問題もあります。間違いがないのは、四半期の GDP の伸び率ではなく、季節調整済の水準をグラフにしてみることです。

---

●コラム 38 ● 有効数字と桁落ち

　有効数字と桁落ちについて説明しておきます。

　まず、**有効数字**については、JIS では「測定結果などを表わす数字のうちで位取りを示すだけのゼロを除いた意味のある数字」とされています。

　科学技術分野においては測定精度を向上させるためのコストを常に意識せざるをえないので、有効数字の桁数にはかなりの注意が払われます。しかし、経済分野では、残念ながら必ずしもそうではないようです。経済統計の有効数字の桁数は、本来は統計学に基づいた誤差により統計値ごとに判断すべきでしょうが、非常に煩雑となります。通常は伸び率にした場合で、せいぜい小数点第一位までと考えたほうがよいかもしれません。統計数値で小数点以下数桁まで示されたものなどを時折見かけますが、無意味です。

　有効数字の桁数は四則演算を行うことによって変わりえます。有効数字が同じ桁数の 2 つの数字で乗算・除算を行っても有効数字の桁数はそのままです。2 つの数字の有効数字の桁数が異なる場合は、乗算・除算後は、2 つの数字のうち有効数字の桁数の少ないほうの桁数が有効数字となります。例えば、123 億円と 45 万人をかけた場合、計算結果は 5535 億円・万人となりますが、35 億円・万人の部分は誤差の影響を含む意味のない数値のため、5500 億円・万人と有効数字 2 桁で表します。

　加算の場合は、2 つの数字の最小の位が問題になります。有効数字は 2 つの数字のうち、最小の位が大きいほうまでが上の位から数えた有効数字となります。例えば、123.45 億円と 78 億円を単純に足した場合は 201.45 億円となりますが、78 億円には小数点以下がないので有効数字は整数部分だけで、加算した結果も整数部分だけに意味があり小数点以下には意味はありません。このため 201 億円が結果となります。

　減算の場合には、更に「**桁落ち**」という現象が起こりえます。絶対値が同程度の 2 つの数字同士で引き算を行う場合、最上位のほうの桁の数が同じで、しかもその数字が同じ場合には、減算により有効数字の桁数が落ちます。上位からひとつの数字が同じであれば 1 桁、2 つの数字が同じであれば 2 桁、それぞれ有効数字の桁数が落ちます。例えば、123.45 億円から 121.11 億円を引いた場合は結果は 2.34 億円と、有効数字の桁数はもともとそれぞれ 5 桁あったのが、3 桁に落ちます。特に伸び率などを計算する場合には、比較する 2 つの数字が同程度の場合が多く、「桁落ち」が発生しやすいので注意が必要です。この「桁落ち」を避けるため、減算が入らないような数式に変形して落ちる有効数字の桁数を少なく抑える工夫を行う場合があります。プログラムを自分で書くことが主流の時代には、桁落ちは必ず注意喚起されたのですが、最近はできあいのソフトで即座に結果が出てしまい、注意喚起もありません。桁落ちが生じうることを理解しておくことは重要です。

## 確認問題

8.1.　季節変動の影響を除去する方法として、一番簡単なものは何ですか？

8.2.　季節変動を表す指数を作成して、それで原データを割ることを何といいますか。

8.3.　わが国において、物価に関する指標の月次や四半期の変化率をみる場合は、①季節調整済前期比、②(原数値の) 前年同期比、のどちらを使うのが慣例でしょうか？　①か②でお答え下さい。

8.4.　名目値から物価の変化分を除いた値を何といいますか？

8.5.　新型コロナ感染症の感染者数は、月曜と日曜が少なくなる傾向がありますが、こうした曜日による影響を除くために使われるのが「〇日平均」です。〇を埋めて下さい。

8.6.　指標がある % 変化した場合、その指標のある構成要素がその変化率の % の数字の内訳として何ポイント寄与したかを表す値を何といいますか？

8.7.　四半期値などの前期比の変化率を、年での変化率に直したものを何「風速」といいますか？

# 9

# データを管理する

　「データの管理」は人によって意味するところが違い、幅広く捉えればデータの収集から保管までの一連のプロセスのすべてのことを指す場合もあります。本書では、第Ⅱ部で収集から始まり前処理・集計、加工と扱い、次章は分析です。本章では、「データの管理」を、分析の対象となるところまできたデータの管理という意味で説明します。

## 9.1 機密保持

　既に、第Ⅰ部第4章で一般的な情報セキュリティについて説明しましたが、ここでは、**機密保持**について、新たな設備投資などが必要のない例を紹介します。

　まず、重要な個人情報が含まれていたり、機密度が高いデータは、インターネットに接続されていないスタンドアロンの PC だけに保管して操作します。ネットにつながっていなければ、そもそもサイバー攻撃とは無縁です。もちろん、PC の利用には ID やパスワードが必要なようにし、ファイルも暗号化してパスワードなどをかけておきます。PC を鎖などで机に固定することも考えられます。更には、PC が置いてある部屋は施錠し、鍵を持っている人しか入れないようにします。このようにすれば、情報が漏洩するリスクはかなり低くなります。

　また、最初のデータは、外部から USB メモリなどの記憶媒体に入れたものを持ってくるしかありませんが、分析結果などは部屋の外に持ち出す必要があります。その場合は、個人情報であれば、個人が特定できないほどに集計された結果だけを USB メモリなどに落として持ち出します。

　個人情報や機密情報を USB メモリに入れて、自宅などに持って帰る途中に紛

失したり盗難にあったりする例は後を絶ちません。そもそもそうした情報は、絶対に USB メモリに入れないようにする必要があります。会社によっては、PC に USB メモリを差し込んだだけで情報システム管理部門が感知し駆け付けるというシステムにしているところもあります。

　なお、機密情報の管理のルールに違反した場合は、減給・降格・懲戒解雇などの処分を適用することとして周知を図るのも一法です。ちなみに、一般職の公務員の場合、国家公務員法では第 100 条第 1 項、地方公務員法では第 34 条第 1 項で守秘義務が課されており、違反者は、国家公務員の場合は、1 年以下の懲役又は 50 万円以下の罰金、地方公務員の場合は、1 年以下の懲役又は 3 万円以下の罰金に処せられます。

　厳密なデータ管理が行われている例として、厚生労働省の**レセプト情報・特定健診等情報データベース (NDB)** が利用できる**オンサイトリサーチセンター**の利用者マニュアルが公開されていますので紹介します[1]。

　レセプトとは診療報酬明細書のことで、誰がいつどのような診療を受けてどれだけ支払ったかなどが記録されており、医療機関が健康保険組合、共済組合、市区町村などの保険者に提出し、支払いを受けます。保険者のもとに集積されるレセプトは膨大なものになります。誰がどのような治療を受けたかなどは非常に厳格な管理を要する個人情報です。

　しかし、それがデータベース化されたものは、医学研究だけでなく財政検証など幅広い分野で非常に有用です。なお、第 6 章で国の統計の場合には、公表されている集計表には自分が欲しい集計データが掲載されていない場合のオーダーメード集計を紹介しました。しかし、研究をやってみればすぐわかるのですが、有用な集計表が原データなしに最初からわかることはほとんどありません。原データを直接使って、さまざまな分析を行って、試行錯誤でやっと有用な集計結果が見つかります。探鉱でいえば、試行錯誤でやっと「鉱脈」が見つかるといったところです。

　このため、レセプトについては、原データがデータベース化されたオンサイトリサーチセンターが全国 3 か所に設けられ、さまざまな分析を試みることができるようになっています。レセプト情報等は外部への持ち出しは禁止されていて、センターで分析等を行った結果得られた集計済等の中間生成物や最終生

[1] 厚生労働省「NDB の利用を検討している方へのマニュアル」
　　https://www.mhlw.go.jp/content/12400000/000950356.pdf

成物などだけを持ち出すことができます。その際も、事前に厚生労働省へ報告が必要で、厚生労働省はそれをチェックし、必要に応じて専門委員会の委員が確認を行います。

このような厳格な管理の仕方は、企業でも参考になるかもしれません。

## ▶9.2◀ RDB

次に、例えば膨大な売上額などのデータを管理するのに有用な RDB を紹介します。

### 9.2.1　RDB とは？

図 9.1 の一番上の①の表をご覧下さい。顧客から商品の注文を受けて管理するための仮想的な表です。この表には、問題点があります。まず、注文のたびにすべての列について入力することになりますが、例えば、顧客については、顧客番号、氏名、住所、電話番号の表を別に作っておいて、この表には顧客番号だけ入力するようにすれば、氏名、住所、電話番号を毎回入力する必要はありません。更に、商品についても、商品番号、商品名、価格の表を別に作っておいて、この表には商品番号だけ入力するようにすれば、商品名や価格を毎回入力する必要はありません。また、ミスが発生するのはどうやっても避けられませんので、作業が増えるのは間違いの元です。更に、顧客や商品が増えた場合も管理が大変です。

こうした表は、図の一番下にある、⑥表１「注文リスト」、⑦表２「顧客リスト」、④表３「商品リスト」、⑤表４「注文明細」に分けてしまいます。注文があった場合には、注文リストと注文明細だけデータを追加します。顧客が増えた場合は顧客リストに追加します。商品が増えた場合は商品リストです。このようにすれば、無駄や間違いが少なくなります。

こうした表１から表４までのような 2 次元の表形式でデータを管理するのが **RDB** (Relational Data Base)、**関係データベース**です。RDB では各表は「**テーブル**」、各表の行は「**レコード**」、列は「**フィールド**」と呼ばれます。

### 9.2.2　正規化

では、図 9.1 の①「元の表」から、どのように⑥表１「注文リスト」、⑦表２「顧客リスト」、④表３「商品リスト」、⑤表４「注文明細」の 4 つの表を導き出

① 元の表

| 注文番号 | 注文日 | 顧客番号 | 氏名 | 住所 | メールアドレス | 商品 | | | |
|---|---|---|---|---|---|---|---|---|---|
| | | | | | | 商品番号 | 商品名 | 価格 | 数量 |
| 1 | 2022/5/10 | 2 | 佐藤一郎 | 東京都練馬区関町北x-x-x | sato_ichiro@example.com | 1 | ズボンA | 10,000 | 2 |
| | | | | | | 3 | シャツ | 7,000 | 7 |
| 2 | 2022/5/11 | 1 | 鈴木次郎 | 千葉県鎌ケ谷市南初富x-x-x | suzuki_jiro@example.com | 1 | ズボンA | 10,000 | 4 |
| 3 | 2022/5/12 | 3 | 高橋三郎 | 東京都足立区千住x-x-x | takahashi_sabrou@example.com | 3 | シャツ | 7,000 | 6 |
| | | | | | | 2 | ズボンB | 15,000 | 4 |
| 4 | 2022/5/13 | 4 | 田中四郎 | 東京都世田谷区野毛x-x-x | tanaka_shiro@example.com | 4 | ジャケット | 30,000 | 1 |
| 5 | 2022/5/14 | 5 | 渡辺五郎 | 神奈川県川崎市高津区作延x-x-x | watanabe_goro@example.com | 2 | ズボンB | 15,000 | 3 |

第1正規化

②

| 注文番号 | 注文日 | 顧客番号 | 氏名 | 住所 | メールアドレス | 商品番号 | 商品名 | 価格 | 数量 |
|---|---|---|---|---|---|---|---|---|---|
| 1 | 2022/5/10 | 2 | 佐藤一郎 | 東京都練馬区関町北x-x-x | sato_ichiro@example.com | 1 | ズボンA | 10,000 | 2 |
| 1 | 2022/5/10 | 2 | 佐藤一郎 | 東京都練馬区関町北x-x-x | sato_ichiro@example.com | 3 | シャツ | 7,000 | 7 |
| 2 | 2022/5/11 | 1 | 鈴木次郎 | 千葉県鎌ケ谷市南初富x-x-x | suzuki_jiro@example.com | 1 | ズボンA | 10,000 | 4 |
| 3 | 2022/5/12 | 3 | 高橋三郎 | 東京都足立区千住x-x-x | takahashi_sabrou@example.com | 3 | シャツ | 7,000 | 6 |
| 3 | 2022/5/12 | 3 | 高橋三郎 | 東京都足立区千住x-x-x | takahashi_sabrou@example.com | 2 | ズボンB | 15,000 | 4 |
| 4 | 2022/5/13 | 4 | 田中四郎 | 東京都世田谷区野毛x-x-x | tanaka_shiro@example.com | 4 | ジャケット | 30,000 | 1 |
| 5 | 2022/5/14 | 5 | 渡辺五郎 | 神奈川県川崎市高津区作延x-x-x | watanabe_goro@example.com | 2 | ズボンB | 15,000 | 3 |

第2正規化

③

| 注文番号 | 注文日 | 顧客番号 | 氏名 | 住所 | メールアドレス |
|---|---|---|---|---|---|
| 1 | 2022/5/10 | 2 | 佐藤一郎 | 東京都練馬区関町北x-x-x | sato_ichiro@example.com |
| 2 | 2022/5/11 | 1 | 鈴木次郎 | 千葉県鎌ケ谷市南初富x-x-x | suzuki_jiro@example.com |
| 3 | 2022/5/12 | 3 | 高橋三郎 | 東京都足立区千住x-x-x | takahashi_sabrou@example.com |
| 4 | 2022/5/13 | 4 | 田中四郎 | 東京都世田谷区野毛x-x-x | tanaka_shiro@example.com |
| 5 | 2022/5/14 | 5 | 渡辺五郎 | 神奈川県川崎市高津区作延x-x-x | watanabe_goro@example.com |

⑤表4:注文明細

| 注文番号 | 商品番号 | 数量 |
|---|---|---|
| 1 | 1 | 2 |
| 1 | 3 | 7 |
| 2 | 1 | 4 |
| 3 | 3 | 6 |
| 3 | 2 | 4 |
| 4 | 4 | 1 |
| 5 | 2 | 3 |

④表3:商品リスト

| 商品番号 | 商品名 | 価格 |
|---|---|---|
| 1 | ズボンA | 10,000 |
| 2 | ズボンB | 15,000 |
| 3 | シャツ | 7,000 |
| 4 | ジャケット | 30,000 |

第3正規化

⑥表1:注文リスト

| 注文番号 | 注文日 | 顧客番号 |
|---|---|---|
| 1 | 2022/5/10 | 2 |
| 2 | 2022/5/11 | 1 |
| 3 | 2022/5/12 | 3 |
| 4 | 2022/5/13 | 4 |
| 5 | 2022/5/14 | 5 |

⑦表2:顧客リスト

| 顧客番号 | 氏名 | 住所 | メールアドレス |
|---|---|---|---|
| 2 | 佐藤一郎 | 東京都練馬区関町北x-x-x | sato_ichiro@example.com |
| 1 | 鈴木次郎 | 千葉県鎌ケ谷市南初富x-x-x | suzuki_jiro@example.com |
| 3 | 高橋三郎 | 東京都足立区千住x-x-x | takahashi_sabrou@example.com |
| 4 | 田中四郎 | 東京都世田谷区野毛x-x-x | tanaka_shiro@example.com |
| 5 | 渡辺五郎 | 神奈川県川崎市高津区作延x-x-x | watanabe_goro@example.com |

**図 9.1**　RDB と正規化

せばよいでしょうか。そのような作業を「**正規化**」といい、通常は3段階に分かれます。

　最初は「第1正規化」[※2]です。①の表では、Excel のセルの結合のように、「注文番号」、「注文日」、「顧客番号」、「氏名」、「住所」、「メールアドレス」の列では、行のいくつかが結合されています。また、表頭では、「商品番号」、「商品名」、「価格」、「数量」が更に「商品」という名称でくくられています。第1正規化で

---

[※2] 正規化や用語の定義・説明は人によって違うことがあるのですが、本書では以下の書籍を参考にしています。なお、RDB の理論は、純粋数学の「関係」理論を応用しており、数学に慣れない人にはチンプンカンプンだと思いますが、本書では数学を使わず直観的に説明しました。
永田武 (2021)『データベースの基礎 (改訂版)』コロナ社

は、まず、こうしたセルの結合をなくして、②の表のようにします。

　次が「第 2 正規化」で、②の表を、③，④，⑤の 3 つの表に分割します。②の表には、「注文番号」と「商品番号」がありますが、この 2 つが決まれば、どの行か確定します。この 2 つを「**主キー**」といいます。行を確定できるペアの候補はいくつかありますが、どれかひとつのペアを選びます。なお、この場合は主キーは 2 つですが、ひとつで行が確定する場合もあります。第 2 正規化では、主キーのそれぞれについて、主キーが決まれば決まる列を抜き出します。主キーのひとつである「注文番号」と一緒に、主キーが決まれば決まる列を抜き出したのが③の表です。もうひとつの主キーである「商品番号」と一緒に主キーが決まれば決まる列を一緒に抜き出したのが④の表です。このほか、分割した表を元に戻す際に使うため、⑤の表も作ります。以上で第 2 正規化が終わります。

　最後が「第 3 正規化」で、③の表を⑥，⑦の 2 つの表に分割します。③の表では、「注文番号」が主キーですが、主キーではない「顧客番号」が決まれば「氏名」と「住所」と「メールアドレス」は決まりますので、顧客番号と一緒に抜き出して別の⑦の表にします。残ったものが⑥の表ですが、顧客番号は元に戻す際に必要になるので残します。なお、第 2 正規化と第 3 正規化の違いは、関係する列が「主キー」であるか、そうでないかです。

　更に正規化を進める理論もあるのですが、通常は必要ないので省略します。

　このように正規化できれば、データベースの設計は終わったことになり、あとはデータの追加があった際に、更新していくことになります。

### 9.2.3　結合：Excel の例

　では、元の表の②に戻すにはどうしたらよいでしょうか。実は、集計や分析などの際には、表 1 から表 4 のものよりも②のようにセルの結合がなく、重複があってもすべてのデータが入っている表にしてしまったほうが簡単です。元の表に戻すことを「**結合**」といいます。

　Excel の場合には、例えば **VLOOKUP 関数**を使います。

　図 9.2 をご覧下さい。最終的な表の形を作って項目名なども埋めます。

　次に、⑤「注文明細」表の各列をばらして、A「注文番号」、G「商品番号」、J「数量」の列にすべてデータを下の行まで入力します。

　次に、他の列の 2 行目に、図 9.2 にあるように VLOOKUP 関数を入力していきます。具体的には B2 には以下の式を入力します。

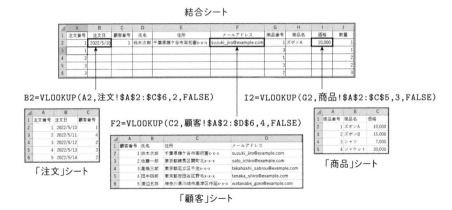

B2=VLOOKUP(A2,注文!$A$2:$C$6,2,FALSE)

I2=VLOOKUP(G2,商品!$A$2:$C$5,3,FALSE)

F2=VLOOKUP(C2,顧客!$A$2:$D$6,4,FALSE)

「注文」シート

「顧客」シート

「商品」シート

**図 9.2** Excel の VLOOKUP 関数による結合

=VLOOKUP(A2,注文!$A$2:$C$6,2,FALSE)

カッコの中に並んでいるのは、検索値, 範囲, 列番号, 検索方法です。

「検索値」は何を探すのかを指定するものです。上では A2 となっていますが、A2 には「1」という値が入っていますので、「1」を探すことになります。

次の「範囲」はどこを探すのかを指定します。上では、「注文!$A$2:$C$6」となっていますので、「注文」シートのセル A2 からセル C6 の範囲が対象です。そして、その対象範囲の最初の列である A に「1」があるかをまず探します。なお、各セルのアルファベットと数字の前にある$は絶対参照にして範囲を固定するためです。絶対参照については 7.3 節で説明しました。

3 番目の列番号は、「検索値」が見つかったとして、上の「範囲」の中で、取得したい値がその検索値を見つけた列から右に数えて何列目かを指定します。一番左の列を取得する場合は「1」、その隣の値を取得する場合は「2」、更にその隣の列の値を取得する場合は「3」といった具合に入力します。上では「2」となっているので、最初の A の列で「1」が見つかったら、そこから数えて 2 番目の B の列の同じ行からデータをとってくることになります。

4 番目の「検索方法」は、「FALSE」または「TRUE」の文字を入力します。「FALSE」と入力するのが通常で、検索値と同じ値があった行の値が表示されます（「TRUE」と入力すると、範囲の列の中で検索値に一番近い値が表示されます）。

以上、まとめると、セル A2 にある「1」が、「注文」シートの A 列にあるか探

し、あればその行の A 列から数えて 2 番目のセルにある値「2022/5/10」を返すことになります。

以後、C2 から I2 についても、図中にある式と同様にして入力します。

最後に、上記の列すべてについて、そうして入力した 2 行目のセルを下までコピーします。

こうして、「結合」は終了します。後は、集計等を行います。

### 9.2.4　結合：Python の例

しかし、Excel でこのような作業を行うのは非常に煩わしいです。更に、実際のデータは何百万、何千万と膨大であることがあり、その場合、Excel で作業を行うのは事実上無理です。

このため、企業など実務の場では、複数の利用者で大量のデータを共同利用できるように管理できる **DBMS** (**Data Base Management System**。**データベース管理システム**) を導入するのが通例です。これを操作するためには、**SQL** (**Structured Query Language**) という言語が使われます。

しかし、第 7 章でも紹介したプログラミング言語 Python でも類似のことができます。ここでは、Python を使った RDB 的処理の例をみてみましょう。

図 9.3 をご覧下さい。

プログラムの 1 行目では、pandas というモジュール (既に提供されているプログラム) を読み込みます。特に出力はありません。

2 行目では、「注文リスト」の CSV ファイルを読み込んで、変数 order1 に代入しています。3 行目では、order1 を出力していますが、その下をみると「注文リスト」が出力されています。一番左側はシステムが自動的に付ける行番号で、0 から始まります。このように読み込んだものを出力して確認することはよく行われます。

4 行目では、「注文明細」の CSV ファイルを読み込んで、変数 order2 に代入しています。5 行目では、order2 を出力していますが、その下をみると「注文明細」が出力されています。

6 行目では、「顧客リスト」の CSV ファイルを読み込んで、変数 customer に代入しています。7 行目では、customer を出力していますが、その下をみると「顧客リスト」が出力されています。

```
1  import pandas as pd #モジュールの読込
2  order1 = pd.read_csv('注文リスト.csv') #「注文リスト」を読込変数 order1に代入
3  print(order1) #order1を出力
```

|   | 注文番号 | 注文日 | 顧客番号 |
|---|---|---|---|
| 0 | 1 | 2022/5/10 | 1 |
| 1 | 2 | 2022/5/11 | 4 |
| 2 | 3 | 2022/5/12 | 2 |
| 3 | 4 | 2022/5/13 | 3 |
| 4 | 5 | 2022/5/14 | 2 |

```
4  order2 = pd.read_csv('注文明細.csv') #「注文明細」を読込変数 order2に代入
5  print(order2) #order2を出力
```

|   | 注文番号 | 商品番号 | 数量 |
|---|---|---|---|
| 0 | 1 | 1 | 2 |
| 1 | 1 | 3 | 7 |
| 2 | 2 | 1 | 4 |
| 3 | 3 | 3 | 6 |
| 4 | 3 | 2 | 4 |
| 5 | 4 | 4 | 1 |
| 6 | 5 | 2 | 3 |

```
6  customer = pd.read_csv('顧客リスト.csv') #「顧客リスト」を読込変数 customer
      に代入
7  print(customer) #customerを出力
```

| 顧客番号 | 氏名 | 住所 | メールアドレス |
|---|---|---|---|
| 1 | 鈴木次郎 | 千葉県鎌ケ谷市南初富 x-x-x | suzuki_jiro@example.com |
| 2 | 佐藤一郎 | 東京都練馬区関町北 x-x-x | sato_ichiro@example.com |
| 3 | 高橋三郎 | 東京都足立区千住 x-x-x | takahashi_sabrou@example.com |
| 4 | 田中四郎 | 東京都世田谷区野毛 x-x-x | tanaka_shiro@example.com |
| 5 | 渡辺五郎 | 神奈川県川崎市高津区作延 x-x-x | watanabe_goro@example.com |

```
8  goods = pd.read_csv('商品リスト.csv') #「商品リスト」を読込変数 goodsに代入
9  print(goods) #goodsを出力
```

| 商品番号 | 商品名 | 価格 |
|---|---|---|
| 1 | ズボン A | 10,000 |
| 2 | ズボン B | 15,000 |
| 3 | シャツ | 7,000 |
| 4 | ジャケット | 30,000 |

**図 9.3** Python による RDB 的処理

　8 行目では、「商品リスト」の CSV ファイルを読み込んで、変数 goods に代入しています。9 行目では、goods を出力していますが、その下をみると「商品リスト」が出力されています。

　次にテーブルを結合するプログラムを図 9.4 に示します。

　10 行目では、「注文リスト」(order1) と「注文明細」(order2) を「注文番号」をキーにして結合して変数 df に代入しています。「キー」の意味ですが、「注文明細」の表にキーである「注文番号」があれば、「注文リスト」の表で同じ「注文番号」がある行をコピーして「注文明細」の表に加えるという意味です。11 行目で、結合結果の df を出力していますが、その下をみると結合されています。

　12 行目では、こうして結合したものに、更に、「顧客リスト」(customer) を「顧客番号」をキーにして結合して変数 df に再度代入し直しています。13 行目で、結合結果の df を出力していますが、その下をみると結合されています。

　14 行目では、こうして結合したものに、更に、「商品リスト」(goods) を「商品番号」をキーにして結合して変数 df に再度代入し直しています。15 行目で、結合結果の df を出力していますが、その下をみると結合されています。なお、途中の列は自動的に省略されています。これが、最終的な結合結果となります。

　16 行目では、最終結果を CVS ファイルに出力しています。第 7 章でも述べたように、結合作業などはプログラムのほうが簡単なのですが、表やグラフの作成は Excel のほうが融通が利いてやりやすいです。このため、CSV ファイルにいったん出力します。なお、実際には、出力の前に集計や分析などを行い、その後に出力します。

　後は、この CSV ファイルを使って、Excel でプレゼン用等の表やグラフを作成します。

```
10  df = pd.merge(order2, order1, on='注文番号') #「注文リスト」(order1)
        と「注文明細」(order2)を「注文番号」をキーにして結合
11  print(df)
```

|   | 注文番号 | 商品番号 | 数量 | 注文日 | 顧客番号 |
|---|---|---|---|---|---|
| 0 | 1 | 1 | 2 | 2022/5/10 | 1 |
| 1 | 1 | 3 | 7 | 2022/5/10 | 1 |
| 2 | 2 | 1 | 4 | 2022/5/11 | 4 |
| 3 | 3 | 3 | 6 | 2022/5/12 | 2 |
| 4 | 3 | 2 | 4 | 2022/5/12 | 2 |
| 5 | 4 | 4 | 1 | 2022/5/13 | 3 |
| 6 | 5 | 2 | 3 | 2022/5/14 | 2 |

```
12  df = pd.merge(df, customer, on='顧客番号') #
        統合したものに、更に、「顧客リスト」(customer)を「顧客番号」をキーにして結合
13  print(df)
```

|   | 注文番号 | 商品番号 | 数量 | ... | 氏名 | 住所 | メールアドレス |
|---|---|---|---|---|---|---|---|
| 0 | 1 | 1 | 2 | ... | 鈴木次郎 | 千葉県鎌ケ谷市南初富 x-x-x | suzuki_jiro@example.com |
| 1 | 1 | 3 | 7 | ... | 鈴木次郎 | 千葉県鎌ケ谷市南初富 x-x-x | suzuki_jiro@example.com |
| 2 | 2 | 1 | 4 | ... | 田中四郎 | 東京都世田谷区野毛 x-x-x | tanaka_shiro@example.com |
| 3 | 3 | 3 | 6 | ... | 佐藤一郎 | 東京都練馬区関町北 x-x-x | sato_ichiro@example.com |
| 4 | 3 | 2 | 4 | ... | 佐藤一郎 | 東京都練馬区関町北 x-x-x | sato_ichiro@example.com |
| 5 | 5 | 2 | 3 | ... | 佐藤一郎 | 東京都練馬区関町北 x-x-x | sato_ichiro@example.com |
| 6 | 4 | 4 | 1 | ... | 高橋三郎 | 東京都足立区千住 x-x-x | takahashi_sabrou@example.com |

```
14  df = pd.merge(df, goods, on='商品番号') #統合したものに、更に、「商品リスト」(g
        oods)を「商品番号」をキーにして結合
15  print(df)
```

|   | 注文番号 | 商品番号 | 数量 | ... | メールアドレス | 商品名 | 価格 |
|---|---|---|---|---|---|---|---|
| 0 | 1 | 1 | 2 | ... | suzuki_jiro@example.com | ズボン A | 10,000 |
| 1 | 2 | 1 | 4 | ... | tanaka_shiro@example.com | ズボン A | 10,000 |
| 2 | 1 | 3 | 7 | ... | suzuki_jiro@example.com | シャツ | 7,000 |
| 3 | 3 | 3 | 6 | ... | sato_ichiro@example.com | シャツ | 7,000 |
| 4 | 3 | 2 | 4 | ... | sato_ichiro@example.com | ズボン B | 15,000 |
| 5 | 5 | 2 | 3 | ... | sato_ichiro@example.com | ズボン B | 15,000 |
| 6 | 4 | 4 | 1 | ... | takahashi_sabrou@example.com | ジャケット | 30,000 |

```
16  df.to_csv('RDB_Summary.csv', encoding='utf_8_sig') #結果を csvファイルに
        出力
17  print(df)
```

**図 9.4**　Python による RDB 的処理 (続き)

## 確認問題

9.1. 機密情報が含まれたデータを USB メモリーにコピーして社外などに持ち出すのは、一般的に機密保持上適切でしょうか、不適切でしょうか？　適切なら○、不適切なら×でお答え下さい。

9.2. データの集まりを 2 次元の表形式で表すデータベースで、現在最も使われているものをアルファベット 3 文字で何といいますか。

9.3. 上記において、表を構成する項目の関連性を分析し、データの重複や不整合が発生しないように、複数の表に分割する作業を○○○といいます。○○○を埋めて下さい。

9.4. 複数の利用者で大量データを共同利用できるように管理するソフトウェアを英字で○○○○といいます。○○○○を埋めて下さい。

9.5. 前問 4.のソフトウェアを操作するための言語をアルファベットで□□□といいます。□□□を埋めて下さい。

# 10

# データを分析する

これまでの第Ⅱ部の各章で、データを集め、前処理し、加工して保管することを説明してきました。これらの過程を経て、データはやっと分析されることになります。データの分析についてはじめに全体像をみた後、各手法を概観し、最後に評価手法について触れます。

## ▶ 10.1 ◀ 前提としての「データを表現する」

　これからさまざまなデータの分析手法をみていきますが、具体的な分析に入る前に、データを可視化してみた上で、どのような特徴がありそうか、どこに「鉱脈」がありそうか、といった感触を得てから本格的な分析に入ることが重要です。分析に入る前には、まず、自分のために「データを表現してみる」ことが重要です。それなしに、いきなり、やみくもに手法を適用してみてもうまくいかないことが多いです。

　例えば、通常の数値データであれば、基本はまずグラフや表にしてみることです。回帰分析の場合に、やみくもにさまざまな式を推計するケースがよくみられます。そうした回帰式の推計に入る前に、さまざまな表やグラフで、どのような変数の間に相関がありそうかをみてから、回帰式の推計に入らないと結局無駄な作業が多くなります。

　結局、急がば回れで、まずデータの概観を表やグラフで把握することが成功につながります。

## ▶10.2◀ 手法の全体像

では、分析手法の全体像をまずみます。

### 10.2.1　各手法・アルゴリズムの使用率

図 10.1 は、世界中のデータサイエンス・機械学習エンジニアがどのような手法・アルゴリズムを使っているかをまとめたものです[※1]。それぞれの手法の概要は後で説明します。

約 8 割の人が回帰[※2]を使っています。決定木/ランダムフォレストも多いです。なお、3 番目の勾配ブースティングも決定木に似たものです。

4 番目の畳み込みニューラルネットワーク (CNN)、6 番目以降の多層パーセプトロン等、BERT 等トランスフォーマー、敵対的生成ネットワーク (GAN) は、それぞれニューラルネットワークの種類です。

データサイエンスや機械学習というとまずニューラルネットワークに言及されるので一番使われているのではないかと思われるかもしれませんが、実は昔からある回帰分析が一番多用されていることは意外かもしれません。その回帰

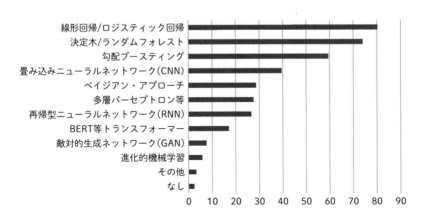

**図 10.1**　データサイエンス・機械学習の手法・アルゴリズム使用率
出所：Kaggle, "State of Data Science and Machine Learning 2021"
https://www.kaggle.com/kaggle-survey-2021

---

[※1] 調査主体の Kaggle は世界中のデータサイエンス・機械学習エンジニアが利用するプラットフォームです。アンケートには 2 万 5 千人の回答があったようです。なお、Kaggle では、コンペ (競技) も行われており、企業などが課題を提示し、優れたモデルなどが賞金と引き換えに買い取られています。

[※2] 図中の「ロジスティック回帰」は、被説明変数が連続した数値ではなく、例えば「ある」に 1、「ない」に 0 を対応させて、1 と 0 を被説明変数とする回帰分析です。

分析も **AI** (**Artificial Intelligence**：人工知能) の一手法として捉えられているので、以降、それを含めて AI について全般的な事項を説明します。

### 10.2.2　AI の分類

AI は、表 10.1 のように、大きく、汎用 AI と特化型 AI に大別されます。**汎用 AI** は、さまざまな思考・検討を行うことができ、単一の AI で例えば将棋、炊事、掃除、洗濯といったさまざまな分野で初めての状況に対応できます。一方、**特化型 AI** は、特定の内容に関する思考・検討にだけ優れている AI で、将棋、炊事といった特定の分野だけに対応できます。特化型 AI は、将棋 AI はもちろん、自動掃除機など広く利用されていますが、汎用 AI はまだ実用化されていません。

**表 10.1**　AI の分類

| 分類 | 説明 | イメージ・事例 |
|---|---|---|
| 汎用 AI | さまざまな思考・検討を行うことができ、初めて直面する状況に対応できる AI | 将棋、炊事、掃除、洗濯といったさまざまな分野および初めての状況に対する思考・検討ができる。 |
| 特化型 AI | 特定の内容に関する思考・検討だけに優れている AI | ● 将棋に関する思考・検討のみできる AI<br>● 掃除に関する思考・検討のみできる AI |

出所：総務省「ICT スキル総合習得教材［コース 3］データ解析　3-5：AI と機械学習」
https://www.soumu.go.jp/ict_skill

AI には、図 10.2 のような包含関係があります。AI の一部として「**機械学習**」(**マシーンラーニング**) があり、その機械学習の一部として「**ディープラーニング**」(**深層学習**) があります。機械学習は、データから規則性や判断基準を学習し、それに基づき未知のものを予測、判断する技術です。ディープラーニング

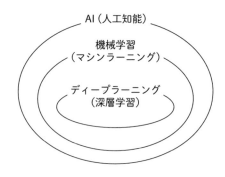

**図 10.2**　AI、機械学習、ディープラーニングの包含関係

は、より基礎的で広範な機械学習の手法であるニューラルネットワークという分析手法を拡張し、高精度の分析や活用を可能にしたものです。

　また、機械学習は、表 10.2 のように、大きく、教師あり学習、教師なし学習、強化学習の 3 つに分類されます。真実のデータや人間による判別から得られた正解に相当する「**教師データ**」が与えられるのが教師あり学習、与えられないのが教師なし学習です。

**表 10.2**　利用可能なデータに基づく機械学習の分類

| | 入力に関するデータ<br>[質問] | 出力に関するデータ<br>(教師データ)[正しい答え] | 主な活用事例 |
|---|---|---|---|
| 教師あり学習 | 与えられる | 与えられる | 出力に関する<br>回帰、分類 |
| 教師なし学習 | 与えられる | 与えられない | 入力に関するグループ<br>分け、情報の要約 |
| 強化学習 | 与えられる<br>(試行する) | 正しい答え自体は与えられないが、報<br>酬 (評価) が与えられる | 将棋、囲碁<br>ロボットの歩行学習 |

出所：総務省「ICT スキル総合習得教材 [コース 3] データ解析　3-5：人工知能と機械学習」より抜粋
https://www.soumu.go.jp/ict_skill

　図 10.3 は**教師あり学習**のイメージで、「猫」というラベル (教師データ) が付けられた大量の写真をコンピューターが学習することで、ラベルのない写真が与えられても、「猫」であることを検出できるようになります。なお、後で詳しく説明する回帰も教師あり学習の一種です。

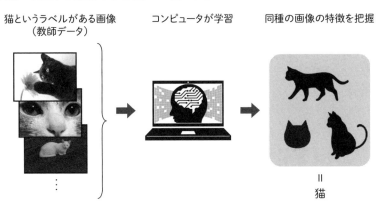

　猫というラベルがある画像　　　コンピュータが学習　　同種の画像の特徴を把握
　　　（教師データ）

=
猫

**図 10.3**　教師あり学習のイメージ

　**教師なし学習**は、正解がない中での自動的なグループ分けなどに使われます。図 10.4 がそのイメージです。教師データに相当するラベルがない場合であって

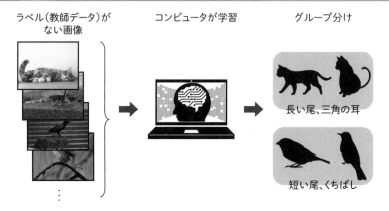

**図 10.4** 教師なし学習のイメージ

も、大量の画像をコンピューターに学習させれば、画像の特徴 (例：大きさ、色、形状) からグループ分けや情報の要約が可能です。

一方、**強化学習**は、**報酬** (評価) が与えられ報酬を大きくするように機械が学習するもので、例えば将棋のようなゲーム用の AI に応用されています。図 10.5

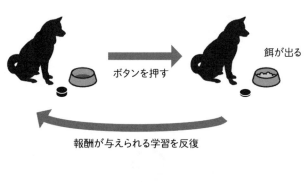

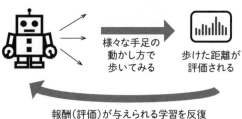

**図 10.5** 強化学習のイメージ

がそのイメージです。図の上は、犬がいる部屋に「ボタンを押すと餌が出る機械」を設置した場合で、犬が偶然にボタンを押すと餌が出ますが、1 度だけの経験ではボタンと餌が出たことを結びつけられず、犬には餌が出た理由がわかりません。しかし、「ボタンを押す」という試行を犬が繰り返すと、犬は「ボタンを押すと餌が出る」ということを学習します。犬にとっては「ボタンを押す」という行動が入力であり、「得られる餌」が報酬 (評価) にあたります。図の下はロボットの歩行で、「歩けた距離」を報酬 (評価) として設定し、手足の動かし方を試行錯誤して歩行距離を伸ばします。なお、将棋に関する強化学習は、敵軍の王将をとることを最大の報酬 (評価) として設定し、コンピューターに報酬を高める指し方を反復して学習させます。

表 10.3 は機械学習の代表的な手法をまとめたものです。教師あり学習には、回帰分析や決定木などがあります。教師なし学習には k 平均法、アソシエーション分析、ソーシャルネットワーク分析などがあります。

**表 10.3 機械学習の代表的な手法**

| | 分析手法名 | 分析手法・用途の概要 |
|---|---|---|
| **教師あり学習** | 回帰分析 | 被説明変数と説明変数の関係を定量的に分析し、分析結果に基づく予測 |
| | 決定木 | 分類のための基準 (境界線) を学習し、未知の状況でデータを分類 |
| **教師なし学習** | k 平均法 | 特徴・傾向が似ている標本をいくつかのグループに分類 |
| | アソシエーション分析 | 同時購入の頻度等を算出し、消費者の選択・購入履歴から推薦すべき商品を導出 |
| | ソーシャルネットワーク分析 | 氏名が同時掲載される頻度や SNS 上での友人関係から人のつながりを分析 |

出所：総務省「ICT スキル総合習得教材 [コース 3] データ解析　3-5：人工知能と機械学習」より抜粋
https://www.soumu.go.jp/ict_skill

## 10.3 各手法の概略 (回帰、ニューラルネットワークを除く)

では、各手法の概略をみることにします。回帰分析とニューラルネットワークは後でそれぞれ独立の節で詳しく説明します。

### 10.3.1 決定木

**決定木**は、購入の有無などの結果 (教師データ) をもとにデータを分類し、さまざまな要因が結果に与える影響を把握する教師あり学習の一手法です。木の枝のような段階を経て分かれる形 (**樹形図**) で判別基準を設定し、データを分類します。

　決定木における教師データは「商品を買う/買わない」「〇円分購入する」といった選択であることが一般的です。「商品を買う/買わない」といった区分を分析する場合は**分類木**、「〇円分購入する」という連続的に変化しうる値を分析する場合は、**回帰木**といいます。

　図 10.6 は、アイスクリームの購入選択に関する決定木の樹形図です。アイスクリームの購入が、休日や天候から影響を受ける場合は、その影響の度合いを決定木で分析できます。

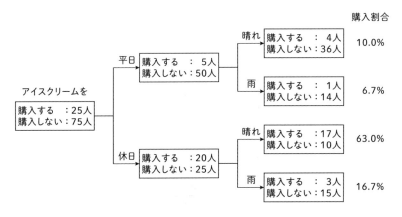

**図 10.6**　決定木の樹形図 (アイスクリームの購入選択)

　なお、**ランダムフォレスト**は、ランダムに決定木 (tree) を複数選び出して (tree が複数あるので forest), その結果を平均するなどして結果を出すものです。

　また、各手法・アルゴリズムの使用比率のランキング (図 10.1) で登場した**勾配ブースティング**は、他の手法 (勾配降下法、アンサンブル学習のブースティング) を決定木に適用したものです。

### 10.3.2　*k* 平均法

　*k* **平均法**は、各標本を似たもの同士のグループ (クラスター) へ分類する教師なし学習のひとつです。例えば、複数の観点から顧客や商品を分類することができます。

　図 10.7 はその手順をまとめたものです。以下のような手順をとります。

① 　分類するグループ数を *k* 個に定め、各グループの代表となる点◆の位置をランダムに与える。

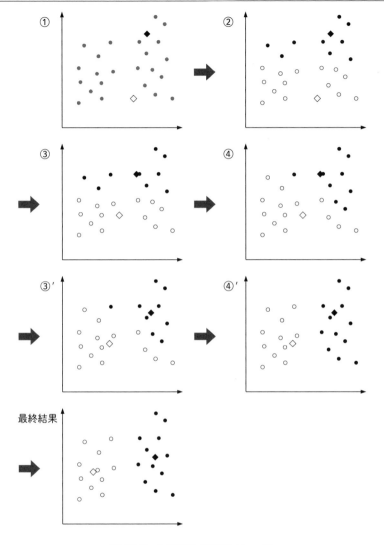

**図 10.7** *k* 平均法の概要 ($k = 2$)

② 各標本●は、一番距離が近い◆が代表するグループに属すると考えて、標本●をグループ分けする。

③ グループごとに、標本●の座標の平均値 (重心) をとって、その重心の位置に代表点◆を移動させる。

④ 移動させた後の◆に一番距離が近い●を取り直すことで、再び標本●を

グループ分けする。

⑤ ◆が動かなくなるまで③と④を繰り返す。

図 10.7 では、左上が初期値、一番下が最終的な結果で、各点が 2 つのグループに分類されています。

### 10.3.3 アソシエーション分析

**アソシエーション分析**は、同時に購入される商品セットやその購入確率を算出する教師なし学習のひとつで、ネットショッピングサイトの推薦商品の提示にも利用されています。「商品 A を買っている人の○％が商品 B も買っている」といった広告をご覧になることも多いと思います。

分析の際には、以下のような 3 指標が使われます。商品 A を買った人が商品 B についてどうしているかをみる場合について説明します。

まず、「**支持度**」です。各顧客の 1 回の注文で購入された商品群を「バスケット」ということにすると、商品 A と商品 B を含むバスケットの数を、全体のバスケット数で割ったものが支持度です。これが高ければ、商品 A と商品 B をともに買う確率も高くなります。しかし、商品 A と商品 B はこれを買えばあれも必要になるといった関連は全くないのに、たまたま両方とも日常的に消費量が多かっただけ (例えば牛乳と卵) という場合もあるかもしれません。

次に、「**確信度**」ですが、商品 A と商品 B をともに購入したバスケット数を、商品 A を購入したバスケット数で割ったものです。これが高ければ商品 A が売れれば商品 B も売れるチャンスも高いと考えられます。しかし、商品 A と商品 B を買う人が少ないのであれば、分析する意味は薄れます。ちなみに、上記の支持度は分母が商品全体のバスケットなので低くなります。

最後に「**リフト値**」ですが、上記の確信度を商品 B の購買率 (商品 B を含むバスケット数の全体のバスケット数に対する比率) で割ったものです。リフト値が 1 より大きければ、「商品 A と商品 B を買った人が商品 A を買った人に占める比率」＞「商品 B を買った人の比率」となりますから、商品 A を買う人は、商品 A を買わない人よりも相対的に商品 B を買う傾向にあるといえます。しかし、「確信度」と同様に、仮に「支持度」が低ければ分析する意味は薄れます。

こうしたことから、以上の 3 つの指標をバランスよく確認しながら分析を進めることが重要です。

### 10.3.4　ソーシャルネットワーク分析

　**ソーシャルネットワーク分析**は、人間のつながりを可視化する教師なし学習のひとつです。

　図 10.8 はその例で、Twitter における関係の強さやよく使う言葉を可視化できる whotwi (フーツイ) というサービスで、安倍元首相のアカウントを分析したものです。安倍元首相の Twitter アカウントは、インドのモディ首相のアカウントとの関係が強いことが示されています。

**図 10.8**　ソーシャルネットワーク分析の例
出所：whotwi
https://ja.whotwi.com/abeshinzo

### 10.3.5　ナイーブベイズフィルター

　迷惑メールかどうかを判定するのに応用されるのが、**ナイーブベイズフィルター**（単純ベイズ分類器）です。

　図 10.9 はそのイメージを説明したものです。あるメールに「アイドル」「無料」「科学」が順番に検出されたときに、このメールは迷惑メールか通常メールかを判定する例です。

　右上は、判定に使う**ベイズの定理**の説明ですが、まず、以下の式で、1 行目の式も 3 行目の式も真ん中の行の「A と B がともに起こる確率」を表していますから、1 行目の式と 3 行目の式は等しいことになります。

　(A が起こる確率)×(A が起こった上で B が起こる確率)

　　　　　　＝ A と B ともに起こる確率

　　　　　　＝ (B が起こる確率)×(B が起こった上で A が起こる確率)

```
┌─────────前提─────────┐
仮定
　迷惑メール：通常メール = 4 : 6
メールに「アイドル」が含まれていたとき
　迷惑メール：通常メール = 0.75 : 0.125
メールに「無料」が含まれていたとき
　迷惑メール：通常メール = 0.7 : 0.2
メールに「科学」が含まれていたとき
　迷惑メール：通常メール = 0.2 : 0.5
```

```
┌────────当たり前のこと────────┐
Aが起こる確率 × Aが起こった上でBが起こる確率
　= AとBともに起こる確率
　= Bが起こる確率 × Bが起こった上でAが起こる確率
```

```
┌────────ベイズの定理────────┐
Aが起こった上でBが起こる確率
　= Bが起こる確率 × Bが起こった上でAが起こる確率
　　÷Aが起こる確率
```

ベイズの定理のAに「アイドル」、「無料」、「科学」を順に段階的に適用。
分母は、各段階で上下とも同じなので無視。

```
┌──「アイドル」「無料」「科学」が検出されたときに迷惑メールである確率──┐
∝ 迷惑メールである確率 × 迷惑メールに「アイドル」が含まれる確率
∝ 迷惑メールである確率 × 迷惑メールに「アイドル」が含まれる確率 × 迷惑メールに「無料」が含まれる確率
∝ 迷惑メールである確率 × 迷惑メールに「アイドル」が含まれる確率 × 迷惑メールに「無料」が含まれる確率
　× 迷惑メールに「科学」が含まれる確率
= 0.6 × 0.75 × 0.7 × 0.2 = 0.063
```

```
┌──「アイドル」「無料」「科学」が検出されたときに通常メールである確率──┐
∝ 通常メールである確率 × 通常メールに「アイドル」が含まれる確率
∝ 通常メールである確率 × 通常メールに「アイドル」が含まれる確率 × 通常メールに「無料」が含まれる確率
∝ 通常メールである確率 × 通常メールに「アイドル」が含まれる確率 × 通常メールに「無料」が含まれる確率
　× 通常メールに「科学」が含まれる確率
= 0.4 × 0.125 × 0.2 × 0.5 = 0.005
```

**図10.9**　ナイーブベイズフィルターのイメージ

1行目の式の「Aが起こる確率」を3行目の式に移せば以下のようになりますが、これがベイズの定理です。

Aが起こった上でBが起こる確率

＝(Bが起こる確率)×(Bが起こった上でAが起こる確率)÷(Aが起こる確率)

このベイズの定理を逐次当てはめて、『「アイドル」「無料」「科学」が検出されたときに迷惑メールである確率』と『「アイドル」「無料」「科学」が検出されたときに通常メールである確率』を計算していきます。

　図の真ん中の迷惑メールに関する四角の中の1行目は、ベイズの定理をまず「アイドル」だけに適用し、『「アイドル」が含まれていて迷惑メールである確率』を『(迷惑メールである確率) × (迷惑メールに「アイドル」が含まれる確率)』で計算していますが、分母の『メールに「アイドル」が含まれる確率』は、下の通常メールに関する四角の中でも同じなので省略しています(以下同様です)。

　「更に今度は2行目で「無料」にベイズの定理を適用して『迷惑メールに「無

料」が含まれる確率』を掛け合わせ、最後に 3 行目で「科学」にベイズの定理を
適用して『迷惑メールに「科学」が含まれる確率』を掛け合わせています。」

図の下の通常メールに関する四角の中についても同様に計算します。

それぞれの最後の式に、「前提」の確率の値を当てはめて計算すると、『「アイ
ドル」「無料」「科学」が検出されたときに迷惑メールである確率』は 0.063 に
(比例し)、『「アイドル」「無料」「科学」が検出されたときに通常メールである
確率』は 0.005 に (比例と) なります。前者のほうが後者より大きいので、迷惑
メールであると判定されることになります。

---

**●コラム 39 ● 量子コンピューターと巡回セールスマン問題**

2.1 節で量子コンピューターに触れましたが、巡回セールスマン問題も量子コン
ピューターが実現すれば短時間で解けると期待されているもののひとつです。

**巡回セールスマン問題**は、セールスマンが複数の都市をすべてを 1 度ずつ訪問して
出発点に戻ってくるときに、移動距離が最小となる経路を求める問題です。図 10.10
のように、与えられるデータは $n$ 個の地点と 2 地点間の距離で、すべての地点を 1
度ずつ通り元の地点に戻ることを条件として、総距離をできるだけ短くするのが目
標となります。

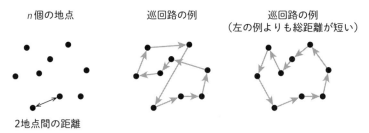

**図 10.10** 巡回セールスマン問題

巡回路の総数は、$n! = n(n-1)(n-2)\cdots2\cdot1$ 通りですから、それらのすべてに
ついて総距離を計算して一番短い経路を選べばよいことになります。

$n$ が小さければそれほどの手間はかかりません。例えば $n$ が 5 なら、$5 \times 4 \times 3 \times 2 \times 1 = 120$ 通りの経路の総距離を計算すれば答えは出ます。

しかし、例えば、$n$ が 30 になると、経路の数は、$2.7 \times 10^{32}$ となり、スーパーコ
ンピューターを使っても解くのに 100 億年はかかります。

巡回セールスマン問題を短時間で解くことができれば、数百点を扱う基盤配線、運
搬経路計画、スケジューリング、タンパク質の構造解析、数百万点を扱う VLSI 設計
などさまざまな用途に役立ちます。量子コンピューターが実現すると、こうした課
題が短時間で解けるようになるのではないかと期待されています。

## ▶10.4◀ 回帰分析

この節では**回帰分析**を詳しく説明します。

### 10.4.1　回帰分析のイメージ

図 10.11 の左のデータは、2018 年 1 月から 12 月までの平均気温 (東京で全国を代表) とアイスクリーム購入額 (総務省「家計調査」による全国分) です。このデータの散布図が右のグラフです。点には右上がりの傾向がみてとれます。つまり、平均気温が高ければ、アイスクリームの購入額も増える、という関係がありそうです。

原データ

| 月<br>(2018 年) | 平均気温<br>(℃) | アイスクリーム購入額<br>(円) |
|---|---|---|
| 1 | 4.7 | 507 |
| 2 | 5.4 | 416 |
| 3 | 11.5 | 607 |
| 4 | 17 | 746 |
| 5 | 19.8 | 894 |
| 6 | 22.4 | 1021 |
| 7 | 28.3 | 1506 |
| 8 | 28.1 | 1443 |
| 9 | 22.9 | 861 |
| 10 | 19.1 | 640 |
| 11 | 14 | 492 |
| 12 | 8.3 | 537 |

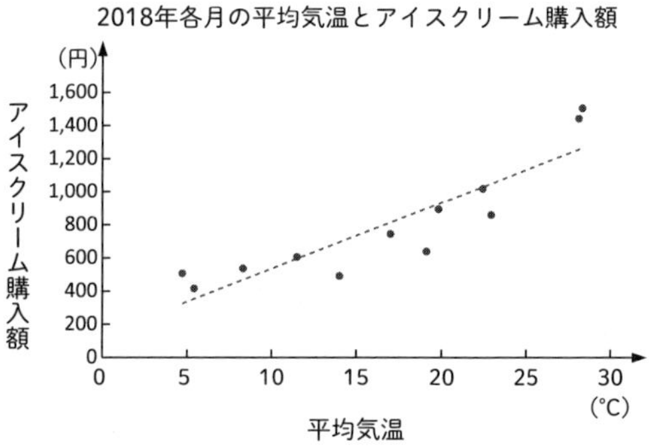

**2018年各月の平均気温とアイスクリーム購入額**

**図 10.11**　回帰分析の原データ

このような関係に最もふさわしい直線を後で説明する方法によって引いたものが、図中の破線です。これを**回帰直線**といいます。この回帰直線を計算するのが回帰分析です。なお、平均気温によりアイスクリーム購入額を説明するという意味で、平均気温を「**説明変数**」、アイスクリーム購入額を「**被説明変数**」といいます。

### 10.4.2　回帰直線の計算

理屈抜きで、どのような計算をするのかまず示します。

回帰直線の計算は表 10.4 で行います。A 列と B 列は原データです。それぞれについて平均を一番下に計算しています (12 個のデータを足して 12 で割ったものです)。C 列は、A 列からその平均 (①) を引いたものです。D 列は C 列を 2 乗したものです。その平均を「**分散**」といいます (④)。E 列は、B 列からその平均 (②) を引いたものです。F 列は、C 列と E 列を掛けたものです。その平均を「**共分散**」といいます (⑥)。

**表 10.4** 回帰直線の計算（原データ）

| 月 | A<br>平均気温 | B<br>アイスクリー<br>ム購入額 | C<br>平均気温の偏差<br>(＝A−平均①) | D<br>平均気温の<br>偏差の2乗<br>(＝$C^2$) | E<br>アイスクリーム<br>購入額の偏差<br>(＝B−平均②) | F<br>平均気温の偏<br>差とアイスク<br>リーム購入額<br>の偏差の積<br>(＝C×E) |
|---|---|---|---|---|---|---|
| 1 | 4.7 | 507 | −12.1 | 146.2 | −298.8 | 3613.4 |
| 2 | 5.4 | 416 | −11.4 | 129.8 | −389.8 | 4440.8 |
| 3 | 11.5 | 607 | −5.3 | 28.0 | −198.8 | 1052.2 |
| 4 | 17 | 746 | 0.2 | 0.0 | −59.8 | −12.5 |
| 5 | 19.8 | 894 | 3.0 | 9.1 | 88.2 | 265.2 |
| 6 | 22.4 | 1021 | 5.6 | 31.5 | 215.2 | 1206.7 |
| 7 | 28.3 | 1506 | 11.5 | 132.4 | 700.2 | 8057.8 |
| 8 | 28.1 | 1443 | 11.3 | 127.9 | 637.2 | 7205.3 |
| 9 | 22.9 | 861 | 6.1 | 37.3 | 55.2 | 337.0 |
| 10 | 19.1 | 640 | 2.3 | 5.3 | −165.8 | −382.8 |
| 11 | 14 | 492 | −2.8 | 7.8 | −313.8 | 876.1 |
| 12 | 8.3 | 537 | −8.5 | 72.1 | −268.8 | 2282.8 |
| 平均 | ① 16.8 | ② 805.8 | ③ 0.0 | ④ 60.6 | ⑤ 0.0 | ⑥ 2411.8 |
| | | | | ↑<br>分散 | | ↑<br>共分散 |

以上から回帰直線を計算します。直線の傾きは、以下により計算します。

直線の傾き ＝ 共分散（⑥）÷ 説明変数である平均気温の分散（④）

$$= 2411.8 \div 60.6$$

$$= 39.7$$

**切片**は以下により計算します。

切片 ＝ 被説明変数であるアイスクリーム購入額の平均（②）

− 直線の傾き × 説明変数である平均気温の平均（①）

$$= 805.8 - 39.7 \times 16.8$$

$$= 138.8$$

したがって求める直線の式は以下となります。

アイスクリーム購入額 ＝ 39.7 × 平均気温 + 138.8

これを回帰といいます。なお、この直線は、実は図 10.12 にあるように、それぞれの原データとそこから垂直に直線におろした点の上下の差を2乗して全部足した和を最小にするようになっています。このため、以上のような計算法を**「最小二乗法」**といいます[※3]。

---

[※3] 証明などをご覧になりたい方は、数学満載ですが、例えば以下のようなサイトがあります。
http://fs1.law.keio.ac.jp/~aso/ecnm/pp/reg.pdf

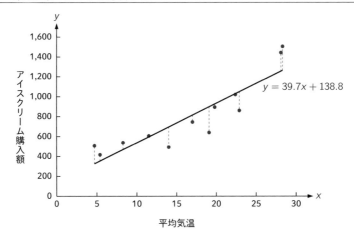

**図 10.12** 回帰直線の計算

### 10.4.3 Excel による回帰式の計算

Excel なら簡単に回帰式の計算ができます。図 10.13 と図 10.14 をご覧下さい。

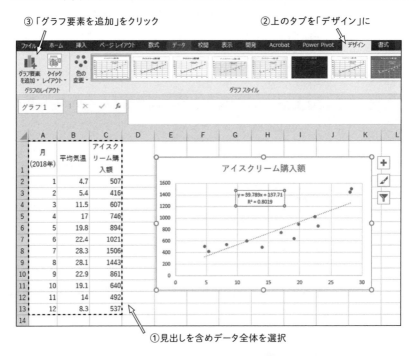

**図 10.13** Excel による回帰式の計算 (前半)

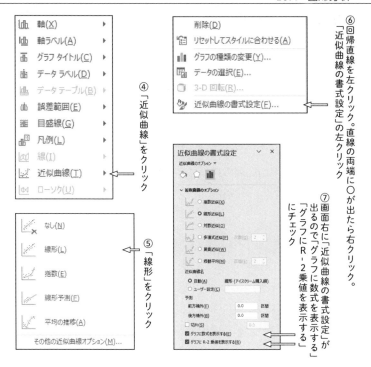

**図 10.14** Excel による回帰式の計算 (後半)

まず、①見出しを含めデータ全体を選択し、「挿入」タブで散布図を描いた後、②上のタブを「デザイン」にし、③一番左の「グラフ要素を追加」をクリックし、④出てきた小画面で「近似曲線」を選択し、⑤更に出てきた小画面で「線形」を選択し、⑥カーソルを回帰直線にもっていき左クリックして直線の両端に○が出たら右クリックし、出てきた小画面で「近似曲線の書式設定」を左クリックし、⑦画面右の「近似曲線の書式設定」で、下のほうの「グラフに数式を表示する」、「グラフに R-2 乗値を表示する」にチェックすると、グラフの中に回帰式が示されます。

なお、選択したデータで自動的に左側の列がグラフの横軸、右側が縦軸となります。そして回帰式では、左側・横軸 (今の場合、平均気温) が説明変数、右側・縦軸 (今の場合、アイスクリーム購入額) が被説明変数となります。

図 10.13 のグラフに表示されている $R^2$ の値は決定係数といいます。これについては次の項で説明します。

### 10.4.4　相関係数と決定係数

決定係数の説明の前に、**相関係数**を説明します。

まず、計算方法ですが、表 10.4 に戻って平均気温とアイスクリーム購入額の例で説明します。表中の④は平均気温の分散 (60.6) ですが、その平方根 7.79 を標準偏差といいます。表にはありませんが、同様にしてアイスクリーム購入額の標準偏差も計算できて 345.9 になります。また、平均気温とアイスクリーム購入額の共分散が⑥で 2411.8 でした。この 3 つを使って相関係数は以下のように計算します。

相関係数 ＝ 共分散/(平均気温の標準偏差 × アイスクリーム購入額の標準偏差)

$$= 2411.8/(7.79 \times 345.9)$$

$$= 0.895$$

一般的に、相関係数は −1 から 1 までの値になります。図 10.15 はさまざまな散布図について相関係数を計算したものです。左下から右上に点が直線的に並ぶようであれば、相関係数は 1 に近くなり正の相関があるといわれます。一方、左上から右下に点が直線的に並ぶようであれば、相関係数は −1 に近くなり負の相関があるといわれます。全くバラバラであれば相関係数は 0 に近くなり無相関といわれます。

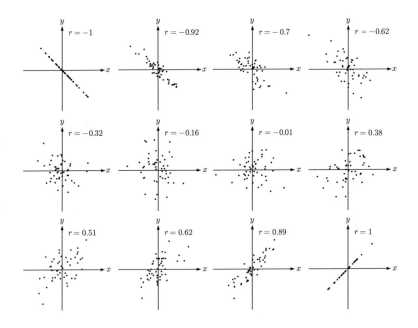

**図 10.15**　相関係数

上記の相関係数0.895は1に近いですから、かなり正の相関が強いことになります。

　この相関係数を2乗したものが既にみた $R^2$ で「**決定係数**」といいます。決定係数は今度は0から1の間で、1に近いほど回帰直線が散布図によく当てはまっていることを表します。上記の0.895を2乗すると0.801になりますが、図10.14でExcelにより算出した $R^2$ と一致します。

### 10.4.5 重回帰分析のイメージ

　以上は、説明変数がひとつだけの「**単回帰**」でした。次は説明変数が複数の**重回帰**です。

　図10.16の左がデータで、説明変数にアイスクリームの消費者物価指数 (2020年=100) が加わります。以降、平均価格と呼びます。

　図右が重回帰のイメージです。3次元となり、説明変数である平均気温と平均価格がx軸とy軸となり、被説明変数であるアイスクリーム購入額がz軸となります。今度は、回帰直線ではなく、回帰「平面」になります。

| 月 | 平均気温 (℃) | アイスクリームの消費者物価指数 (2020年=100) | アイスクリーム購入額 (円) |
|---|---|---|---|
| 1 | 4.7 | 95.1 | 507 |
| 2 | 5.4 | 94.7 | 416 |
| 3 | 11.5 | 94.7 | 607 |
| 4 | 17 | 94.7 | 746 |
| 5 | 19.8 | 94.2 | 894 |
| 6 | 22.4 | 94.5 | 1021 |
| 7 | 28.3 | 93.3 | 1506 |
| 8 | 28.1 | 91.3 | 1443 |
| 9 | 22.9 | 93.1 | 861 |
| 10 | 19.1 | 92.9 | 640 |
| 11 | 14 | 92.9 | 492 |
| 12 | 8.3 | 92 | 537 |

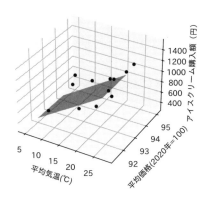

**図10.16** 重回帰分析のイメージ

　重回帰の2変数だけを抜き出して2次元にすれば単回帰になります。図10.17で、手前から向こう側を見れば、アイスクリーム購入額と平均気温の散布図となり、平均気温を説明変数とした回帰直線は①のようになります。右側から左側を見れば、アイスクリーム購入額と平均価格の散布図となり、平均価格を説明変数とした回帰直線は②のようになります。上から下を見れば、平均気温と平均価格の散布図となり、平均気温を説明変数とした回帰直線は③のようになります。

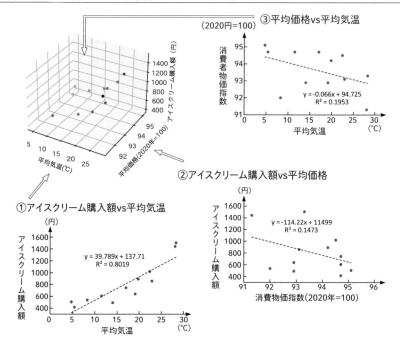

**図 10.17**　重回帰と単回帰

### 10.4.6　Excel による重回帰分析

　では、Excel で重回帰分析をしてみます。簡単にできます。図 10.18 をご覧下さい。

　まず、①上のタブを「データ」にし、②「データ分析」をクリックし、③出てきた小画面で「回帰分析」を選択し「OK」をクリックし、④更に出てきた小画面の「入力 Y 範囲」は被説明変数 (アイスクリーム購入量) の項目名を含む全データ「$D$1：$D$13」、「入力 X 範囲」は説明変数 (平均気温と物価指数) の項目名を含む全データ「$B$1：$C$13」(2 列にまたがるのが単回帰と違います)、「ラベル」と「新規ワークシート」にチェックを入れて「OK」をクリックします。

　結果は別シートに出力されて図 10.19 のようになります。一番下の表の変数名の横の数字が係数で、結局、回帰式は以下のようになります。

　アイスクリーム購入額 = 40.08 × 平均気温 + 4.41 × 物価指数 − 279.96

　一番上の表に戻ると「重決定 $R^2$」の下に「**補正 $R^2$**」とあります。重回帰にも決定係数 $R^2$ があって、0 から 1 の値をとり、1 に近いほど式の当てはまりが

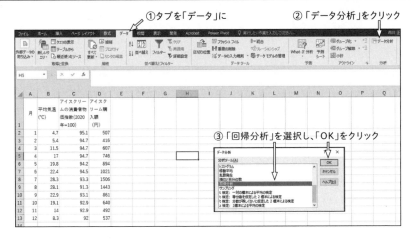

③「回帰分析」を選択し、「OK」をクリック

④「入力Y範囲」は「$D$1:$D$13」、
「入力X範囲」は「$B$1:$C$13」、
「ラベル」と「新規ワークシート」に
チェックを入れ、「OK」をクリック

**図 10.18** Excel による重回帰の計算 (入力)

良いことを示すのは単回帰と同じです。しかし、重回帰の場合には、説明変数の数を増やすとそれだけで $R^2$ は大きくなります。「補正 $R^2$」は、その影響を取り除いたもので、重回帰の場合には決定係数はこちらを使います。

また、一番下の表には、「P-値」という項目があります。この段階では、P-値は 0 に近いほどよい、ということを頭に入れておいて下さい[4]。

また、「P-値」の左には「t」とあります。この値の絶対値が 2 以上であれば、その係数は使うことができます。これも t 値の絶対値は 2 以上でないと不適切と覚えておいて下さい[5]。

---

[4] どうしてそうするとよいのかは、付録で t 分布などの説明が終わった後に、コラムで説明します。

[5] これについても、付録で t 分布などの説明が終わった後に、コラムで説明します。

| 概要 | | | | | | | | |
|---|---|---|---|---|---|---|---|---|
| | | | | | | | | |
| 回帰統計 | | | | | | | | |
| 重相関 R | 0.895613 | | | | | | | |
| 重決定 R2 | 0.802123 | | | | | | | |
| 補正 R2 | 0.75815 | | | | | | | |
| 標準誤差 | 177.685 | | | | | | | |
| 観測数 | 12 | | | | | | | |
| | | | | | | | | |
| 分散分析表 | | | | | | | | |
| | 自由度 | 変動 | 分散 | 測された分 | 有意 F | | | |
| 回帰 | 2 | 1151830 | 575915 | 18.24135 | 0.000682 | | | |
| 残差 | 9 | 284147.6 | 31571.95 | | | | | |
| 合計 | 11 | 1435978 | | | | | | |
| | | | | | | | | |
| | 係数 | 標準誤差 | t | P-値 | 下限 95% | 上限 95% | 下限 95.0% | 上限 95.0% |
| 切片 | -279.96 | 4660.875 | -0.06007 | 0.953416 | -10823.6 | 10263.67 | -10823.6 | 10263.67 |
| 平均気温(℃) | 40.07995 | 7.344343 | 5.457255 | 0.000402 | 23.46589 | 56.69401 | 23.46589 | 56.69401 |
| アイスクリームの消費者物価指数(2020年=100) | 4.409304 | 49.18759 | 0.089643 | 0.930534 | -106.861 | 115.6794 | -106.861 | 115.6794 |

**図 10.19** Excel による重回帰の計算 (結果)

## ▶10.5◀ ニューラルネットワーク

この節では、ニューラルネットワークを説明します。

### 10.5.1 神経回路網からニューラルネットワークへ

**ニューラルネットワーク** (Neural Network) のニューラルは「神経の」です。神経回路網をモデルに構築されました。

図 10.20 は神経回路網です。神経細胞は、核のある細胞体から樹状突起が出ており、それがシナプスで他の神経細胞と接続しています。こうしてできたネットワークを介して電気信号が伝わっていきます。

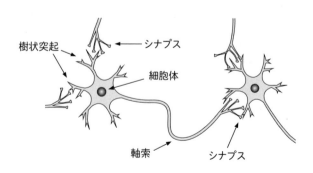

**図 10.20** 神経回路網

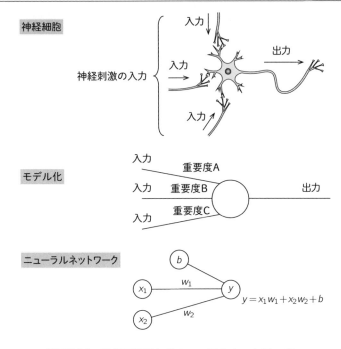

**図 10.21** 神経回路網からニューラルネットワークへ

図 10.21 上はひとつの神経細胞の図です。多数の神経刺激が入ってきて、刺激がひとつにまとまって出ていきます。

その下が、神経細胞をモデル化したものです。3 つの入力がありますが、それぞれ重要度は違います。それらが統合されて出力されます。

図の一番下が、更に抽象化されたニューラルネットワークの一部です。「$b$」、「$x_1$」、「$x_2$」という入力があり、$x_1$ と $x_2$ は重要度に応じて $w_1$、$w_2$ という**ウェイト**がかけられます。それらを統合した出力 $y$ は、

$$y = x_1 w_1 + x_2 w_2 + b$$

で計算されます。各丸は「**ノード**」、それらをつなぐ線は「**エッジ**」、切片あるいは定数項 $b$ は「**バイアス**」と呼ばれます。

### 10.5.2 ノードでの計算

ノードでの計算の具体例を図 10.22 に示します。バイアスは 6、入力は 3、8、2 の 3 つで、それぞれにウェイトとして 5、−2、4 がかかります。これによって

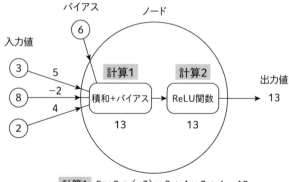

計算1　$5 \times 3 + (-2) \times 8 + 4 \times 2 + 6 = 13$

計算2　ReLU関数：入力値が0以下なら0を出力
　　　　　　入力値>0なら入力値を出力

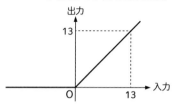

**図10.22**　ノードにおける計算例

「計算1」のように、ひとまず、

$$5 \times 3 + (-2) \times 8 + 4 \times 2 + 6 = 13$$

と計算します。

　次に、更にこれに ReLU **関数**を適用します。神経細胞は、入力の電位がある閾値を越えたときに興奮 (発火) して電位が急に上がって電流が流れ、また元に戻ります。ReLU 関数[6]はこれをモデル化したもので、これを更に加えることによりパフォーマンスは更に向上します。図にあるように、入力が閾値である 0 より小さい間は出力は 0 のままですが、入力が閾値である 0 以上だと「発火」して、入力値をそのまま出力します。ReLU は Rectified Linear Unit の略です。さて、計算例に戻ると、ひとまずの出力は 13 で、0 より大きいので、「計算2」のように、13 をそのまま出力します。

---

[6] 「発火」をモデル化した関数は、ほかにも、シグモイド関数、tanh 関数などいろいろあります。

### 10.5.3 ニューラルネットワークの構造

このようなノードをたくさんつなげたのがニューラルネットワークです。

図 10.23 が模式図ですが、各ノードは、「**入力層**」、「**隠れ層 (中間層)**」、「**出力層**」に分かれます。左側が入力で、中間層を経て、最後の出力層に至ります。

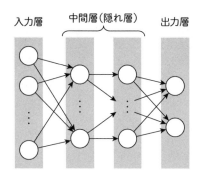

**図 10.23** ニューラルネットワークの構造

この中間層が 2 以上あるのが**ディープニューラルネットワーク**です。

### 10.5.4 画像に関するニューラルネットワークの推論のイメージ

では、このニューラルネットワークでどのような処理をするのでしょうか。

図 10.24 は、画像に関するニューラルネットワークの推論のイメージです。画像はコンピューターで処理する際には、図上のように、縦横の碁盤の目に分割します。分割されたひとつひとつの四角を「**ピクセル**」といいます。図では縦横とも 32 ピクセルずつ並んでいますので、32 × 32 = 1024 ピクセルに分割しています。モノクロ画像の場合、各ピクセルの濃さを 0 から 255 の値で表現し、32 行 32 列の表に対応させます。

ニューラルネットワークには、図下のように、この値を 1 行目の左から入力層の下のほうに順次与えていき、1 行目が終われば次は 2 行目に移るというようにして、最後は 32 行 32 列目の値が与えられます。これらを入力としてニューラルネットワークで計算していき、最後の出力が出ます。この出力は、ニューラルネットワークの各エッジのウェイトの値によって異なることに注意して下さい。このウェイトの定め方については次の項で学びます。

この例では、画像が犬のものか猫のものかの確率を出力するようになっています。

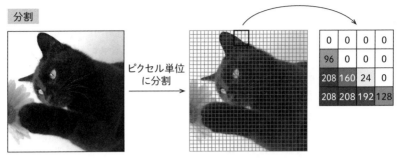

ピクセルごとに、色の濃さを0〜255で表す

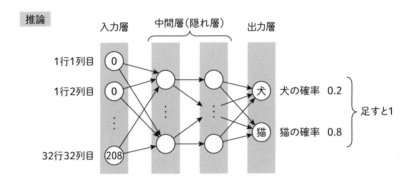

**図 10.24**　画像に関するニューラルネットワークの推論のイメージ

　結果は、犬の確率が 0.2、猫の確率が 0.8 となり、この画像は猫である、と判定されることになります。

### 10.5.5　学習

　では、そのような「正解」を与えるウェイトはどうやって計算するのでしょうか。

　各ウェイトには適当に初期値を与えて、順次、そのウェイトを更新していくのですが、この更新を続けて適切なウェイトを得る過程をニューラルネットワークの「**学習**」といいます。これをディープニューラルネットワークで行うのが、「**ディープラーニング**」(深層学習) です。

　図 10.25 は、その過程を図式化したものです。最初に、ウェイト (とバイアス) をランダムに初期化します。そうして学習データの画像を、正解とともにまずひとつ与えて、その画像のピクセル値を入力として、ニューラルネットワークで計算し、とりあえずの出力を出します。図では犬が 0.8、猫が 0.2 でした。

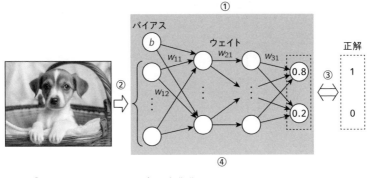

①ウェイトとバイアスをランダムに初期化
②画像データを入力
③推論結果と正解を比較して損失を求める 　} 学習データの数だけ②〜④を行う
④ウェイトとバイアスを更新

**図 10.25**　学習の具体的な流れ

正解は犬が 1、猫が 0 です。

　犬と猫の出力ノードの 2 つについて、それぞれ出力と正解との差をとって 2 乗し足し合わせたものが「**損失**」です。この損失から、新たなウェイト (とバイアス) を計算して更新します。

　そして、次の学習データの画像を入力して、同様のことを繰り返していくと、最後には適切なウェイトが得られます。

　では、損失からどうやって新たなウェイトを計算するかです。最終的に損失が最小になるようなウェイトが出ると最適になります。損失は、出力と正解の差をとって 2 乗した上で足し合わせたものですから、ウェイトを変数とすると、基本的にはウェイトの 2 次関数となります。このウェイトを横軸にとって、損失を縦軸にして描いたのが図 10.26 です。2 次関数の形になります。図中①のように勾配が下向きであればウェイトを増やし、図中②のように勾配が上向きであればウェイトを減らします[7]。傾きがゼロになると、損失は最小となり、ウェイトも最適なものとなります。このような勾配を使う方法は、「**勾配降下法**」

---

[7]　「勾配」とありますが、実は微分係数のことです。数多くのウェイトを変数として損失を計算する式を作り、その式を微分することによって「勾配」の式を作り、入力や出力の数値から更新すべきウェイトの大きさを計算します。具体的な式は、多変数の微分となり、理系学部の数学となりますので、示すことは省略します。ただし、そうした数式がわからなくても、既存の (無料) プログラムで隠れ層の数や各層のノード数などを指定すれば、計算は自動的にやってくれます。

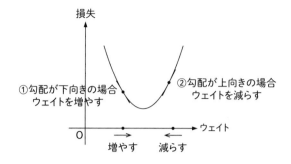

図 **10.26** 損出が最小となるウェイトに段階的に近づく

といいます。また、誤差を使って出力のほうから入力のほうへとウェイトを計算していきますので、「**誤差逆伝播法**」といわれます。

以上のように学習された適切なウェイトでのニューラルネットワークを使って、判定などのさまざまな処理を行うことになります。

---

### ●コラム 40 ● 画像処理と CNN

　画像をニューラルネットワークで扱うイメージは 10.5 節の図 10.24 で紹介しました。行列になっているピクセルを 1 列に直してニューラルネットワークに与えていました。しかし、周辺の画像がどうなっているかなどの情報が入力データに直接組み込まれず非効率です。結果として、計算に膨大な時間がかかります。

　そこで画像処理の分野では、**畳み込みニューラルネットワーク (CNN: Convolutional Neural Network)** が多用されます。

　CNN のイメージは図 10.27 のとおりです。元の画像は 5 × 5 と極めて簡略にしています (実際の画像データでは数千×数千といった大きさになります)。これに畳み込みを行います。

　具体的には、図の右のように**カーネル (フィルター**ともいいます) という小さい認識用画像を用意します。図では 2 × 2 です。このカーネルは、その数字の並びから、元データで左上から右下に線があるパターンを見出す役割をもちます。

　最初は元データの左上に重ねて、元データの各セルの値と、重なったカーネルの各セルの値をそれぞれ掛け合わせて全部足します。図では、$1 \times 1 + 0 \times 0 + 0 \times 0 + 1 \times 1 = 2$ と計算しています。結果の 2 を図の右側の「次の層への入力」の 1 番上に書き込みます。

　次に、カーネルをひとつ右にずらします。今度は、$0 \times 1 + 0 \times 0 + 1 \times 0 + 1 \times 1 = 1$ と計算し、結果の 1 を「次の層への入力」の 2 番目に書き込みます。

　このようにして、ひとつずつ右にずらしていき、4 回目で右に突き当たります。今度は、カーネルをひとつ下にずらして、1 番左から同様の計算をしていきます。

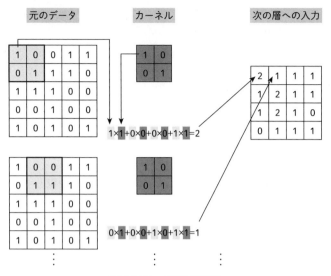

**図10.27**　CNN の構造

　カーネルが元データの 1 番右下までいきつくと終わりで、全部で 16 個のネットワークへの入力が作られたことになります。このようにして得られたデータを特徴マップといいます。こうして、周辺の画像がどうなっているかという情報も取り込めたことになります。

　このように畳み込みを行った次は、プーリングを行います。図 10.28 に例がありますが、対象画像の 2 × 2 の区画ごとに最大値を探してそれを特徴マップの最初の左上の値にします。以降、2 ピクセルずつ移動して最大値を特徴マップに書き出していきます。これで、特徴マップのサイズは小さくなります。

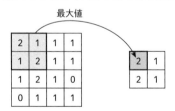

**図10.28**　プーリングの例

　こうした畳み込みと**プーリング**をの処理を何層か取り入れたニューラルネットワークによって判別などを行います[8]。

---

[8] 以上の説明は短すぎてわかりにくいかもしれません。詳しく知りたい方は、例えば、以下の本をご覧下さい。数式が出てこないので文系の方でも大丈夫だと思います。
立山秀利 (2021)『ディープラーニング AI はどのように学習し、推論しているのか』日経 BP

●コラム 41 ● 形態素解析と WordCloud

　次のコラムでは**自然言語処理**[9]に触れますが、その前提となる**形態素解析**を紹介します。

　形態素解析は、文章を単語に分解して、品詞の分類などを行うことです。今や、無償で提供されているソフトがあり、インストールさえできれば簡単に形態素解析ができます[10]。

　「すもももももももものうち」という文章に対して PC で形態素解析を行った結果が表 10.5 です。きちんと単語に分解されて、品詞名等も表示されています。

表 10.5　「すもももももももものうち」の形態素解析の例

| 表層形 | 品詞 | 品詞細分類 1 | 品詞細分類 2 | 原形 | 読み | 発音 |
|---|---|---|---|---|---|---|
| すもも | 名詞 | 一般 | – | すもも | スモモ | スモモ |
| も | 助詞 | 係助詞 | – | も | モ | モ |
| もも | 名詞 | 一般 | – | もも | モモ | モモ |
| も | 助詞 | 係助詞 | – | も | モ | モ |
| もも | 名詞 | 一般 | – | もも | モモ | モモ |
| の | 助詞 | 連体化 | – | の | ノ | ノ |
| うち | 名詞 | 非自立 | 副詞可能 | うち | ウチ | ウチ |

　このように形態素解析ができてしまえば、さまざまな自然言語処理が可能になります。例えば、文章中の頻度に比例する大きさで単語を雲のように並べる **WordCloud** があります。

　図 10.29 は、日本国憲法の MeCab による形態素解析を行った上で、WordCloud[11] を適用したものです。「法律」、「国会」、「国民」などが頻出していることが一目でわかります。なお、「の」、「こと」、「それ」など分析の対象から除きたい単語はあらかじめ除外して解析しています。

---

[9] Python などのプログラミング言語ではなくて、「日本語」や「英語」といった「〇〇語」を自然言語といいます。

[10] 形態素解析ソフトとしては、例えば MeCab がありますが、以下が、作者・提供者のサイトです。
MeCab: Yet Another Part-of-Speech and Morphological Analyzer
https://taku910.github.io/mecab/
しかし、上記サイトでインストールできるのは 32 ビット版で、プログラミング言語 Python3 で使うためには、以下のサイトの 64 ビット版をインストールします。
MeCab を Python3 で使ってみよう
https://www.fenet.jp/dotnet/column/言語・環境/7805/

[11] WordCloud のインストールの方法を解説したサイトは、例えば以下があります。
「【備忘録】日本語のワードクラウドを作る」
https://qiita.com/TkrUdagawa/items/aa483630b5ec7d337c9e

**図 10.29**　日本国憲法への WorldCloud 適用結果

●コラム 42 ● 自然言語処理と RNN

　本節で説明したニューラルネットワークは、入力ノードの数が固定されたものでした。しかし、文章の長さが変わる自然言語処理には、そのままでは不向きです。

　このため、自然言語処理では、**再帰型ニューラルネットワーク**（**RNN**: Recurrent Neural Network）も使われます。

　RNN の構造は図 10.30 のとおりです。ニューラルネットワーク自体はひとつに固定されます。普通のニューラルネットワークと違うのは、最初に入力された単語（図では「私」）を使って中間層のウェイトや出力などが計算された後、次の単語（例では「は」）が入力されるとそのデータだけでなく前の単語（「私」）の中間層のデータも使って中間層のウェイトや出力などが計算され直します。これが繰り返されます。

　これであれば入力ノードの数などを変えずにニューラルネットワークを構築できます。

　では、こうした RNN を使って、例えば**機械翻訳**はどう行うのでしょうか。

　その仕組みを解説したのが図 10.31 です。

　エンコーダーとデコーダーという 2 つの RNN を使います。**エンコーダー**は、例では「私は黒い猫を飼っている。」という日本語を入力し、文章の特徴を出力します。**デコーダー**は、その翻訳元の文章の特徴を使って "I have a black cat." という英文を出力します。

　デコーダーの構造を更に説明すると、最初の単語 "I" が得られているとして、次に来る単語が何かを予測します。具体的には、候補となるボギャブラリーの中で各単語が "I" の次に来る確率を計算し、一番確率が大きな単語を次の単語と推測します。例では "have" です。2 番目の単語が "have" だとして、更に次に来る単語を推測します。このようなプロセスを繰り返します。

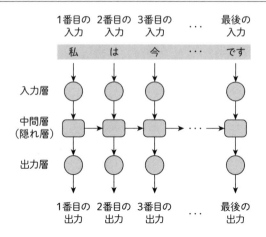

**図 10.30**　RNN の構造

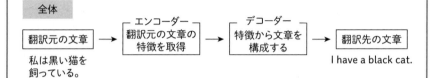

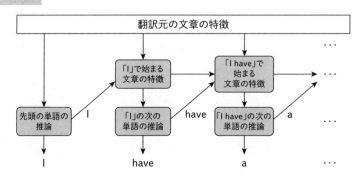

**図 10.31**　機械翻訳の仕組み

以上が機械翻訳のイメージですが、新しい技術がどんどん生まれていますので、ご関心のある方はより専門的な書籍をご覧下さい[12]。

---

[12]　「画像処理と CNN」のコラムでご紹介した以下の本は、数式が出てこないので文系の方向きです。また、本書では極めて簡略化したことも詳しく説明されています。
　　　立山秀利 (2021)『ディープラーニング AI はどのように学習し、推論しているのか』日経 BP

## ●コラム 43 ● ChatGPT

　アメリカのベンチャー企業「**オープン AI**」が開発し、2022 年 11 月に無料公開を開始した**対話型 AI** の **ChatGPT** がその能力の高さで話題になっています。ブラウザでサイトに質問や単語を入力するだけで、すぐに人間が作成したような自然で説得力のある回答が返ってきます。公開されて 2 か月ほどで、月に 1 回以上サービスを利用した人が 1 億人に達したとのことです。

　企業でのプレゼン資料作成、個人的な旅行プラン立案、法律相談、就職活動、学校の課題・宿題などさまざまな分野での利用が考えられます。コンピューター・プログラムも生成します。

　反響の大きさなどから、GAFA をはじめとする他社もどんどん活用やシステム開発の検討を始めています。

　その仕組みは、大量のデータを使った大規模で複雑なニューラルネットワークです。**GPT** は、Generative Pre-trained Transformer の略ですが、CNN や RNN とは違って正解の付いた大量の教師データを用意する必要がないなどの特徴がある **Transformer** という技術が使われています。この技術を使って、まず最初の数単語を入力するとそれに続く文章を自動的に生成する GPT というシステムが作られました。GPT をベースに、更に、好ましくない文章は生成しないようにしながら、大量の対話データを学習させたのが ChatGPT です。教師データは第三版の GPT-3 では 45 テラバイトともいわれています。

　ただし、利用するにあたっては注意すべき点もあります。まず、個人情報や機密情報を入力することは避けるべきです。そうした情報も使って学習が行われ、他の質問への回答に使われてしまう可能性があるからです。また、回答は正確とは限りませんので、あくまで最終的な判断は人間が行う必要があります。また、少し昔のデータを用いて学習していますので、最近や未来のことには答えられません。

　なお、その能力が極めて高いことなどから、規制するべきではないかとの議論が世界中で起きています。イタリアのデータ保護当局は、膨大な個人データの収集などが個人情報保護法律に違反している疑いがあるとして 2023 年 3 月に一時的に提供を禁止しました（その後、改善策が講じられ禁止解除）。このほか、欧米をはじめさまざまな国で規制などに関する調査や検討が開始されています。2023 年 5 月の G7 広島サミットでは、ChatGPT に代表される生成 AI に関する国際ルール作りに向けて、年末までに G7 のデジタル・技術大臣が議論することになりました。

　いずれにしても、まずは自分で使ってみて、どの程度のものなのかを体験してみるとよいでしょう。ブラウザで「ChatGPT」と検索して、出てきたサイトで簡単なメールアドレスの登録などをすれば無料で誰でも利用できます。

## 10.6 モデルの評価方法

　以上に述べたようなさまざまな機械学習の手法によって、「モデル」が得られることになりますが、そのモデルが優れているかどうかの評価方法をこの節では説明します。そうした評価の結果を踏まえて、パラメーターなどの修正を行ってモデルを改良していくことになります。

### 10.6.1　機械学習におけるデータの使い方

　そもそも、機械学習ではデータの使い方が、統計的推定や検定などを扱う伝統的な統計学とは全く違います。データを訓練データとテストデータに分けて、**訓練データ**でモデルを構築し、**テストデータ**でそのモデルの良否をテストします。「当たればよい」といった工学的な発想が色濃いです。一方、伝統的な統計学などではデータをすべて使った上で、検定などにより検証します。

　機械学習で統計的推定や検定があまり使われない背景には、ビッグデータや多くの企業データなどはきちんとサンプリングされてはいないデータがどんどん入ってきますので、統計的検定などは適用が難しいこともあるでしょう。

　データの分割は、通常は、図 10.32 の上の「**ホールドアウト検証**」のように、データを単に訓練データとテストデータに分けて学習と検証を行います。

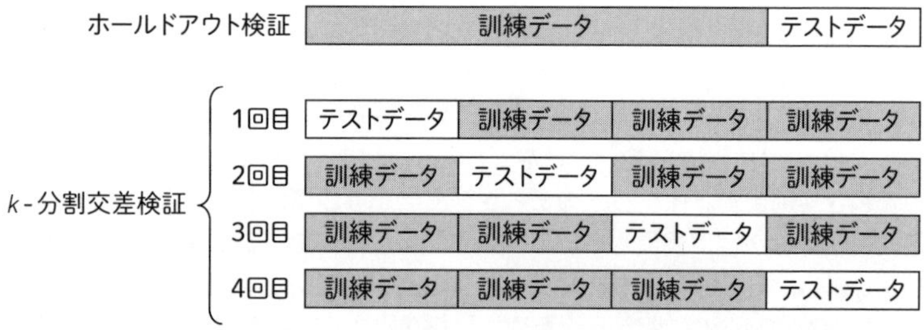

**図 10.32**　ホールドアウト検証と *k*-分割交差検証

　データの数が多いときはこれでも良いのですが、限られた数のデータを最大限に活用しようというのが図の下の「交差検証」です。データを *k* 個のグループに分けた場合には、「***k*-分割交差検証**」といいます。具体的には、図の場合にはデータを 4 グループに分け、最初の学習・検証では 1 番目のグループをテストデータにして、残りを訓練データにします。2 回目の学習・検証では 2 番目のグループをテストデータにします。このようにして 4 回学習・検証を行います。

### 10.6.2　結果が数値の場合の評価指標

では、こうしてテストデータで得られた結果をどのような指標で評価すればよいでしょうか。

最初は、結果が数値の場合です。まず、平均2乗誤差が挙げられます。正解と予測値の差の2乗をテストデータのサンプルごとに足してサンプル数で割ったものです。これが小さければよいことになります。正解と予測値の差の絶対値を足し上げてサンプル数で割る方法もあります。

なお、数値で結果が得られる回帰分析では、データがサンプリングに基づくものでなくても、回帰分析の統計理論が適用できます。既にみた決定係数、$P$-値、$t$値などが使えます。

### 10.6.3　分類の場合の評価

では、結果が数値ではない分類の場合はどうでしょうか。

図 10.33 のような**混同行列** (Confusion Matrix)[13]をまず計算します。

混同行列 (Confusion Matrix)

| | | 予測 | |
|---|---|---|---|
| | | ○ | × |
| 正解 | ○ | 真陽性<br>(TP: True Positive) | 偽陰性<br>(FN: False Negative) |
| | × | 偽陽性<br>(FP: False Positive) | 真陰性<br>(TN: True Negative) |

混同行列：コロナの仮想例

| | | 検査結果 | |
|---|---|---|---|
| | | 感染 | 非感染 |
| 正解 | 感染 | 真陽性(TP)<br>20 | 偽陰性(FN)<br>5 |
| | 非感染 | 偽陽性(FP)<br>3 | 真陰性(TN)<br>182 |

正解率 (Accuracy)

$$\text{Accuracy} = \frac{TP + TN}{TP + TN + FP + FN}$$

$$\frac{20 + 182}{20 + 5 + 3 + 182} = 0.96$$

適合率 (Precision)

$$\text{Precision} = \frac{TP}{TP + FP}$$

$$\frac{20}{20 + 3} = 0.87$$

再現率 (Recall)

$$\text{Recall} = \frac{TP}{TP + FN}$$

$$\frac{20}{20 + 5} = 0.80$$

F値 (F measure)

$$\text{F measure} = \frac{2 \times \text{Precision} \times \text{Recall}}{\text{Precision} + \text{Recall}}$$

$$\frac{2 \times 0.87 \times 0.80}{0.87 + 0.80} = 0.83$$

**図 10.33**　混同行列と諸指標

---

[13] 「混同」行列というと印刷ミスかと思われるかもしれませんが、confusion の訳ですので間違いではありません。

　図の左側をご覧下さい。正解が「○」であった場合に予測も「○」であれば**真陽性 (TP**: True Positive)、一方、正解が「○」であった場合に予測が「×」であれば**偽陰性 (FN**: False Negative) といいます。また、正解が「×」であった場合に、予測が「○」であれば**偽陽性 (FP**: False Positive) といい、予測が「×」であれば**真陰性 (TN**: True Negative) といいます。混同行列には、それぞれに当てはまるサンプル・データの数を入れます。

　機械学習とは関係ないのですが、新型コロナ感染症の検査結果を例にとるとわかりやすいかもしれません。図の右がそれで、仮想上の数値も入れてあります。まず、本当に感染していて検査でも「感染」と判定されれば真陽性です。逆に感染しているのに感染していないと検査結果が出れば偽陰性です。一方、感染していないのに検査で感染と判定されれば偽陽性です。逆に感染していなくて検査でも感染していないと出れば真陰性です。

　さて、こうして混同行列ができたところで、以下のような各種指標を計算します。

　最初は「**正解率**」で表の下のような計算式です。全データの中で予測が当たった割合となります。混同行列全体で計算します。コロナの仮想例の場合の計算を表の下に示してあります。しかし、予測がはずれた場合に、本来は○だったのか×だったかが全く考慮されていません。

　そこで、2 番目の「**適合率**」は、○と予測した中で、実際に正解も○だった割合です。予測が○だった列を縦に見ます。

　また、3 番目の「**再現率**」は、正解が○だった中で、○と予測できた割合です。正解が○だった行を横に見ます。

　病気の検査の場合は「適合率」や「再現率」も重要になります。○が「病気」だとすると、適合率が小さければ病気と判定したうちで本当に病気であった率が低くなり、無駄に再検査することが多くなるかもしれません。一方、再現率が低ければ、本当に病気のときに病気と判定する率が低くなり、病気の見過ごしが多いことになります。

　4 番目は「**F 値**」で、適合率と再現率の調和平均です。調和平均は各数の逆数をとって足した 2 で割った結果の逆数をとるものです。適合率と再現率の両方を含む総合的な判断ができます。

　以上のような指標などを使って評価を行います。評価の結果を踏まえて、モデルを修正するプロセスが繰り返されます。

# 確認問題

10.1.　2021 年の Kaggle のアンケートの結果、世界のデータサイエンス・機械学習で用いられた手法・アルゴリズムで、一番多いのは何ですか？

10.2.　AI は英語の何の略ですか？

10.3.　AI は大きく、〇〇 AI と□□□ AI に分類されます。〇〇と□□□を埋めて下さい。

10.4.　本書で説明した考え方では、①「AI」と②「機械学習」では、どちらのほうが広い概念ですか？　番号でお答え下さい。

10.5.　機械学習の分類として「〇〇〇〇学習」「□□□□学習」「△△学習」があります。〇〇〇〇、□□□□、△△を埋めて下さい。

10.6.　購入の有無などの結果 (教師データ) をもとにデータを分類し、さまざまな要因が結果に与える影響を樹形図により把握する教師あり学習の一手法を何といいますか？

10.7.　各標本を似たもの同士のグループ (クラスター) へ分類する教師なし学習のひとつで、初期値を設定して重心を計算することを繰り返す手法を何といいますか？

10.8.　「商品 A を買っている人の〇 % が商品 B も買っている」といった同時購入の確率などを導出する手法を〇〇〇〇〇〇〇〇分析といいます。〇〇〇〇〇〇〇〇を埋めて下さい。

10.9.　Twitter の解析などにより、人間のつながりを可視化する教師なし学習のひとつを何といいますか？

10.10.　ナイーブ〇〇〇フィルターは、迷惑メールの判定を行います。〇〇〇を埋めて下さい。

10.11.　回帰分析で、説明変数が複数のものを〇回帰分析といいます。〇を埋めて下さい。

10.12.　相関係数は、2 つの数字の間に収まりますが、その 2 つの数字を挙げて下さい。

10.13.　回帰分析で、P-値は①ゼロに近いほうがいいでしょうか、②ゼロより離れたほうがいいでしょうか？

10.14.　ニューラルネットワークで、計算を行う本体の〇 (丸)、傾きの数字、切片の数字、入力と出力の矢印線、をそれぞれ何といいますか？

10.15.　隠れ層が複数あるニューラルネットワークを、〇〇〇〇ニューラルネットワークといいます。〇〇〇〇を埋めて下さい。

10.16. ニューラルネットワークにおいて、最初に各ウェイトに適当に初期値を与え、データを順次入力して、そのウェイトを更新していくことを○○といいます。○○を埋めて下さい。

10.17. 画像処理などに用いられる畳み込みニューラルネットワークを英字 3 文字で何といいますか？

10.18. 文章を単語に分割して、更に品詞名などを特定することを○○○解析といいます。○○○を埋めて下さい。

10.19. 自然言語処理などに使われる再帰型ニューラルネットワークを英字 3 文字で何といいますか？

10.20. 機械学習のモデルの評価において、正解が「○」であった場合に予測も「○」であれば真陽性などとして、真陽性のサンプル・データの数など 4 つの欄を埋めた行列を何といいますか？

# 付　　録

## ▶A.1◀ いわゆる「統計学」を付録とした趣旨

　データサイエンスの教科書というと、記述統計、確率、検定、推定などを詳しく説明するいわゆる伝統的な「統計学」が最初から延々と続いたり、「はじめに」で紹介したように「データサイエンス = 統計学」とある意味で誤解して統計学だけで終わっているケースも多いです。ですが、本書では付録に回しています。その理由を説明します。

　まず、データの分析にあたっては、最初にデータをさまざまな図表に表してみることが不可欠です。この点については、伝統的「統計学」では平均値、度数分布表、ヒストグラムなど図表の作り方の一般的な方法論を説明する「記述統計学」から始まります。しかし、第6章第3節の例のように、インターネット全盛の今では既に度数分布表のような形になったデータ表は簡単にダウンロードできます。更に、Excel 全盛の現在では、そうしたデータを使ってあっという間に好みの表にしたり、グラフを描くことができて、それで十分なことが多いです。ダウンロードの仕方や Excel での表の作り方やグラフの描き方を知っていればひとまず良いことになります。本編ではそうしたことを解説しています。

　第2に、企業のデータ分析やビッグデータ分析では、大学初年次レベルの「統計学」の講義の最後に出てくるような検定や推定はあまり使いません。これは、そうしたデータは、きちんとサンプリングされて得られたものではないため、統計的検定・推定の適用が難しいことなどからです。統計的検定・推定が多用される分野は実は、医薬品の有効性検定などの医学、工場での品質管理など限られます[1]。多くの方はそうした業務に携わる機会はないと思います。もちろん、そうした業務に携わる場合には必須の知識ですが、多くの方には必要になることは少ないと思われます。なお、第10章第6節でみたように、AI などの場合には、手法の評価方法として統計的検定などは使わず、学習データでできたモデルをテストデータでどれだけ「当たっているか」という評価の仕方をします。

---

[1] 『統計学が最強の学問である』という一連の書籍がベストセラーになっていますが、書かれたのは医学者です。確かに医学などではそうかもしれません。

　第3に、統計学はもちろん知っておいたほうがよいことは確かです。ですが、文系の皆さんの場合は、奮起して統計学の勉強をはじめても、確率変数・確率分布をはじめとする数学が基本とされてそこから始まり、最初の段階で挫折し、途中の正規分布の数式や中心極限定理などはチンプンカンプンで、最後に出てくる検定や推定の段階になると、とうの昔に投げ出しているケースが多いのではないかと思います。

　このため、本書でも統計学は省略してもよいのですが、一応知っておいたほうがよいのは間違いありませんので省略はしません。しかし、多くの人には必要になることが少ないので、最後の「付録」で説明しています。本書では、通常とは説明の順序をひっくり返している場合が多いのですが、統計学が付録であることもその一例です。なお、数学や数式は出てきませんので安心してお読みいただければと思います。また、更に各節での説明も通常とはひっくり返して、結果から説明している場合などが多いです。

　なお、医学の分野でも、統計的に有意といった検定は、それだけに頼るのは有害で、他の情報も含めて総合的に判断すべき、という見解が国際的に広がっているようです[2]。

## ▶A.2◀ 記述統計

　A.1節で触れたように、通常は「統計学」というとまず「**記述統計**」で平均値、度数分布表、ヒストグラムなどから始まります。数十年前からそうです。ですが、数十年前というと、インターネットもPCもない時代でしたので[3]、表はノート、定規、鉛筆で線を引いて手間暇かけて作っていました。グラフの場合はノートが方眼紙に変わります。どちらもものすごく手間がかかる上、少し直したいと思っても、最初から書き直しになることも多かったです。現在は、Excelで表もグラフもあっという間に作れますし、修正も容易です。

　平均値などのデータの代表値は今も重要ですが、そのように表やグラフが作りにくかった時代には、それに代わって簡単にデータを表現できるものとして今よりも重要度がはるかに高かったのかもしれません。ただ、現在は、わかり

---

[2] 朝日新聞「『統計的に有意』誤解の温床　『やめるべき考え方』論文に研究者800人賛同」2019年6月20日21面

[3] 当時のスーパーコンピューターより、現在のPCはもちろん、スマホのほうがはるかに高性能です。コンピューターの接続には通常の電話回線などを使って、音でやりとりしていましたので、通信速度も遅く、やりとりできる量も非常に限られていました。

やすい表やグラフが簡単に作れますので、それでデータを表現すれば十分なことも多いと思います。

　ですが、ヒストグラムや平均などがどのようなものかは知っておくことは必要ですので、以下「記述統計」で扱うような内容を簡単に紹介します。

### A.2.1　ヒストグラム

　まず、**ヒストグラム**からですが、Excel で簡単に描けます。

　第 10 章の図 10.11 では、2018 年各月の平均気温とアイスクリーム購入額を扱いましたが、この平均気温は実は東京のものでした。これに那覇を加えて、期間を 2015 年から 2021 年の 6 年間分に拡張して、東京と那覇の気温のヒストグラムを Excel で描いたものを Excel の処理とともに示したのが図 A.1 です。このように、横軸は一定の幅をもった区間にして、その区間に入るデータがいくつあるかを棒グラフにしたものが典型的なヒストグラムです。

　グラフは上が東京、下が那覇です。東京のグラフと那覇のグラフは、横軸の気温の大きさが上と下のグラフで横の位置が同じになるように揃えてあります。上の東京は低い気温まで左側に長く伸びている一方、下の那覇は右側の比較的高い気温に集中しています。要するに、東京のほうは気温のばらつきは大きいですが、那覇のほうは気温が高いほうの狭い範囲に集中しています。

　ヒストグラムの描き方は、図中にあるように、東京の場合は、まず①全データを選択し、次に②上のタブを「挿入」にし、次に③「グラフ」のヒストグラムの形の横の▼をクリックして出てきた小画面で「ヒストグラム」をクリックし、次に④とりあえずできたグラフの下の軸名をダブルクリックして枠に〇が出たら右クリックし、表示される小画面で「軸の書式設定」をクリックし、⑤画面右の「軸の書式設定」で「軸のオプション」を選択し、「ごみ箱の幅」を適当な数値に設定し、⑥グラフの大きさや位置を調整、表題を入れて完成します。那覇についても同様です。なお、「ごみ箱」は、ヒストグラム中の各縦棒のことです。英語では各縦棒のことを bin というのですが、その直訳です。

　このように文章で説明すると長くなるのですが、操作自体はそれほど難しくありません。ただ、煩わしいかもしれません。一方、第 10 章の図 10.11 の散布図の作成はもっと簡単でした。東京の散布図は既にあるので、那覇についても散布図を作って並べれば、わざわざヒストグラムをそれぞれについて作らなくても、相関の程度とともにデータの散らばり具合はある程度はわかります。

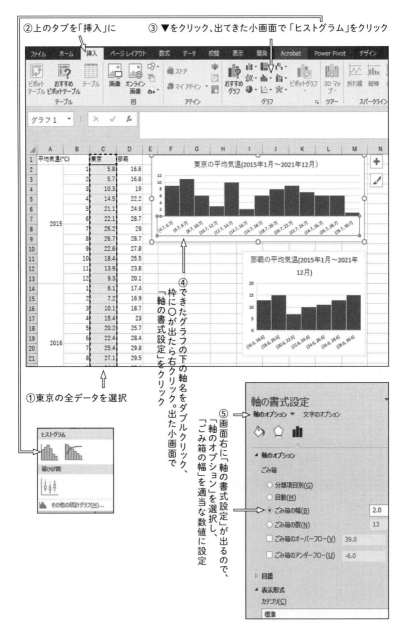

**図 A.1**　東京と那覇の平均気温のヒストグラム

### A.2.2　標準偏差・分散、平均・中央値・最頻値

　上のヒストグラムで東京のほうは気温のばらつきが大きい一方、那覇のほう
は高いほうの狭い範囲に集中していることがわかります (もっと簡単に散布図を
作ってもある程度はわかります) が、これを数値で表すこともできます。「**分散**」
あるいは「**標準偏差**」です。これらが大きいと散らばりの度合いが大きいこと
を示します。

　これらは Excel で自動的に計算できます。図 A.2 に示しています。

　具体的な計算方法は、データ期間が 1 年分ではありますが、実は第 10 章の図
10.13 に既に示されています。東京の分散は 54.6、那覇は 18.2 で[4]東京のほう
が散らばりが大きいことがわかります。分散の平方根である標準偏差も、東京
が 7.4、那覇が 4.3 で東京のほうが大きいです。このように、グラフを見てわか

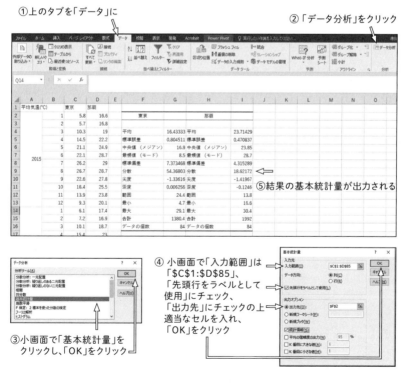

**図 A.2**　Excel による東京と沖縄の平均気温の基本統計量

---

[4] 統計数値などは、小数点以下第 1 位まで示すことも多いです。この場合、小数点以下第 2 位
を四捨五入します。

る散らばりの大きさが数値で表せます。

　Excel での具体的な処理ですが、まず①上のタブを「データ」にし、②右端の「データ分析」をクリックし、③小画面で「基本統計量」を選択して「OK」をクリックし、④小画面の「入力範囲」は「$C\$1:\$D\$85」、「先頭行をラベルとして使用」にチェック、「出力先」にチェックの上適当なセルを入れ、「統計情報」にチェックを入れ、「OK」をクリックすると、⑤結果の基本統計量が出力されます。

　ここで、結果の表を見ると、上のほうに「平均」、「中央値」、「最頻値」が表示されています。統計で、代表値とされる 3 つです。

**平均**：　データをすべて足してデータの数で割ったものです。

**中央値 (メジアン**、median):　データを小さい順 (大きい順でもいいです) に並べたときに真ん中にくるデータです。データの数が偶数のときは、真ん中の 2 つを加えて 2 で割ります。

**最頻値 (モード**、mode):　数が最も多いデータの値です。通常はヒストグラムで最も度数が多い値です。

　図 A.3 のように、グラフが山がひとつで左右対称の場合は、平均、中央値、最頻値は同じになります。しかし、図 A.4 のように偏っている場合には 3 つは異なります。これは、国民生活基礎調査による 2019 年のわが国の世帯の所得分布ですが、平均は、数は少なくとも所得の多い層の影響が出て中央値などより右側になります。中央値も、最頻値よりは右側になります。

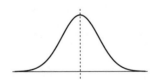

**図 A.3**　山が 1 つで左右対称の分布

　このように、分布が偏っている場合には 3 つは異なることに注意する必要があるのですが、グラフを描けば一目瞭然ですので、必ずグラフを描いたほうがよいと思われます。Excel なら簡単です。

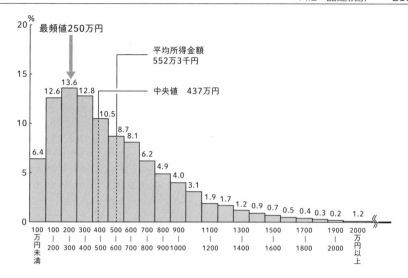

**図 A.4**　所得分布

出所：厚生労働省
https://www.mhlw.go.jp/toukei/saikin/hw/k-tyosa/k-tyosa19/dl/03.pdf

### A.2.3　箱ひげ図

　**箱ひげ図**は、記述統計や可視化というと必ず出てくるので一応紹介しておきます。

　図 A.5 の左が東京と那覇の気温 (6 年分) について作った例です。

　右側に意味が書いてありますが、**第 1 四分位数**はデータを小さい順に並べたときにデータ数が全体の 4 分の 1 になるときのそのデータの値です。**第 2 四分位数**はデータ数が 2 分の 1 のときで、中央値と同じです。**第 3 四分位数**はデータ数が 4 分の 3 になるときのそのデータの値です。こうしたデータを使って箱ひげ図を描きます。

　実際に東京と那覇の気温について作った例をみると、東京が平均は低いものの上下に大きく広がっている一方、那覇は平均は高いものの比較的狭い範囲に収まっています。しかし、これは、ヒストグラムや散布図を見てもわかることではあります。

　Excel での作成法は、途中まではヒストグラムと同じで、後はその下の「箱ひげ図」をクリックすればよいだけです。

　なお、私は官庁やシンクタンクで経済データの分析に従事してきましたが、実

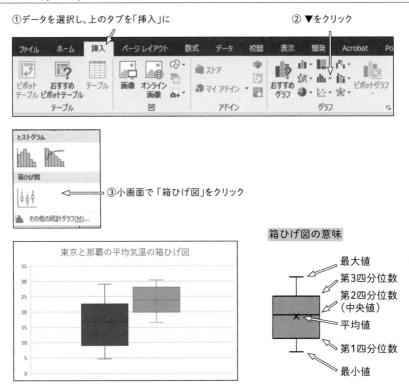

図 A.5　東京と那覇の平均気温の箱ひげ図

務で箱ひげ図を使っているのを見た覚えがありません。普通のグラフでだいた
いわかるからと思われます。分野によっては違うのかもしれません。

## ▶A.3◀ 統計的検定

　**統計的検定**も統計学では必ず出てきますので紹介します。ただ、文系の場合、
最初の確率などで挫折して検定までいけないのがほとんどですので、まずはど
ういう計算をするのかを示して、その後に意味などを説明します。通常の説明
の順序とは逆です。

　また、検定を多用するのは医薬品などの場合ですので、それを例にとります。

### A.3.1 臨床試験の仕組み

　医薬品の効果があるかないかの検定を例にしますので、まず、医薬品の治験・臨床試験がどのように行われるのかを説明します[5](図 A.6)。なお、**治験**は新薬開発のための治療を兼ねた試験で、実施の際は厚生労働省に届ける必要があります。一方、**臨床試験**は治験より広いもので、新薬の開発が目的でなくてもよく、厚生労働省への届出も必要がない場合が多いです。

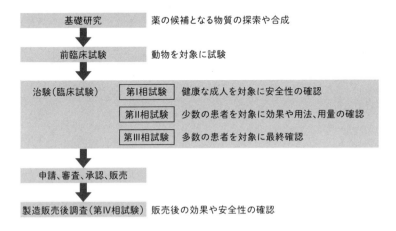

**図 A.6**　治療の流れ

　治験の前段階に、長い基礎研究と前臨床試験があります。基礎研究はいろいろな物質から効果のあるものを見つけ出す研究です。これで効果がありそうなら、前臨床試験で、ネズミやウサギなどの動物を使って効果や安全性を評価し、2 つをクリアしたもので治験に入ることになります。

　治験は 3 相あり、第 I 相試験では少数の健康な成人で主に安全性を確認します。第 II 相では少数の患者で効果と安全性の評価をします。第 III 相で多くの患者で有効性と安全性を確認する試験を行います。

　なお、第 III 相では、対象者をランダムに薬剤群とコントロール群に分け、薬剤群には「薬の候補」を投与しますが、コントロール群には「**プラセボ**」(**偽薬**)といって有効成分を含まない (治療効果のない) 薬が投与されます。対象者の患者にはもちろん治療に当たっている医師などにも、与えられるものが薬の候補なのかプラセボなのかは伝えられません。これは、医師が薬が本物なのか偽物

[5] 以下の旭川医科大学病院臨床研究支援センター「治験の流れ」のサイトを参考にしています。
https://www.asahikawa-med.ac.jp/hospital/chiken/ippan/page-2

なのか知っていると、態度や説明が違ってきたりして患者にどちらが与えられているかがわかってしまう可能性などがあるのを排除するためです。このように、試験は厳格に行われます。

　この第 III 相の試験データを以って厚生労働省の審査を受け、承認されたところでやっと現場で使用されることになります。その後も調査が継続されます。

---

### ●コラム 44 ● コロナワクチンの有効性

　コロナワクチンの有効性は 95.0％ といった報道が一時期話題になりました。検定とは直接関係ありませんが、どうやって計算するのか紹介しておきます。

　表 A.1 は、日本で承認されている主なコロナワクチンをまとめたものです。ロシアのスプートニク V は日本では承認されていませんが、データが公開されているので掲載しました。

**表 A.1**　コロナワクチンの有効性

| 社名等 | | 出典 | 対象年齢 | ワクチン接種群 | | プラセボ接種群 | | ワクチン有効性 | 備考 |
|---|---|---|---|---|---|---|---|---|---|
| | | | | 対象数 (A) | 発症確認数 (B) | 対象数 (C) | 発症確認数 (D) | | |
| 国内使用 | ファイザー | 厚生労働省「ファイザー社の新型コロナワクチンについて」 https://www.mhlw.go.jp/ stf/seisakunitsuite/bunya/ vaccine_pfizer.html#002 | 16 歳以上 | 18,198 | 8 | 18,325 | 162 | 95.0％ | 新型コロナウイルス感染歴なしの対象群 |
| | | | 12-15 歳 | 1,005 | 0 | 978 | 16 | 100.0％ | |
| | モデルナ | 厚生労働省「武田／モデルナ社の新型コロナワクチンについて」 https://www.mhlw.go.jp/ stf/seisakunitsuite/bunya/ vaccine_moderna.html | 18 歳以上 | 14,134 | 11 | 14,073 | 185 | 94.1％ | 新型コロナウイルス感染歴なしの対象群 |
| | | | 12-17 歳 | 2,139 | 0 | 1,042 | 4 | 100.0％ | |
| | アストラゼネカ | 厚生労働省「アストラゼネカ社の新型コロナワクチンについて」 https://www.mhlw.go.jp/ stf/seisakunitsuite/bunya/ vaccine_astrazeneca.html | 不明 | 5,807 | 30 | 5,829 | 101 | 70.2％ | 英国・ブラジルで実施 |
| 国内不使用 | スプートニク V (製品名) | 英医学誌 Lanset, "Sputnik V COVID-19 vaccine candidate appears safe and effective" https://www.thelancet.com/ article/S0140-6736(21) 00191-4/fulltext | 18 歳以上 | 14,964 | 16 | 4,902 | 62 | 91.5％ | |

　ワクチン接種群とプラセボ接種群のそれぞれについて、対象数と発症確認数が示されています。発症率は、発症確認数を対象数で割ったものです。

　**「ワクチン有効率」**(Vaccine Efficacy) は以下により計算します。なお、A、B、C、D は、表頭にあるように、それぞれ、ワクチン接種群の対象数と発症確認数、プラセボ接種群の対象数と発症確認数です。

$$ワクチン有効率 = (プラセボ接種群の発症率 - ワクチン接種群の発症率)$$
$$÷ プラセボ接種群の発症率$$
$$= 1 - ワクチン接種群の発症率 ÷ プラセボ接種群の発症率$$
$$= 1 - \{(B/A) ÷ (D/C)\}$$

　例えば、ファイザー社の 16 歳以上向けのワクチンについては、以下により計算し

ます。

$$ワクチン有効率 = 1 - \{(8/18198) \div (162/18325)\}$$
$$= 95.0\%$$

これがよく報道されていたワクチン有効性 95.0％ です。ただし、「100 人がファイザーのワクチンを接種したら、95 人には効いたけど、5 人には効かなかった」という意味ではありません。ワクチンを接種した人としなかった人が同数とした場合、ワクチンを接種しなくて発症した人とワクチンを接種して発症した人の比が 100 対 5、つまり、何もしなければ 100 人発症するところを、5 人の発症に抑えられた。別の言い方をすると、100 − 5 = 95 人の発症を予防した、という意味です。

　他社のワクチンについてもスプートニク V を含め表中に有効性を示してあります。

　なお、「シノヴァック」など中国製ワクチンについては、中国国内のデータが外国にほとんど公表されていないため、有効性の計算はできません。ただ、ブラジルでの臨床試験では有効性は 50.4％、トルコとインドネシアで実施された後期臨床試験の中間結果では 65 ～ 91％ だったという報道もあります。

## A.3.2　薬が効いたかの「検定」①：「治った」vs「治らなかった」→カイ二乗検定

　こうして得られた試験結果のデータを使って、効果があるかどうかの検定を行います。効果があるかどうかは、各人が勝手に判断するのではなく、客観的な基準による必要があります。その基準ともいえるのが統計的検定です。

　3 種類の検定を説明します。最初は、薬の効果によって病気が「治った」か「治らなかった」かの定性的な検定で、**カイ二乗検定**を紹介します。後でみる 2 つは、血圧や血糖値の低下のように具体的数値で結果が出ますが、単に「治った」か「治らなかった」という結果だけで数値がありませんので、定性的な検定です。

　試験結果の原データが、表 A.2 の上のようなものであったとします。

　これからまず図表下の**期待度数**の表を計算します。期待度数は、薬剤群とコントロール群を合わせた全体で治ったか、治らなかったかの比率を計算し、その比率で薬剤群とコントロール群の数をそれぞれ治ったか、治らなかったかに割り振ったものです。

　次に**カイ二乗値**という値の計算をします。表 A.2 の原データと期待度数の各欄について、原データと期待度数の差をとって二乗し、期待度数で割ります。例えば左上の「薬剤群」かつ「治った」の欄なら、$(24 - 18)^2 \div 18 = 2$ となります。これを他の 3 つの欄についても計算します。結果が表 A.3 の「カイ二乗値の計算」の表です。4 つの値をすべて合計したものがカイ二乗値となります。こ

**表 A.2**　カイ二乗検定①: 原データと相対度数の計算

原データ

|  | 治った | 治らなかった | 合計 |
|---|---|---|---|
| 薬剤群 | 24 | 16 | 40 |
| コントロール群 | 12 | 28 | 40 |
| 合計 | 36 | 44 | 80 |

$$40 \times \boxed{\frac{36}{80}} = 18 \quad 40 \times \boxed{\frac{44}{80}} = 22$$

期待度数の計算

|  | 治った | 治らなかった | 合計 |
|---|---|---|---|
| 薬剤群 | 18 | 22 | 40 |
| コントロール群 | 18 | 22 | 40 |
| 合計 | 36 | 44 | 80 |

**表 A.3**　カイ二乗検定②: カイ二乗値の計算

|  | 治った | 治らなかった | 合計 |
|---|---|---|---|
| 薬剤群 | 2.00 | 1.64 | 3.64 |
| コントロール群 | 2.00 | 1.64 | 3.64 |
| 合計 | 4.00 | 3.27 | 7.27 |

の表では 7.27 です。

　次に**自由度**を計算します。この場合だと、2×2 の表なので、$(2-1) \times (2-1) = 1 \times 1 = 1$ となります。一般に $m \times n$ の表の場合は、自由度は $(m-1) \times (n-1)$ となります。自由度の意味ですが、表 A.4 の表をご覧下さい。周りの合計欄が埋まっていて、中の 4 つの空欄を埋める場合、例えばⒶの 1 か所だけ数値を入れると (表では 20)、他のⒷ〜Ⓓの 3 つは合計欄との差から自動的に決まります。このように、自由に数値を指定できるのが 1 か所だけ、というのが自由度 1 の意味です。

　さて、カイ二乗値が 7.27、自由度が 1 とわかりました。図 A.7 をご覧下さい。

**表 A.4**　カイ二乗検定③: 自由度の意味

|  | 治った | 治らなかった | 合計 |
|---|---|---|---|
| 薬剤群 | Ⓐ　　20 | Ⓑ | 40 |
| コントロール群 | Ⓒ | Ⓓ | 40 |
| 合計 | 36 | 44 | 80 |

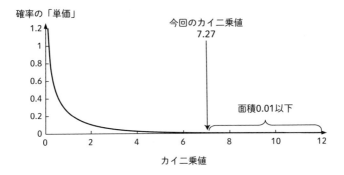

**図 A.7** カイ二乗検定④: カイ二乗分布の意味

　自由度が 1 の場合の**カイ二乗分布**のグラフです。横軸はカイ二乗値、縦軸は確率の「単価」(コラム 45「確率の単価」をご覧下さい) で、分布の線は、薬剤群とコントロール群で薬の効果が同じと仮定した場合 (つまり薬剤に効果がないと仮定した場合)、計算されたようなカイ二乗値が得られる確率の「単価」(確率密度関数)[6]です。確率の「単価」に横軸のカイ二乗値の幅を掛けた面積が確率になります。上記の例では、カイ二乗値は 7.27 でしたが、それより右側の面積はほとんどゼロです。薬剤群とコントロール群で薬の効果が同じと仮定した場合、今回のカイ二乗値を得る確率はほとんどゼロで、まれにしか得られないカイ二乗値が得られたということになります。これは、薬剤群とコントロール群で薬の効果が同じ・薬剤に効果がないという仮定が適切ではなく、薬剤群とコントロール群で薬の効果は異なる、つまり薬剤には効果があったという結論になります。

　Excel では、以上の計算が簡単にできます。図 A.8 をご覧下さい。原データと期待度数の表があるシートで、結果を表示させたい適当なセルに、=CHISQ.TEST(C4:D5,C10:D11) と入力します。「C4:D5」が原データ、「C10:D11」が期待度数です。TEST は英語の「検定」です。入力後、Enter キーを押すと、図のように薬剤群とコントロール群で薬の効果が同じと仮定した場合、今回の結果が起こる確率 (*P*-値) が表示されます。0.7 % 程度で、仮定の下ではまれにしか起こらないので、仮定に誤りがあった、つまり「効果があった」との結論にな

---

[6] カイ二乗分布の確率密度関数がどのような関数なのかは大学理系学部の数学となりますのでここには掲載しませんが、ご関心があれば、「カイ二乗分布」で検索してみて下さい。ただ、Excel では関数が組み込まれていて簡単に計算できて、具体的にはセルに=CHISQ.DIST(x, **自由度, 関数形式**) と入れればよく、x はカイ二乗値、関数形式は確率密度関数であれば FALSE と入力します。なお、CHISQ は、Chi Square(カイ二乗) の略、DIST は Distribution(分布) の略です。

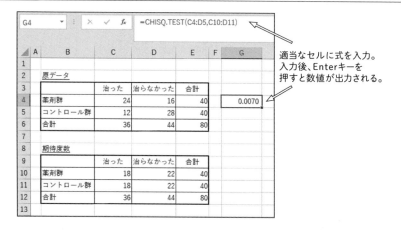

**図 A.8**　カイ二乗検定⑤: Excel による検定

ります。このように、Excel を使えば、簡単にカイ二乗検定ができてしまいます。

### A.3.3　薬が効いたかの「検定」②：薬で血圧が下がった？ → $t$ 検定 (一対の標本による)

　次も薬が効いたかどうかの検定ですが、今度は血圧のように薬の効果が数値で出る場合です。2 つのケースを紹介しますが、最初は、それぞれの患者さんに薬を投与する前の血圧と、投与した後の血圧で検定します。**一対の標本**による **$t$ 検定**といいます。プラセボを使わない検定となります。今回は扱いませんが、例えば英語のあるクラスで授業を行う前と行った後でテストを行い、同一生徒についてテスト前とテスト後の点数に違いがでたかを調べる場合と同じです。

　原データは表 A.5 です。患者は A から N の 14 人で、それぞれ血圧降下薬を投与する前と後の収縮期血圧 (最高血圧)(mmHg) が載っています。図 A.9 はそのグラフですが、薬による治療後は全般的に下がっているように見えます。しかし、効果があるかどうかは、各人が勝手に判断するのではなく、客観的な基準による必要があります。そのために統計的に検定を行います。

　まず、血圧降下薬の効果はない、つまり表の「差」$d = 0$ と仮定して $t$ 値という値を次のように計算します。

$$t \text{ 値} = \sqrt{\text{データの数} \times \text{差の平均値}} \div \sqrt{\text{差の分散}}$$
$$= \sqrt{14} \times 17.79 \div \sqrt{191.26}$$
$$= 4.81$$

**表 A.5**　一対の標本による $t$ 検定①: 原データ

| | | 患者 | | | | | | | | | | | | | | 平均 | 分散 |
|---|---|---|---|---|---|---|---|---|---|---|---|---|---|---|---|---|---|
| | | A | B | C | D | E | F | G | H | I | J | K | L | M | N | | |
| 収縮期血圧 | 治療前 | 155 | 159 | 157 | 168 | 154 | 167 | 160 | 170 | 162 | 150 | 149 | 157 | 143 | 149 | 157.14 | 62.59 |
| (最高血圧) | 治療後 | 138 | 160 | 129 | 139 | 149 | 139 | 139 | 129 | 156 | 122 | 139 | 147 | 111 | 154 | 139.36 | 183.94 |
| (mmHg) | 差 | 17 | −1 | 28 | 29 | 5 | 28 | 21 | 41 | 6 | 28 | 10 | 10 | 32 | −5 | 17.79 | 191.26 |

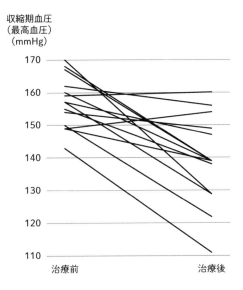

**図 A.9**　一対の標本による $t$ 検定①: グラフ

次に自由度ですが、今度はデータの数から 1 を引いたものになります。

$$\textbf{自由度} = データの数 - 1$$
$$= 14 - 1 = 13$$

「血圧降下薬の効果はない」つまり $d = 0$ が常に厳密に成り立つなら、これに対応する $t$ 値も 0 になります。しかし、上で計算したように現実のデータでは 0 にならないことがほとんどです。現実に得られる可能性のあるさまざまな $t$ 値に対応した「確率の単価」(コラム「確率の単価」をご覧下さい) が計算できますが、自由度が 13 の場合にそれをグラフにしたのが図 A.10 です。このグラフを

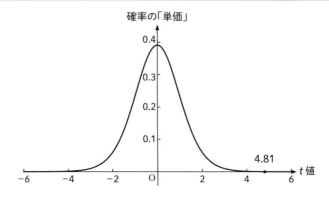

**図 A.10**　一対の標本による $t$ 検定②: $t$ 分布

「$t$ 分布」といいます[7]。上で計算した $t$ 値は 4.81 でしたが、それが図に書き込んであります。確率の「単価」は、ほとんどゼロです。$t$ 分布と横軸に挟まれた面積が、$t$ 値が 4.81 以上となる確率ですが、ほとんどゼロです。これは、「血圧降下薬の効果はない」つまり $d = 0$ と仮定すると 4.81 以上の $t$ 値を得る確率はほとんどゼロということになります。したがって、「効果がない」($d = 0$) という仮定は適切でなく、$d \neq 0$ で効果はあったという結論になります。

　以上の検定を Excel で行ったのが図 A.11 です。シートの左には、原データが並んでいます。ここで、まず①上を「データ」タブにし、②右の「データ分析」をクリックし、③出てきた小画面で「t 検定：一対の標本による平均の検定」を選択し、「OK」をクリックし、④更に出てきた小画面で、「変数 1 の入力範囲」で治療前データ ($B$3:$B$16)、「変数 2 の入力範囲」で治療後データ ($C$3:$C$16)、「出力オプション」で「出力先」をチェックし、適当なセルを入力して、「OK」をクリックすると、⑤結果の表が表示されます。$t$ 値は 4.811996 と算出されています。更に $P$-値とありますが、これは「効果がない」($d = 0$) と仮定した場合、今回のような $t$ 値 (4.811996) を得る確率です。片側、両側がありますが、まず片側は、図 A.10 のように $t$ 値がプラスの場合で、$t$ 値から右側の $t$ 分布と横軸に囲まれた面積である $P$-値、つまり今回のような $t$ 値 (4.811996)

---

[7]　「確率の単価」は正確には「確率密度」です。縦の確率密度の長さと横の $t$ 値の長さをかけたものが確率になります。$t$ 分布を数式で表そうとすると大学理系学部の数学の知識が必要となりますのでここでは解説しません。関心があれば、「$t$ 分布」で検索してみて下さい。ただ、Excel では関数が組み込まれていて簡単に計算できて、具体的にはセルに=T.DIST(x, **自由度, 関数形式**) と入れればよく、x は $t$ 値、関数形式は確率密度関数であれば FALSE と入力します。

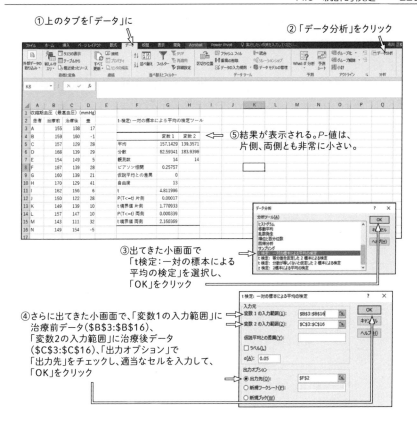

**図 A.11**　一対の標本による *t* 検定③: Excel による検定

を得る確率です。0.00017 と非常に小さいです。ですので、効果がないという仮定 (*d* = 0) は適切でなく、*d* ≠ 0 で効果はあったという結論になります。

　一方、両側の意味ですが、*d* = 0 なら本来は *t* = 0 です。上では実際の *t* 値は 4.811996 で、0 からプラスのほうにはずれています。しかし、本来は 0 であるのなら、マイナスのほうにはずれてもよいはずです。プラスだけでなくマイナスの側にはずれた場合も考慮したのが「両側」です。両側の場合は、*P*-値は 0.00339 と片側の場合の 2 倍になっています。これは図 A.10 でいえば、*t* 値が +4.811996 より大きい場合の確率と、*t* 値が −4.811996 より小さい場合の確率を合計したものです。*t* 分布は左右対称ですので、2 つは同じになります。このため、「両側」の場合の *P*-値は「片側」の場合の 2 倍になります。

### A.3.4　薬が効いたかの「検定」③：薬を投与したグループは血糖値が下がった？→ $t$ 検定 (2 標本による)

　次も薬の効果が数値で出る場合ですが、今度は薬を投与した治療群とプラセボを投与したコントロール群の 2 つのグループの血糖値を測定して、薬投与の効果があったか、なかったかを検定するものです。**2 標本による $t$ 検定**といいます。今回は扱いませんが、英語のクラスが 2 つあり、それぞれ違う授業を行った場合に、授業前の英語のレベルは同じと仮定して、授業後のテストの点数を比較するのと同じです。

　表 A.6 が原データです。図 A.12 がヒストグラムで A 群が治療群、B 群がコントロール群です。A 群のほうが左に寄っていて血糖値は下がったように見えますが、効果があるかどうかは、各人が勝手に判断するのではなく、客観的な基準による必要があります。そのために統計的に検定を行います。

**表 A.6**　2 標本による検定：原データ

| A 群 (治療薬) | 6.5 8.1 7.5 8.8 7.7 9.0 6.8 6.5 9.5　6.6 5.9 6.7 |
|---|---|
| B 群 (プラセボ) | 6.9 8.1 9.6 9.8 8.3 8.7 6.7 8.8 6.9 10.0 8.0 7.8 8.3 7.9 |

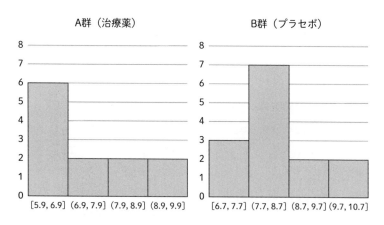

**図 A.12**　2 標本による $t$ 検定①: 原データ

　いきなり Excel でやってみることにします。図 A.13 をご覧下さい。まず①上を「データ」タブにし、②右の「データ分析」をクリックするところまでは、前の一対の標本の検定と同じです。ここからが違って、③出てきた小画面で「t

**図 A.13**　2 標本による *t* 検定②: Excel による検定

検定：分散が等しくないと仮定した 2 標本による検定」[8]を選択し、「OK」をクリックします。④更に出てきた小画面で、「変数 1 の入力範囲」に A 群 (治療薬投与) のデータを、「変数 2 の入力範囲」に B 群 (プラセボ投与) のデータを指定し、「出力オプション」で「出力先」をチェックし、適当なセルを入力して、「OK」をクリックすると、⑤結果の表が表示されます。*t* 値は −1.8433 です。*P*-値とありますが、これは「治療群」と「コントロール群」で結果に違いがない、つまり「薬の効果がない」と仮定した場合、今回の *t* 値を得る確率です。片側、両側の結果の数字があります。両方とも非常に小さいです。ですので、薬の効果がないという仮定は適切でなく、効果はあったということになります。な

---

[8] 分散が等しくないと仮定した場合は、正確にはウェルチの検定となります。数式だとかなり複雑になりますが、Excel なら簡単にできますから、ウェルチの検定とは何かなどを説明する必要がなければ、こちらを選択するほうがよいと思われます。

お、今回の場合も両側の *P*-値は片側の *P*-値の 2 倍になります。

●コラム 45 ● 確率の単価

　「**確率の単価**」は本書独自の概念なので説明します。

　図 A.14 左上のようなヒストグラムがあったとします。

　まず、これを棒グラフの面積の合計が 1 になるように軸のスケールを変換します。これにより、棒グラフの面積で確率を表すことができるようになります。各棒の面積がそれぞれの確率となります。棒グラフの縦はいわば「確率の単価」で、これに数量に相当する横軸をかけた面積が各棒が示す確率となります。

　次に、面積の合計を 1 に保ったまま、棒グラフを細分化していきます。

　無限に細分したのが最後の *t* 分布です。縦軸が「確率の単価」、横軸が *t* 値となります。*t* 値は連続値をとることができます。「確率の単価」は一般には「**確率密度かくりつみつど**」といいます。確率密度の形状を表すのが「**確率密度関数**」です。

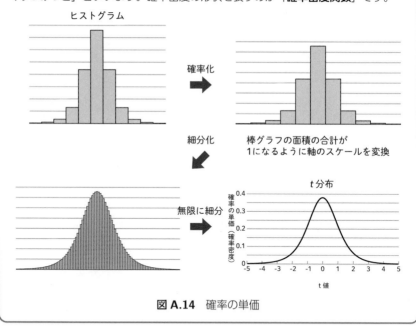

**図 A.14**　確率の単価

●コラム 46 ● 　回帰分析で *P*-値は 0 に近いほどよく、
　　　　　　　　　　　　*t* 値は 2 以上でないと不適切である理由

　10.4.6 項「Excel による重回帰分析」で、*P*-値は 0 に近いほどよく、*t* 値の絶対値は 2 以上でないと不適切と説明しました。*t* 分布の説明が終わったので、なぜそうなのかを説明します。

　回帰分析では、各変数の係数の推定値が得られました。ほとんどの場合、その推定値はゼロにはなりません。

　しかし、本当の係数の値がゼロ、つまり真の回帰式にはその変数はなかった、と仮定します。すると、係数の推定に使ったデータに対応する *t* 値が計算できます[※9]。例えば、図 10.19 の場合は、変数「平均気温」の係数は 40.07995 で、*t* 値は 5.457255 と Excel で計算されました。

　更に、係数がゼロという仮定に基づいて、さまざまな *t* 値を横軸として、それに対する「確率の単価」を示した *t* 分布のグラフを描くことができて、図 A.15 のようになります。さまざまな自由度に対するグラフが描いてありますが、自由度は推定に使ったサンプル数から 2 を引いたものですから、通常はかなり大きくなります。

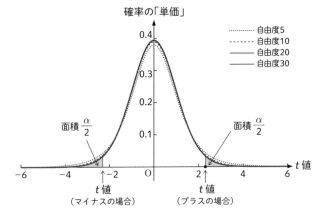

**図 A.15**　さまざまな自由度の *t* 分布のグラフ

　さて、最初に *P*-値から説明します。まず、片側の場合です。データから得られた *t* 値がプラスの場合は、その *t* 値から右側の *t* 分布と横軸に挟まれた面積 $\alpha/2$ が *P*-値になります。これは、係数がゼロという仮定の下で、その *t* 値を得る確率です。この確率が小さければ、そのような *t* 値を得る確率は小さいことになります。これは、係数がゼロという仮定が不適切であったのであり、係数はゼロではないとすべきということになります。このため、*P*-値がゼロに近いほど、その係数はゼロではないということになります。

---

[※9] なぜそうなるかは、例えば、10.4.2 項「回帰直線の計算」でも紹介した以下のようなサイトの後半に説明があります。ただし、かなり高度な理系の数学を使います。
　　`http://fs1.law.keio.ac.jp/~aso/ecnm/pp/reg.pdf`

データから得られた $t$ 値がマイナスの場合は、その $t$ 値から今度は左側の $t$ 分布と横軸に挟まれた面積 $\alpha/2$ が $P$-値になります。この $P$-値がゼロに近いほど、その係数はゼロではないということになります

両側の場合は、係数がゼロという仮定がプラスの方向にもマイナスの方向にもはずれる場合を考慮したいときに使うもので、$P$-値は右と左の $\alpha/2$ を足して $\alpha$ となります。

以上が $P$-値がゼロに近いほどよい理由です。

次に、$t$ 値の絶対値が 2 以上でないと不適切である理由です。グラフは、どの自由度でも $t$ 値が 2、あるいは $-2$ のあたりではほとんど重なっています。$t$ 値が 2 以上の場合の $\alpha/2$ と $t$ 値が $-2$ 以下の場合の $\alpha/2$ を足した $\alpha$ はおおむね 0.05 程度になります。ですので、$t$ 値の絶対値が 2 以上であれば、そのような $t$ 値を得る確率は小さいことになります。これは、係数がゼロという仮定が不適切であったのであり、係数はゼロではないとすべきということになります。なお、確率を 0.05 以下とする理由は慣例的なもので、厳密な根拠があるわけではありません（1 から 0.05 を引いたものは 0.95、つまり 95 ％ ですが、次節の推定で述べる「95 ％ 信頼区間」と通ずるものがあります）。以上は両側を考慮した場合ですが、慣例的にそうなっています。

以上が、$t$ 値の絶対値は 2 以上でないと不適切である理由です。

## ▶ A.4 ◀ 統計的推定

次は**統計的推定**です。「95 ％ 信頼区間」を中心に紹介します。政府から公表されている世論調査や統計の結果を例にします。ここでも、通常の説明の順序をひっくり返して、まず結果から説明し、その後に背景にある考え方などを説明します。

### A.4.1　信頼区間の例 (内閣府世論調査)

まず、**95 ％ 信頼区間**はどのようなものかを、内閣府世論調査の実例でみることにします。表 A.7 は、内閣府「令和 3 年度国民生活に関する世論調査」の 95 ％ 信頼区間です。サイトでは「本報告書を読む際の注意」という非常にわかりにくいところにあります。これは、信頼区間などは通常参照されることはなく、何か問題があった場合などにだけ参照されてニーズは少ないことからと思われます。いずれにしても、政府などが公表した統計や世論調査の結果には、95 ％ 信頼できる誤差の範囲やその計算の基礎となるデータなども、見つけにくいですが掲載されているのが普通です。

さて、どのような世論調査かですが、代表的な質問[10]は以下で、それぞれへの回答が ％ で括弧内に示されています。

---

[10] 中の上、中、下を足した数がいつも 9 割程度になるので、「日本人の大半は自らを中流と意識」として昔から有名な質問項目です。

**表 A.7**　内閣府世論調査 95 ％ 信頼区間 (「令和 3 年度国民生活に関する世論調査」)

| 各回答の比率　n | 10%（又は90%） | 20%（又は80%） | 30%（又は70%） | 40%（又は60%） | 50% |
|---|---|---|---|---|---|
| 2,500 | ±1.2 | ±1.6 | ±1.8 | ±1.9 | ±2.0 |
| 2,000 | ±1.3 | ±1.8 | ±2.0 | ±2.1 | ±2.2 |
| 1,500 | ±1.5 | ±2.0 | ±2.3 | ±2.5 | ±2.5 |
| 1,000 | ±1.9 | ±2.5 | ±2.8 | ±3.0 | ±3.1 |
| 500 | ±2.6 | ±3.5 | ±4.0 | ±4.3 | ±4.4 |
| 100 | ±5.9 | ±7.8 | ±9.0 | ±9.6 | ±9.8 |

n は質問に対する回答者数。

出所：内閣府「令和 3 年度国民生活に関する世論調査」本報告書を読む際の注意
https://survey.gov-online.go.jp/r03/r03-life/chuui.html

お宅の生活の程度は、世間一般からみて、どうですか。(○はひとつ)

1.　上　　　　(1.2)

2.　中の上　(13.3)

3.　中の中　(48.7)

4.　中の下　(27.1)

5.　下　　　　(8.2)

　　無回答　(1.6)

　95 ％ 信頼区間ですが、答えの ％ の水準や、その答えを回答した人の数 n (別途掲載されています) によって異なります。表 A.7 では、答えの ％ の水準と回答者数 n をクロスさせて、結果が ± 何 ％ かで 95 ％ 信頼区間を表しています。例えば、「中の中」という答えは 48.7 ％ で、回答者数は 923 人程度 (1895 人 × 48.7 ％) ですので、そららに値が近い n が 1,000、各回答の比率が 50 ％ のところの「±3.1 ％」が信頼区間の幅です。つまり、48.7 − 3.1 = 45.6 が下限、48.7 + 3.1 = 51.8 が上限で、95 ％ 信頼区間は [45.6, 51.8] となります。これは、この節の後ろで詳しく説明しますが、仮に調査を 100 回繰り返した場合、それぞれ結果の数字が出ますがそれらはあくまで推計値であってほとんどの場合本当の値とは異なります。しかし、そのうち 95 回は本当の値が信頼区間に入る可能性が高いという意味です。

### A.4.2　家計調査の信頼区間の計算例

実際に、総務省「家計調査」を使って Excel で 95 % 信頼区間を計算してみましょう。

図 A.16 には、支出項目の一部について、平均値と標準誤差が示されています。**標準誤差**については、この後の節で詳しく説明しますが、標準偏差をデータ数の平方根で割ったものと考えてよいです。データがサイトの非常にわかりにくいところ※11にあるのは内閣府の世論調査と同様です。

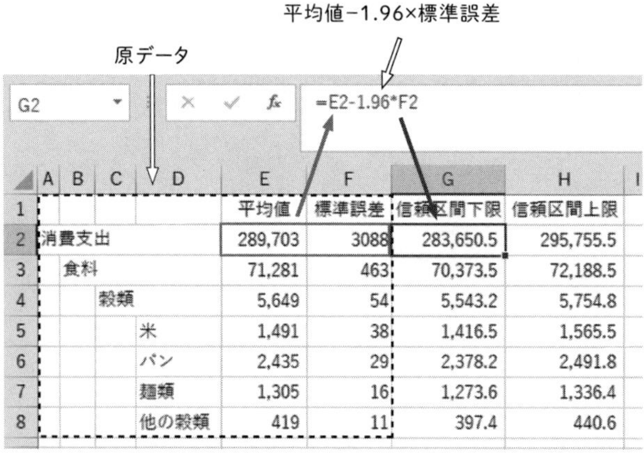


| | A–D | E | F | G | H |
|---|---|---|---|---|---|
| 1 | | 平均値 | 標準誤差 | 信頼区間下限 | 信頼区間上限 |
| 2 | 消費支出 | 289,703 | 3088 | 283,650.5 | 295,755.5 |
| 3 | 食料 | 71,281 | 463 | 70,373.5 | 72,188.5 |
| 4 | 穀類 | 5,649 | 54 | 5,543.2 | 5,754.8 |
| 5 | 米 | 1,491 | 38 | 1,416.5 | 1,565.5 |
| 6 | パン | 2,435 | 29 | 2,378.2 | 2,491.8 |
| 7 | 麺類 | 1,305 | 16 | 1,273.6 | 1,336.4 |
| 8 | 他の穀類 | 419 | 11 | 397.4 | 440.6 |

**図 A.16**　家計調査の 95 % 信頼区間の計算例

95 % 信頼区間の下限は、表にあるように「平均値 −1.96 × 標準誤差」で計算します。上限は − が + に変わり「平均値 + 1.96 × 標準誤差」で計算します。

図では、それぞれの支出項目について、95 % 信頼区間の下限と上限を示しています。例えば、2018 年 1 月の消費支出の 95 % 信頼区間は、一番上の行の右側で [283,650.5, 295,755.5] となります。

### A.4.3　サンプリングと 95 % 信頼区間

では、95 % 信頼区間の意味を説明します。

そのためには、まず、サンプリングの詳しい説明が必要です。6 章で説明した全数調査とサンプリングを思い出して下さい。図 A.17 には、平均が $m$、標準偏差が $s$ の母集団が一番上にあります。この平均と標準偏差をどうやって調べる

※11 総務省統計局ホーム＞統計データ＞家計調査＞家計調査標本設計の概要 (平成 30 年) ＞標本誤差に関する主な結果表
`https://www.stat.go.jp/data/kakei/hyohonkekka30.html`

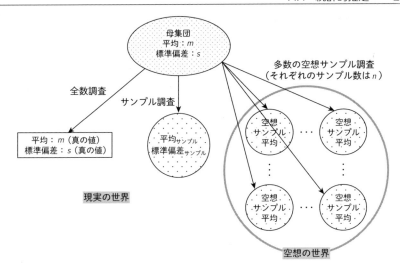

**図 A.17** サンプリングの意味

かを考えます。

　下の左側は現実の世界で、どうやって調査するかを示しています。国勢調査のような全数調査であれば、母集団をすべて調べるのですから、調査の平均を出せば母集団の真の値 $m$、標準偏差も真の値 $s$ となります。ただし、現実には記入間違いや回答漏れなどの誤差はありえます。

　しかし、全数調査はコスト、手間が非常に大きいので、通常は下の真ん中のサンプル調査を行うことになります。A.4.1 項でみた内閣府世論調査は、母集団は全国民ですから 1 億 2 千 5 百万人います。内閣府世論調査では、この中からわずか 1 万人のサンプルを選び出して調査します。A.4.2 項でみた家計調査は、日本の全世帯が母集団ですから 5 千万世帯弱となります。ここからわずか 9 千世帯弱を選び出して調査します。なお、サンプル調査でもそれなりのコストがかかりますから、1 回しか行いません。こうして得られたサンプルの平均を「平均サンプル」、標準偏差を「標準偏差サンプル」と書くことにします。

　さて、全数調査ではなく、サンプル調査にしたことの代償として、結果の数字には誤差が伴います。「平均サンプル」や「標準偏差サンプル」には誤差があります。そうした誤差がどの程度かを評価するやり方のひとつが「95％信頼区間」です。

　具体的にどうやって評価するかですが、以上の全数調査とサンプル調査は実際に調査が行われる「現実の世界」です。評価のためには、図の右側の「空想

の世界」を考えます。空想的なサンプルをたくさん作ったと考えます。各サンプルの大きさは n で同じです。それぞれの空想サンプルにおいて平均をとった「空想サンプル平均」がたくさんできます。そうしたそれぞれの「空想サンプル平均」を横軸として、それがどれくらいの「確率の単価」(確率密度関数) で得られるかが縦軸になるように描いたのが図 A.18 です。**正規分布**[※12]と呼ばれるものです[※13]。中心部が高く、左右対称な山型になります。中央は、たくさん散らばっている「空想サンプル平均」の更に平均をとったものになります。

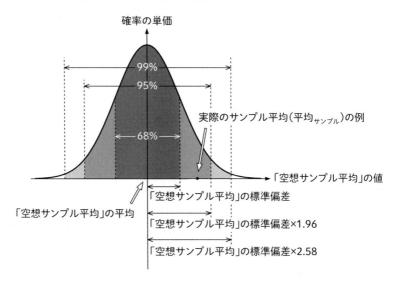

**図 A.18** 「空想サンプル平均」の分布

縦軸が「確率の単価」ですから、それに横の長さをかけた面積が確率になります。図に 95 % とありますが、その範囲の曲線と横軸との間の面積を表しています。99 % となると横にもっと広くなり、68 % だと逆に狭くなります。また、図の下には、例えば、95 % については、標準偏差 × 1.96 とあります。標準偏差は多数の「空想サンプル平均」から作った標準偏差で、それに 1.96 を掛けたものが横の長さになります。

---

[※12] 正規分布の確率密度関数がどのような関数なのかは高校数学 III の範囲ですのでここには掲載しませんが、関心があれば、「正規分布」で検索してみて下さい。ただ、Excel では関数が組み込まれていて簡単に計算できて、具体的にはセルに =NORMDIST(x, **平均, 標準偏差, 関数形式**) と入れればよく、関数形式は確率密度関数であれば FALSE と入力します。

[※13] どうして正規分布になるかは、中心極限定理によるのですが、面倒な数式や数学的概念が多数出てきますので、詳細な定理を書くのはやめます。

　実際に調査を行ったサンプルの平均 (平均$_{サンプル}$) は、図にあるように 95 ％の確率で横軸の横矢印の範囲のどこかに落ちることになります。このことを式で書けば、

「空想サンプル平均」の平均 − 1.96 × 「空想サンプル平均」の標準偏差

　　< 平均$_{サンプル}$

　　< 「空想サンプル平均」の平均 + 1.96 × 「空想サンプル平均」の標準偏差

となる確率が 95 ％ となります。「空想サンプル平均」の標準偏差は、「標準誤差」ともいいますので置き換えます。

　　　　「空想サンプル平均」の平均 − 1.96 × 標準誤差

　　　　< 平均$_{サンプル}$

　　　　< 「空想サンプル平均」の平均 + 1.96 × 標準誤差

　更に、両端にある「空想サンプル平均」の平均は実は母集団の平均 (「母集団平均」と書くことにします) とみなして問題ないことがわかっています。置き換えると以下になります。

母集団平均 − 1.96 × 標準誤差 < 平均$_{サンプル}$ < 母集団平均 + 1.96 × 標準誤差

平均サンプルや母集団平均などを移項して更に変形すると以下のような式になります。

平均$_{サンプル}$ − 1.96 × 標準誤差 < 母集団平均 < 平均$_{サンプル}$ + 1.96 × 母集団平均

　更に、標準誤差は「空想サンプル平均」の標準偏差でしたが、空想的なもので、実際の数値は未知です。それでは計算ができませんが、実際にデータから計算できる「実際のサンプルの標準偏差/実際のサンプル数の平方根」と同じとみなして問題ないこともわかっています。ですので、以下の式になります。

平均$_{サンプル}$ − 1.96 × 「実際のサンプルの標準偏差/実際のサンプル数の平方根」

　< 母集団平均

　< 平均サンプル + 1.96 × 「実際のサンプルの標準偏差/実際のサンプル数の平方根」

両端は実際に得られたサンプルから得た数字を使って計算することができます。

　これが、95 ％ 信頼区間の計算を示す式になります。

## A.4.4　95 ％信頼区間の本来の意味

　以上、非常にわかりにくいため、「95 ％ 信頼区間」の本来の意味が勘違いされる場合も多いので、最後に説明しておきます。

　図 A.19 は、「空想サンプルの平均」の分布を描き直したものです。95％の確率で、

母集団平均 − 1.96 × 標準誤差 < 平均サンプル＜母集団平均＋ 1.96 ×標準誤差

を満たすことが上の分布に書き込まれています。

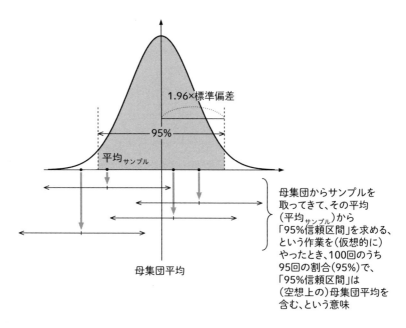

**図 A.19**　95％信頼区間の本来の意味

　一方、母集団からサンプルをとってきて求めた「95％信頼区間」は以下でした。これは 95％の確率で満たされる不等式で、その端の値によって信頼区間を定めることに注意して下さい。

平均サンプル − 1.96 × 標準誤差 < 母集団平均 < 平均サンプル ＋ 1.96 × 標準誤差

これはいろいろなサンプルによって違います。こうした異なるサンプルごとの 95％信頼区間をいくつか描いたのが図の下部です。信頼区間に母集団平均が含まれることがほとんどですが、一番下の信頼区間のように、稀に入らないこともあります。このように、サンプルをとって信頼区間を計算するという作業を (仮想的に) やったとき、100 回のうち 95 回の割合 (95％) で、「95％信頼区間」は (空想上の) 母集団平均を含む、というのが「95％信頼区間」の意味です。

## 確認問題

1.1. 統計で、代表値とされるものを3つ挙げて下さい。

1.2. 医薬品の治験で使われる、有効成分を含まない (治療効果のない) 薬のことを、カタカナ4文字で何といいますか？

1.3. 薬が効いたかの検定で、「治った」or「治らなかった」のように、ある、なしの差を調べるやり方のひとつを〇〇〇〇検定といいます。本文で紹介されているもので〇〇〇〇を埋めて下さい。

1.4. 薬が効いたかの検定で、血圧の効果幅のように、具体的な数字に違いがないかを調べるやり方のひとつを、〇検定といいます。本文で紹介されているもので〇を埋めて下さい。

1.5. 「政府などが公表した統計や世論調査の結果には、95％信頼できる誤差の範囲やその計算の基礎となるデータなども掲載されているのが普通である」。これは正しいでしょうか、間違いでしょうか？　〇か×かでお答え下さい。

# あとがき ―実習への手引きを兼ねて―

『データサイエンス・AI 入門』はいかがでしたでしょうか。今後の更なる勉強へのアドバイスをもって、あとがきに代えることにします。

いうまでもありませんが、データサイエンスは本を読んでいるだけでは身につかず、実際に PC で動かしてみることが不可欠です。本書でも、できるだけExcel を使った計算方法などは紹介しましたが、実際にやってみないと習得できません。

初心者の方は、大学などでの演習科目があれば、それを履修するのが一番です。私の演習の経験では、Excel の操作やプログラミングに際し初心者にありがちな典型的なエラーには以下のようなものがあります。一人ではどこがエラーなのかになかなか気付きにくく、誰かのアドバイスが不可欠です。

1.  スペルミス
    *   「l」(小文字のエル) と「1」(数字の 1) と「|」(バーティカルバー)
    *   「o」(オー) と「0」(ゼロ)
    *   「-」(ハイフン) と「_」(アンダーバー、アンダースコア)
    *   単純な英語のスペルミス
2.  記号の入力ミス
    右の式の入力での間違い例：=IF(A2-"secondary",1,0)
    *   カンマ「,」の代わりにフルストップ「.」を入れていた (URL の影響か)
    *   ダブルクォート「"」ではなく、シングルクォート「'」を 2 個、つまり「''」と入れていた
3.  半角にすべきところを全角で入力
    *   特に「(」、「)」、「'」「"」などで多い。

このほか、「先生、PC が動きません」と手が上がったので行ってみると、デスクトップ型 PC の上のほうのディスプレイのスイッチは入っていましたが、下のほうの PC 本体のスイッチが入っていなかったということもありました。

　コロナ禍で、一時期、大学での授業は基本的にオンデマンド型などのオンライン形式にせざるをえなくなったことがありましたが、現在は対面型も再開し PC 教室での演習も可能になりました。実習なしでデータサイエンスを勉強するのは、オンラインだけで運転免許を取得しようとするようなものです。

　ですので、PC 教室での実習が非常に望ましいのですが、どうしても機会がとれないという方の独学のための参考書を挙げておきます。なお、その際は、うまくいかなかったら、上記のような初心者にありがちなミスを犯していないかをご確認下さい。

　まず、データサイエンスのための Excel を勉強する際の教科書ですが、以下の本は、数式が少なくて文系の方にもわかりやすいのではないかと思います。

　　石村貞夫・劉晨・石村友二郎 (2019)『Excel でやさしく学ぶ統計解析 2019』
　　東京図書

　ついでに文系の方向けの統計学の本の探し方を紹介しておきます。大きな書店では数学の棚には行かないほうが無難です。数学が得意な理系の人向けの本が多く、買っても挫折する可能性が高いです。それよりも、医学や品質管理の棚に行くと、苦労して勉強された文系の方が書かれた本があります。例えば、医療関係では以下の本は挫折するリスクは低いと思います。

　　吉田寛輝 (2019)『いちばんやさしい医療統計』アトムス
著者による以下のブログもあり、医療関係者の方には参考になると思います。

　　https://best-biostatistics.com/

　統計学を離れ元に戻ると、Excel をある程度習得された方は、次はプログラミング言語を習得するとよいでしょう。AI などにも対応するのであれば、Python がベストと思われます。さまざまな入門書がありますが、例えば、以下は、題材が統計学ではなく、ファイル操作ですので統計学が苦手な方でも挫折せずに取り組めます。また、新書ですので比較的安価です。

　　立山秀利 (2018)『入門者の Python　プログラムを作りながら基本を学ぶ
　　(ブルーバックス)』講談社

　この本程度のことができるようになったら、是非、以下の本にチャレンジしてみることをお勧めします。

　　下山輝昌・松田雄馬・三木孝行 (2022)『Python 実践データ分析 100 本ノック 第 2 版』秀和システム

汚れたデータの実例を使ってのクレンジングなどの練習もあり、実務で Python を使うのなら一度は読んでみる (同時に PC でやってみる) 価値があります。ある大型書店では売上 No.1 になっていた時期がありました。後続のシリーズもいくつか出ていますので、これをやり終えたらみてみるとよいでしょう。

　書籍については以上です。続いて各種の無料の AI デモサイトをいくつかご紹介しておきます。

　以下の "A Neural Network Playground" は、英語のサイトですが、ニューラルネットワーク、特にディープラーニングのイメージを自分で操作して確認できると思います。

```
http://playground.tensorflow.org/
```

2 種類の点のグループがあって、塗分けをするのですが、形状が単純な場合にはすぐに塗分けが終わります。しかし、複雑な場合、特に渦巻型の場合には、中間層の数や各層のノードの数を増やさないと、なかなか塗分けが終わらないのを体験してみて下さい。"Don't Worry, You Can't Break It. We Promise".と見出しにあり、システムを壊す心配はありませんので、いろいろやってみて下さい。

　IBM の Watson は、IBM によれば「Augmented Intelligence、拡張知能」、自然言語を理解・学習し人間の意思決定を支援する「コグニティブ・コンピューティング・システム」です。関連サイトでは、さまざまな言語関係の処理などが体験できます。いずれも、数十か国語の多言語対応です。

　まず、翻訳サイトです。

```
https://www.ibm.com/demos/live/watson-language-translator/
self-service/home
```

　次に、文字を音声に変換するサイトです。

```
https://www.ibm.com/demos/live/tts-demo/self-service/home
```

音声を文字に変換するサイトもあったのですが、有料化されたようです。

　東京大学・松尾豊研究室発の AI ベンチャー ELYZA は、日本語の文章の要約文を生成する AI「ELYZA DIGEST」を試せるデモサイトを公開しています。

```
https://www.digest.elyza.ai/
```

　米国のものですが、文章自動生成サイト Text Synth もあります。最初の文章を入れると、自動的に後の文を作成してくれます。ただし、どんな内容の文章になるかはわかりません。多言語対応です。なお、質問をテキストで入力すると

即座に自然で説得力のある回答が返ってくる AI との対話ソフト ChatGPT が話題になりましたが、上記 Text Synth でも使っている GPT-2 の後の版の GPT-3 を使って開発されています。

```
http://textsynth.org/
```

こうした無料デモサイトの問題点は、いつ廃止されたり、有料などに変わったりするかわからないところです。Microsoft の 2 人の画像が同一人物かどうかを判定する顔認証サイトは会員制となり職場・学校以外のメールアドレスやクレジットカード番号が必要となりました。文章を入力すると性格判定をしてくれる IBM の Watson のサイトは惜しまれながら廃止になりました。このほかにもそうしたものはたくさんあります。

ですので、上記で紹介したサイトもいつ会員制や廃止になるかわかりません。

最後に各社の AI 関連サービスサイトを紹介しておきます。基本的に有料ですので個人では手が出しにくいでしょうが、会社などの業務で使うのであれば問題ありません。いずれも、初心者でも使いやすいサービスも提供されています。なお、一部であれば無料で使えるものもあります。

最初はグーグルの「AI と機械学習のソリューション」のサイトです。

```
https://cloud.google.com/solutions/ai?hl=ja
```

なお、Google Colaboratory は無料で Python のニューラルネットワークが構築でき、画像処理や自然言語処理に進む場合には、個人でも使うケースが多いと思います。

```
https://colab.research.google.com/?hl=ja
```

Microsoft は Azure AI を提供しています。

```
https://azure.microsoft.com/ja-jp/solutions/ai/
```

IBM は以下が Watson の包括的なサイトです。

```
https://www.ibm.com/jp-ja/watson
```

このほか、日本の各社を含め、多数のサイトがありますが、省略します。

それでは、皆様の今後のますますのご活躍を祈っております。

市川 正樹

# 索　引

## 著者紹介

市川　正樹 (いちかわ　まさき)

### 学歴

1983 年　東京大学工学部計数工学科卒業
1991 年　MA in Economics (University of Warwick)
1992 年　MPhil in Economics (University of Warwick)

### 勤務歴

1982 年　国家公務員試験上級職 (経済) 合格
1983 年　経済企画庁 (現内閣府) 入庁
2019 年　内閣府退官、東洋大学大学院経済学研究科客員教授
2020 年　昭和女子大学非常勤講師
2021 年　昭和女子大学特命教授
2022 年　昭和女子大学客員教授、連合総研所長

### 主な著作

"Entering a preannounced currency band" in Krugman, P. and Miller, M. (eds.), "Exchange rate and currency bands," Cambridge University Press (1992)

「1998 年を節目とした日本経済の変貌」、『大和総研調査季報』、2013 年春季号 (Vol.10)

「経済指標を見るための基礎知識」、Kindle (2014)　ほか多数

## 文系のためのデータサイエンス・AI入門

2023 年 8 月 30 日　第 1 版　第 1 刷　印刷
2023 年 9 月 10 日　第 1 版　第 1 刷　発行

著　者　　市 川 正 樹
発 行 者　　発 田 和 子
発 行 所　　株式会社　学術図書出版社

〒113-0033　東京都文京区本郷 5 丁目 4 の 6
TEL 03-3811-0889　振替 00110-4-28454
印刷　三美印刷 (株)

ISBN978-4-7806-1126-7　　C3030